Monsieur Truffaut, wie haben Sie das gemacht?

Robert Fischer (Hrsg.)

François Truffaut im Gespräch mit José-Maria Berzosa, Jean Collet und Jérôme Prieur

Mit einer Filmographie von Robert Fischer

Vorwort von Jean Collet

vgs

CIP-Titelaufnahme der Deutschen Bibliothek

Monsieur Truffaut, wie haben Sie das gemacht?:
François Truffaut im Gespräch mit
José-Maria Berzosa, Jean Collet und Jérôme Prieur/
Robert Fischer (Hrsg.).
Mit einer Filmogr. von Robert Fischer.
Vorw. von Jean Collet. – Orig.-Ausg. – Köln: vgs, 1991
Einheitssacht.: La leçon de cinéma de François Truffaut
ISBN 3-8025-2199-4
NE: Fischer, Robert [Hrsg.]; Truffaut, François; Truffaut; EST

Originalausgabe

Lektorat: Michael Schweins

Das Interview wurde 1982 für TF1 geführt
und von Robert Fischer aus dem Französischen übersetzt.

Originaltitel des Interviews:
La Leçon de cinéma de François Truffaut

Umschlaggestaltung: Fred Papen, Köln
Herstellung: Wolfgang Arntz
Satz: ICS Communikations-Service GmbH, Bergisch Gladbach
Druck: Mohndruck Graphische Betriebe GmbH, Gütersloh
Printed in Germany
ISBN 3-8025-2199-4

INHALT

ZU DIESEM BUCH

„Als ich jung war“, schrieb der amerikanische Regisseur Jonathan Demme kürzlich in der englischen Zeitung *The Independent*, „war ich vom Kino besessen. Morgens saß ich schon in den Matinées, und ich scheute auch nicht die weitesten Strecken mit dem Bus, um einen Film zu sehen, den ich noch nicht kannte. Den Rest des Tages verbrachte ich damit, in den Kellern der Mietshäuser herumzuschnüffeln, um aus alten Zeitungen die Kinoanzeigen auszuschneiden, die mir noch in meiner Sammlung fehlten. Es war für mich ein aufregendes Gefühl, die Bilder aus einem Film gedruckt zu sehen. In François Truffauts *Tirez sur le pianiste*, den ich mit 22 Jahren in einem kleinen Kino in Gainsville, Florida, sah, gab es, wie ich mich erinnere, eine Sequenz, in der Charles Aznavour von zwei Gangstern entführt wird, die ihm ein paar Informationen entlocken wollen. Als Antwort auf eine Frage sagt er: ‚Nein, ich sage die Wahrheit, ich schwöre beim Leben meiner Mutter.‘ Und dann schneidet Truffaut in diesem Film, dessen Stil bis dahin eher als romantisch-naturalistisch zu bezeichnen wäre, völlig unvermittelt auf eine alte Frau in einem Zimmer, die sich ans Herz greift und tot umfällt. Schnitt zurück auf die eigentliche Szene. Damals begriff ich, daß der Regisseur dieses Films sich hier einen sehr filmischen Scherz erlaubt hatte. Für mich war dieser Zwischenschnitt eine Offenbarung – etwas Vergleichbares hatte ich noch nie gesehen: ein wahnwitziger, keiner Form verpflichteter Moment, der wie aus dem Nichts kam. Und wenn man bedenkt, womit ich heute mein Geld verdiene, war dies für mich persönlich ein einschneidendes Erlebnis: Zum ersten Mal wurde mir bewußt, wie die Handschrift eines Regisseurs einen Film prägen kann.“

An diesem Bekenntnis verblüfft weniger die Tatsache, daß ein Zwischenschnitt bei einem Filmenthusiasten einen unauslöschlichen Eindruck hinterlassen kann, und auch nicht, daß der Regisseur von *Das Schweigen der Lämmer* mit Filmen der Nouvelle Vague großgeworden ist, als vielmehr der Umstand, daß Jonathan Demme die angesprochene Szene aus *Tirez sur le pianiste* völlig schief im Gedächtnis hat – bis auf den Zwischenschnitt natürlich, auf den es ihm zugegebenermaßen ja hauptsächlich ankam. Ansonsten wird nicht Charles Aznavour, sondern sein kleiner Bruder von den beiden Gangstern entführt, und es geht eben nicht um Informationen, die sie ihm entlocken wollen, sondern darum, daß sie vor dem Jungen mit allem möglichen Schnickschnack angeben wie die Kinder auf dem Schulhof.

Auf Seite 49 dieses Buches ist die betreffende Sequenz dokumentiert, und sie wird anschließend von Truffaut erläutert, ebenso wie andere Schlüsselszenen aus seinem Werk: Antoine Doinel, wie er in *Les 400 Coups* seine Mutter sterben läßt und später von der Psychologin verhört wird; Catherine, wie sie in *Jules und Jim* nach einem Streit mit Jim Trost bei Jules findet; die alte Frau, die sich in *Fahrenheit 451* mit ihren Büchern verbrennen läßt; der herangewachsene Antoine Doinel, wie er Delphine Seyrig in *Baisers volés* mit „Monsieur" anspricht; Dr. Itard, wie er in *L'Enfant sauvage* seinen Schützling bewußt ungerecht bestraft; der kleine Grégory, der in *L'Argent de poche* aus dem Fenster fällt . . . Und Truffaut erzählt – über seinen Umgang mit Schauspielern, über den Aufbau eines Drehbuchs, über Romanadaptionen, über den Rhythmus eines Films, über seinen Respekt gegenüber dem Publikum und seine Scheu vor der Öffentlichkeit, und alles kulminiert in dem Satz: „Meine Arbeit ist mir wichtiger als ich selbst."

Für ihn überrage Hitchcock sie alle, schrieb Truffaut 1966 im Vorwort zu seinem legendären Interview-Buch *Mr. Hitchcock, wie haben Sie das gemacht?*, denn er sei der kompletteste: „Er ist Spezialist nicht nur für diesen oder jenen Aspekt des Films, sondern für jedes Bild, jede Einstellung, jede Szene. Ihn faszinieren die Probleme der Drehbuchkonstruktion genauso wie die des Schnitts, der Fotografie und des Tons. Zu allem fällt ihm etwas ein, um alles kümmert er sich – sogar um die Werbung." Mit diesen Sätzen hat Truffaut sich unbewußt auch selbst beschrieben.

Wie oft mag François Truffaut in den letzten zwanzig Jahren seines Lebens gefragt worden sein, ob er sich ein Marathon-Interview vorstellen könne, in dem man ihn in ähnlicher Weise zu seinem Werk befragen würde, wie er es seinerzeit mit Alfred Hitchcock tat. Einmal, 1981 in Köln, war ich zugegen, als ein hoffnungsvoller Journalist diesen Vorschlag zu formulieren wagte; Truffaut versteifte sich, schüttelte kurz den Kopf: „Non, non . . .", keine Chance. Und man meinte zu spüren, daß diese Weigerung der Sache an sich galt und nicht nur dem, der sie zur Sprache gebracht hatte.

Man durfte vermuten, daß sich Truffaut noch zu jung fühlte für ein Unternehmen dieser Art, konnte er doch damals davon ausgehen, noch gut und gerne zwanzig aktive Jahre als Filmemacher vor sich zu haben. Nicht nur Truffauts richtungweisende Arbeit über Hitchcock, auch Peter Bogdanovichs Unterhaltungen mit Allan Dwan und Fritz Lang, Joseph McBrides *Hawks on Hawks,* Michel Ciments Interview mit Joseph Losey und andere in Buchform veröffentlichte Werkgespräche hatten ja stets Regisseuren gegolten, die selbst der Überzeugung waren, die Endphase ihres Schaffens erreicht zu haben.

Im Mai 1983 – ich hielt mich anläßlich der Filmfestspiele in Cannes gerade in Frankreich auf – las ich zum ersten Mal von *La Leçon de cinéma*[1]. In der Zeitschrift *Télérama* wurden Auszüge abgedruckt, die mich ungeheuer neugierig auf die Sendung machten, denn sie signalisierten: Truffaut

1. Über die Entstehungsgeschichte dieser zweiteiligen Interview-Sendung berichtet Jean Collet ab Seite 15.

hatte sich also doch zu einem ausführlichen Werkgespräch bereitgefunden! Um so mehr bedauerte ich es, daß meine Arbeit auf dem Festival mir keine Zeit ließ, das Mammut-Interview am Bildschirm zu verfolgen. Ein Freund in Berlin hatte die Sendung jedoch aufgezeichnet, und so konnte ich sie mir relativ kurze Zeit nach der Ausstrahlung ansehen.

Die zweiteilige Sendung dauerte insgesamt zwei Stunden, aber mir war sofort klar, daß das eigentliche Interview viel mehr Zeit in Anspruch genommen haben mußte. Wenn man an die kompletten Bänder oder an eine Abschrift davon gelangte, so überlegte ich, hätte man das längste Werkgespräch in der Hand, das Truffaut bis dato gegeben hatte. Am 2. September fragte ich brieflich bei Truffaut an, ob es eine Möglichkeit gäbe, an ein Transkript der gesamten Sitzung zu gelangen. Am 9. September antwortete er: „Leider kann ich Ihre Frage zur Transkription der Sendung *La Leçon de cinéma* nicht beantworten, da ich die Abschrift der Tonbänder nie bekommen habe. Sie müßten sich in dieser Angelegenheit an Jérôme Prieur vom INA wenden." Ich folgte dieser Empfehlung, und zwei Wochen später wurden alle meine Erwartungen übertroffen: Jérôme Prieur schickte mir ein 230 Seiten umfassendes Manuskript. Der Gedanke, dieses Marathon-Gespräch in Buchform zu veröffentlichen, lag natürlich nahe. Aktiv in dieser Richtung wurde ich allerdings noch nicht.

Als Truffaut im Oktober 1984 starb, war ich sicher, daß Jean Collet, José-Maria Berzosa und Jérôme Prieur, die das Interview 1981 gemeinsam geführt hatten, nun ein Buch daraus machen würden. Aber nichts dergleichen geschah. 1985 war Jean Collet ein paar Tage in München, und ich sprach ihn auf das Manuskript an. Er machte ein erstauntes Gesicht und erklärte mir, das Institut National de l'Audiovisuel, das die Sendung damals produziert und die Abschrift in Auftrag gegeben hatte, habe das Transkript längst verloren, er selbst habe es nie gesehen. Von dem Tag an hütete ich mein Exemplar des Manuskripts, von dem ich nun wußte, daß es das einzige war, wie einen Schatz.

Ein italienischer Verlag, der gerade ein Interview-Buch über Bernardo Bertolucci veröffentlicht hatte, interessierte sich eine Zeitlang für das Projekt, aber die Verhandlungen mit dem INA erwiesen sich als äußerst mühselig und verliefen im Sande. Von dieser Erfahrung ließ ich mich so entmutigen, daß ich mehrere Jahre verstreichen ließ, ohne die Sache weiter voranzutreiben. Erst als die Kölner vgs Verlagsgesellschaft 1990 ihr Interesse bekundete, nach dem Band *Briefe 1945–1984* noch ein zweites Truffaut-Buch herauszubringen, fügte sich alles zusammen, wobei die Klärung der Rechte (zu den Urhebern zählen neben den drei Interviewern immerhin noch Truffauts Erben, das INA sowie der Fernsehsender TF1) auch diesmal die Sache fast zum Scheitern gebracht hätte.

Das vorliegende Buch trägt den Titel *Monsieur Truffaut, wie haben Sie das gemacht?*, was ein wenig anmaßend klingen mag, da es einem Vergleich mit Truffauts *Mr. Hitchcock, wie haben Sie das gemacht?* selbstverständlich in vieler Hinsicht nicht standhalten kann: Das berühmte Hitchcock-Buch basiert auf einem Fünfzig-Stunden-Interview, dieses dagegen „nur" auf einem Zwei-Tage-Interview; Truffauts Gespräche mit Hitchcock waren von

Anfang an für eine Buchveröffentlichung geführt worden, die Gespräche mit Truffaut dagegen für eine Fernsehsendung; Truffaut wollte Hitchcock mit dem Buch endlich die längst fällige Aufmerksamkeit zuteilwerden lassen, was dieser Band, auf Truffaut selbst bezogen, sicher nicht leisten muß; und schließlich: bei der Begegnung zwischen Truffaut und Hitchcock saßen sich zwei Regisseure gleichen Kalibers gegenüber, wogegen man es hier mit der konventionelleren Situation zu tun hat, daß drei Journalisten einen Filmemacher befragen. Dennoch schien uns der Titel gerechtfertigt, denn unbestreitbar dokumentiert dieses Buch eines der ausführlichsten Truffaut-Interviews überhaupt und mit Sicherheit das einzige, in dem Truffaut Film für Film seine Arbeit kommentiert. (Das in Frankreich erschienene Interview-Buch *Le Cinéma selon François Truffaut* ist eine Collage aus Selbstaussagen und insofern nicht vergleichbar.) Bestätigt wurde unsere Titelwahl schließlich durch Jean Collet, der in der Einleitung, die er freundlicherweise für dieses Buch verfaßte, betont, daß ihm Truffauts Hitchcock-Buch als Inspiration und Vorbild für die Sendung *La Leçon de cinéma* diente.

Bei der Bearbeitung der Interviewabschrift habe ich mich bemüht, möglichst wenig zu redigieren und eng am Originaltext zu bleiben, also weder zu kürzen noch umzustellen, um so auch Truffauts Befindlichkeit spürbar werden zu lassen. Einen möglichen Grund für die Stimmungsschwankungen, denen Truffaut während des Gespräches unterworfen war, liefert Jean Collet in seinem Text, einen weiteren spricht Truffaut selber an, wenn er an einer Stelle bekennt, daß es ihm sehr schwerfällt, über diejenigen seiner Filme zu reden, die vor *La Nuit américaine* entstanden. Aber gerade diese Haltung führt zu Statements, die selbst den eingefleischten Truffaut-Kenner noch verblüffen dürften, etwa Truffauts höchst kritische Anmerkungen zu *Jules et Jim* oder die Heftigkeit, mit der er auf den Ausschnitt aus *La Sirène du Mississipi* reagiert, den die Interviewer ihm vorführen. Man spürt, daß Truffaut sich wohler fühlt, wenn es um seine jüngeren Filme geht, und die Kapitel zu *La Chambre verte* und *Le Dernier métro* gehören sicher zu den instruktivsten des ganzen Bandes.

Was auf den folgenden Seiten freilich nicht oder nur andeutungsweise vermittelt werden kann, ist Truffauts mitreißende Art des Erzählens, seine ausladende, jeden Satz untermalende Gestik, die etwas verlegene Art, mit der er sich hin und wieder durchs Haar streicht, und vor allem das schalkhafte Lächeln, das immer wieder sein Gesicht erhellt und nicht nur von einem ausgeprägten Sinn für Humor, sondern auch von Selbstironie zeugt. Und dann natürlich der sanfte, warme Klang seiner Stimme, verbunden mit Truffauts schneller Art zu sprechen: Das sind Charakteristika, deren Wirkung sich jeder Beschreibung entzieht.

Der Reiz von Interview-Büchern wie diesem besteht darin, daß hier ein Regisseur aus der Schule plaudert und dem Kenner seines Werkes einen Blick hinter die Kulissen ermöglicht wie ein Zauberkünstler, der seine Geheimnisse preisgibt. Die Gefahr der Desillusionierung ist dabei natürlich gegeben. So muß man sich von Truffaut erklären lassen, der Jagdaufseher in *Le Dernier métro* sei gar kein Renoir-Zitat, die Auswahl der brennenden Bücher in *Fahrenheit 451* sei eher zufällig und nach rein pragmatischen

Gesichtspunkten erfolgt, und ihm sei kaum bewußt, daß er Dialogstellen aus *La Sirène du Mississipi* zwölf Jahre später in *Le Dernier métro* erneut verwendet hat. Da will es manchmal so scheinen, als entstehe die vielgerühmte Geschlossenheit des truffautschen Universums quasi zufällig und unbewußt und nicht – wenigstens nicht immer – als Ergebnis eines schöpferischen Akts. So kommt es, daß dieses Buch, während es an einer Stelle Rätsel lösen hilft, zugleich an anderer Stelle neue Rätsel schafft, und das ist sicher gut so, denn nichts wäre ernüchternder und überflüssiger bei der Beschäftigung mit einem Künstler als die totale Transparenz.

Auch vom Sterben wird im folgenden an einigen Stellen die Rede sein: „Man stirbt einfach nicht, ehe man nicht seine Arbeit beendet hat", sagt Truffaut im Zusammenhang mit dem (fiktiven) Tod des Hauptdarstellers in *La Nuit américaine.* Aber der Tod läßt sich nicht hinhalten, weder dadurch, daß jemand gerade an seinen Memoiren schreibt, noch dadurch, daß jemand (wie Truffaut) davon überzeugt ist, erst zwei Drittel seines Lebenswerkes hinter sich und noch gut und gerne zehn Filme vor sich zu haben. Das Wissen um Truffauts Sterben drei Jahre und einen Film nach diesem Interview verleiht seinen Aussagen oft eine Gewichtigkeit, die er ihnen selbst gar nicht beimaß, und selbst scheinbar Beiläufiges bekommt im Lichte seines frühen Todes plötzlich eine irritierende Endgültigkeit. *Die Liebe zum Kino:* Auch das wäre sicher ein passender Titel für dieses Buch gewesen, denn darum geht es eigentlich von der ersten bis zur letzten Seite. Zu spüren, wie sehr dieser Mann seinen Beruf geliebt hat und mit welcher Begeisterung er seine Vision eines populären und doch kompromißlos persönlichen Kinos verwirklicht hat, macht, so glaube und hoffe ich, den großen Spaß beim Lesen dieses Buches aus, das die Erinnerung an Truffaut und damit auch ihn selbst ein Stückchen länger am Leben erhalten will.

Ein besonderes Problem bei der Vorbereitung dieser Veröffentlichung ergab sich aus jenem Prinzip des Interviews, Truffaut (und später dem Fernsehzuschauer) zur Einstimmung jeweils einen Ausschnitt aus dem Film zu zeigen, auf den sich die nachfolgenden Fragen beziehen würden. Uns war klar: Wollte man den besonderen Charakter des Gesprächs bewahren, mußte auch der Großteil dieser Szenen dokumentiert werden. Die Methode der Dokumentation ließ sich indessen unmöglich vereinheitlichen, da es bei einer Szene hauptsächlich auf die Auflösung und die Montage ankam, bei einer anderen eher auf den Dialog und bei wieder einer anderen lediglich um den anekdotischen Gehalt. Ich habe mich also dafür entschieden, die Filmausschnitte auf unterschiedliche Weise zu protokollieren, wobei das „Durchfotografieren", bei dem jede Einstellung einer Sequenz durch ein Einzelbild vertreten ist, das eine Extrem darstellt und der Abdruck des reinen Drehbuchtextes (Szenenbeschreibung und Dialoge) das andere. Dazu muß gesagt werden, daß ohne die Hilfe eines „Videoprinters" diese Arbeit gar nicht zu bewerkstelligen gewesen wäre: Dieser famose Apparat erlaubt es einem, an jeder gewünschten Stelle eines Videobandes durch Knopfdruck einen Papierabzug des jeweiligen Einzelbildes herzustellen. Dieses Verfahren könnte das Abfotografieren von der Leinwand oder vom Schneidetischmonitor (so ist Truffaut beispielsweise bei der Abbildung der Duschmord-

Szene aus *Psycho* in seinem Hitchcock-Buch vorgegangen) eigentlich ersetzen, weist aber noch gewisse Nachteile auf: Die Szene, die man dokumentieren will, muß gut und kontrastreich ausgeleuchtet sein, bei genauerer Betrachtung kann man die Zeilenstruktur des Videobildes erkennen, und in eine Bewegung herein sollte man möglichst nicht „printen". Den Zweck einer visuellen Gedächtnisstütze erfüllen diese Fotos jedoch allemal, und als solche möge sie der Benutzer dieses Buches bitte betrachten. (Bei allen halb- oder ganzseitigen Abbildungen handelt es sich dagegen um Standfotos).

Auch wenn klar sein dürfte, daß dieses Buch sich eher an die „Fortgeschrittenen" unter den Filmenthusiasten wendet, kann man nicht davon ausgehen, daß jedem Leser sämtliche Truffaut-Filme vertraut sind (wenn sogar Jonathan Demme sich nur ungenau erinnert: siehe oben). Deshalb finden sich im Anhang knappe Inhaltsbeschreibungen zu jedem der im Hauptteil diskutierten Filme: Ein kurzes Nachschlagen ermöglicht es somit, die betreffende Szene in ihren Zusammenhang einzuordnen. Für den ebenfalls im Anhang zusammengetragenen Datenteil wurden nicht nur die in der Bibliographie erwähnten Publikationen, sondern auch die Filme selbst sowie die französischen Pressehefte als Quellen benutzt; die auf diese Weise entstandene Truffaut-Filmographie dürfte die vollständigste sein, die bislang veröffentlicht wurde.

Viele haben zu der Realisierung dieses Buches ihren Rat oder ihre Hilfe beigesteuert; erwähnt seien an dieser Stelle: Hans-Jürgen Jagau, der 1983 in Berlin die zweiteilige *Leçon de cinéma* für mich aufgezeichnet hat, und Peter Blaney, der mir die 1989 in England ausgestrahlte kürzere Fassung besorgte; mein Verleger Dr. Heinz Gollhardt und mein Lektor Michael Schweins haben konsequent zu diesem Projekt gestanden und viel Geduld bewiesen; ganz besonders aber bin ich Jean Collet als Initiator des Interviews und Madeleine Morgenstern, Truffauts Witwe, zu Dank verpflichtet.

Robert Fischer
Juli 1991

LEKTION IN KINO

von Jean Collet

Woher kam die Idee zu *La Leçon de cinéma?* Ich glaube, sie entstand an dem Tag, als ich zum ersten Mal das berühmte Interviewbuch von Truffaut/Hitchcock in der Hand hielt. Das war 1966, und in der ersten Auflage hieß es *Le Cinéma selon Hitchcock*[1] ein wunderbarer Titel, denn er erinnert an die Bibel, die Evangelisten. Truffaut befragte einen „Apostel" des Kinos, der Zeugnis ablegte über die siebte Kunst, deren wahre Größe von den Laien immer noch verkannt wurde!

Ich erinnere mich, daß ich dieses Buch mit einer Begeisterung verschlungen habe, die ich gerne häufiger erleben wollte. Als ich auf der letzten Seite angekommen war und das Buch mit der gleichen Wehmut schloß, die man am Ende eines guten Romans empfindet, ging mir – wie vielen anderen Lesern sicher auch – folgender Gedanke durch den Kopf: Ab sofort kann man Filmkritiken nicht mehr so schreiben wie bisher. Dieses Buch wies einer künftigen Filmkritik den Weg, die nicht länger geschrieben sein dürfte, sondern gefilmt sein müßte. Es schien mir offenkundig, daß Truffauts Werk, indem es sich *immer* auf die Beschreibung eines Bildes, einer Geste, einer Sequenz, einer Dialogstelle stützte, in gewisser Weise das Drehbuch zu einem imaginären Film darstellte. Da Truffaut sich gleichermaßen aufs Schreiben wie aufs Filmemachen verstand, gelang es ihm mühelos, uns all jene Filmszenen vor Augen zu bringen, die seinen Fragen und Gedanken zugrunde lagen. Ausgehend von eben diesen Bildern reflektierte Hitchcock nun seinerseits über den Weg, den er zwischen der Idee und der Umsetzung, dem Projekt und seiner mise en scène, der Absicht und der beim Betrachter erreichten Wirkung zurückgelegt hatte.

Das Frage-und-Antwort-Spiel machte den schöpferischen Prozeß nachvollziehbar. Wir sollten nicht vergessen, daß es Truffaut war, der Anfang der fünfziger Jahre das „Gespräch mit dem Regisseur" erfunden hatte. Journalisten auf der ganzen Welt gehen heute zwar nach dem gleichen Muster vor, aber in ihrer Haltung und vom Inhalt ihrer Fragen her unterscheiden sie sich immer noch erheblich von ihrem ehemaligen Kollegen Truffaut. Wenn ein Journalist von einem Regisseur wissen will, was er mit

1. Etwa: „Das Kino nach Hitchcock". Der deutsche Titel lautet natürlich *Mr. Hitchcock, wie haben Sie das gemacht?*

seinem Film sagen wollte, formuliert er eine Frage, die er einen Tag später fast genauso auch einem Politiker oder sonst einer öffentlichen Figur stellen könnte: Er fordert den Interviewten auf, sich zu erklären, seine Ideen zu erläutern, seine Botschaft loszuwerden.

Truffauts große Originalität in seiner Zeit als Journalist – und *Le Cinéma selon Hitchcock* ist das Buch eines inzwischen selbst Regisseur gewordenen Journalisten – lag in seiner Vorliebe für das Konkrete, in seinem Mißtrauen gegenüber jeglicher Verallgemeinerung. Für Truffaut beruht das Vergnügen an einem Film (sowohl für den, der ihn macht, als auch für den, der ihn betrachtet) auf dem *savoir-faire,* auf der Frage also: Wie füllt man die Zeit zwischen den Titeln und dem Wort „Ende" mit Eleganz und Finesse, auf welche Weise kann man auch den routiniertesten Kinogänger noch überraschen, wie mit den edelsten Mitteln berühren? Truffaut konnte Regisseure nicht ausstehen, die sich ständig die größten Sujets an Land zogen und die besten Absichten propagierten, nur um von einem akuten Mangel an Erfindungsgabe und einer schlampigen Regiearbeit abzulenken. Truffaut ließ sich von der prätentiösen Diskussion zwischen einem Regisseur und einem Kritiker nie täuschen, sondern er wußte, daß der Zuschauer durch dieses intellektuelle Gewäsch nur von der Mittelmäßigkeit eines Films abgelenkt werden sollte.

1966 gab es in Frankreich eine exzellente Fernsehsendung: *Cinéastes de notre temps,* gestaltet von Janine Bazin[1] und André S. Labarthe. 1963 ins Leben gerufen, wurde die Reihe 1972 leider eingestellt. Jean-Pierre Chartier[2] hatte 1964 und 1970 für *Cinéastes de notre temps* zwei bemerkenswerte Filme über Truffaut realisiert, die ich leider nur einmal bei ihrer jeweiligen Erstausstrahlung gesehen hatte. Als ich Gelegenheit bekam, sie nach *La Leçon de cinéma* wiederzusehen, merkte ich plötzlich, daß diese Sendungen die Auswahl der Ausschnitte, die wir François Truffaut zeigten, beeinflußt hatten, ohne daß ich mir dessen bewußt gewesen wäre.

1980 wurde ich vom Institut National de l'Audiovisuel (INA) mit der Aufgabe eines „Programmberaters" betraut. Jetzt konnte ich endlich mein altes Projekt verwirklichen. Das INA hatte gerade eine Sendereihe über die Entstehung musikalischer Werke mit dem Titel *La Leçon de musique* produziert. Mit Unterstützung von Jérôme Prieur, Kritiker bei der *Nouvelle Revue Française* und brillanter Filmfachmann, der damals bereits mit dem INA verbunden war, legte ich das Konzept für *La Leçon de cinéma* vor: einstündige Sendungen, die jeweils einer Persönlichkeit gewidmet sein sollten, die unmittelbar an der Entstehung eines Films beteiligt ist (Regisseur, Schauspieler, Drehbuchautor, Kameramann, Cutter, Techniker usw.). Kurz, wir wollten nach dem Vorbild des Hitchcock/Truffaut-Buches, aber

1. Janine Bazin leitet heute das Filmfestival in Belfort, auf dem ausschließlich Arbeiten junger Regisseure gezeigt werden. Sie war verheiratet mit dem Filmkritiker und -theoretiker André Bazin, der 1958 starb.

2. Jean-Pierre Chartier, besser bekannt unter dem Namen Jean-Louis Tallenay, zählte 1950 zu den Mitbegründern der Wochenzeitschrift *Télérama,* für die er bis zu seinem Tod im Jahre 1978 als Filmredakteur arbeitete. Ein subtiler und unabhängiger Kritiker im Geiste André Bazins, war er 1946 auch für *La Revue du cinéma* und später für die *Cahiers du cinéma* tätig.

diesmal eben vor der Fernsehkamera, allen Filmhandwerkern das Wort erteilen. Aber im Gegensatz zu den Sendungen, die man normalerweise im Fernsehen sieht und in denen die Leute über alles reden außer über das, von dem sie wirklich etwas verstehen, nämlich von ihrer Arbeit und von ihrer Kompetenz, sollte es bei uns wirklich in erster Linie um die Kunst an sich gehen. Wir würden die Filmemacher also nicht bitten, uns ihre Lebensgeschichte zu erzählen, und sie auch nicht nach ihren Ansichten über Gesellschaft, Sex und Tod befragen. Wenn diese Ansichten bereits in ihren Filmen zum Ausdruck kommen und man die Filme als gelungen bezeichnen kann, wäre es einfach unfein, sie zu bitten, dieselben Themen noch einmal mündlich zu erläutern. Dagegen schien es mir interessant, sich gleichzeitig mit dem Regisseur, Schauspieler, Beleuchter oder Kameraassistenten noch einmal bestimmte Momente seines Schaffens vor Augen zu führen und seine Gefühle und Reaktionen in diesem Augenblick zu teilen, als würden wir ihm beim Blättern in einem Familienalbum über die Schulter sehen. Jeder neue Film stünde für einen Fortschritt, aber auch für Probleme und Mißerfolge. Indem wir diese Momente aneinanderhingen, wäre es uns möglich, anhand einer schöpferischen Tätigkeit dem Abenteuer eines Lebens auf die Spur zu kommen. Mit der Untersuchung dieser Arbeitsmethoden und dem Versuch, diese zu begreifen, würden wir vielleicht eine neue Art der Kritik begründen, zu der Truffaut bereits den Weg geebnet hatte.

Von daher schien es uns legitim, Truffaut selbst zu bitten, den Anfang zu machen: Nun war es also an ihm, den Platz Hitchcocks einzunehmen und sich unseren Fragen zu stellen. Ich glaube, ich habe ihm kurz nach Beendigung der Dreharbeiten zu *Le Dernier métro* von unserem Vorhaben erzählt. Welchen Regisseur könnte er sich für seine *Leçon de cinéma* vorstellen? Wir meinten, es sei Truffaut angenehmer, diesen Punkt selbst bestimmen zu können. Seine Wahl fiel auf José-Maria Berzosa, und zwar aus einem verblüffenden Grund. Berzosa, einer der großen Dokumentarfilmregisseure des französischen Fernsehens, hatte Ende der siebziger Jahre einen vierteiligen Dokumentarfilm über die Militärs in Chile gedreht, *Chili impressions.* Dabei war es ihm gelungen, sich mit den führenden Köpfen der Junta zu unterhalten, und so entstand das einzige französische Fernsehinterview mit General Pinochet. Natürlich verlangte die chilenische Botschaft in Paris, das Material zu sichten, und man versuchte, auf höchster Ebene Druck auszuüben, um eine Ausstrahlung des Films zu verhindern. Doch die französische Regierung ließ sich nicht beirren, und so liefen die vier Teile des Films mit großem Erfolg über den Sender. Truffaut hatte sie gesehen und war beeindruckt. Halb im Ernst, halb im Spaß erklärte er mir: „*Wenn Berzosa es fertigbrachte, Pinochet zum Reden zu bringen, müßte er es eigentlich schaffen, auch mir ein paar Dinge zu entlocken . . .*“

Ich kannte José-Maria Berzosa, und ich hegte größte Bewunderung für ihn. Er verstand eine Menge vom Film und verehrte Truffaut, dessen Filme ihm alle vertraut waren. Mit einer Gewissenhaftigkeit und Bescheidenheit, die man heute kaum noch findet, beschloß er, Truffaut ohne den geringsten inszenatorischen Effekt zu filmen: Man würde in einen richtigen Vorführraum gehen, Truffaut würde in einem Sessel sitzen und sich allein seine

Filme ansehen. Es würde nur eine einzige feste Einstellung geben, recht weit, um ihm nicht zu sehr auf die Pelle zu rücken. Immer dieselbe Einstellung: kein Zoom, kein Gegenschuß. Unsere Fragen kämen aus dem Off. Wir selbst wären gar nicht im Bild.

Jetzt ging es nur noch um die Auswahl der Filmausschnitte, wobei alle Filme vertreten sein sollten, von *Les Mistons* bis *La Femme d'à côté* (den Truffaut gerade abgedreht hatte, den wir aber damals, im April 1981, noch nicht gesehen hatten). Als wir ihm vorschlugen, sich an der Auswahl zu beteiligen, erteilte uns Truffaut eine klare Absage. Er hielt es für besser, die Sache wie eine Liveshow anzugehen: Auf diese Weise würde er Szenen und Filme wiederentdecken, die er seit langem nicht mehr gesehen hatte; das Saallicht würde wieder angehen, und wir würden alles mit der Kamera registrieren, einschließlich unserer Fragen und der Pausen. Im Schneideraum würde es anschließend darum gehen zu raffen und zu kürzen, ohne zu verfälschen, um mit möglichst großer Kraft das herüberzubringen, was sich beim sukzessiven Betrachten von mehr als zwanzig Jahren Arbeit (1959–1981) ereignet hatte.

José-Maria Berzosa meisterte diese schwierige Aufgabe, obwohl ihm nur eine Sendezeit von zwei Stunden zur Verfügung stand (wodurch auf einige Ausschnitte und die entsprechenden Kommentare verzichtet werden mußte, aber *alle* Filme Truffauts waren mit wenigstens einem Ausschnitt vertreten).

Jérôme Prieur, José-Maria Berzosa und ich hatten die Szenen gemeinsam ausgesucht; manche waren sehr kurz, manche etwas länger, je nachdem, wie es die Fragen, die wir Truffaut stellen wollten, und die Themen, die wir anschneiden wollten und die an einer Stelle klarer zum Ausdruck kamen als an einer anderen, verlangten.

Im Frühling 1981 waren wir bereit. Die Realisierung des Interviews sollte in Bry-sur-Marne im Vorführraum des Institut National de l'Audiovisuel stattfinden, der mit bequemen, knallgelben Sesseln ausgestattet war.

Frankreich hatte soeben – bei der Wahl am 10. Mai – einen Linksrutsch erlebt. Truffaut schrieb mir am 25. Mai: *„Falls Ihr – unser – Fernsehprojekt unter der neuen Regierung immer noch aktuell sein sollte, stehe ich Ihnen zur Verfügung."*

Die Aufnahmen gingen Ende Juni an zwei Tagen über die Bühne. Womit niemand gerechnet hatte: Truffaut, der schon damals nicht mehr bei bester Gesundheit war, hatte sich gerade einer recht langwierigen Kieferoperation unterziehen müssen. Mit der professionellen Gewissenhaftigkeit, für die er bekannt war, weigerte er sich, den Termin für die Aufnahmen zu verschieben. Er stellte sich also diesen zwei sehr langen Drehtagen, ohne sich anmerken zu lassen, daß er immer noch unter großen Schmerzen litt. In den Mittagspausen konnte er nur Brei zu sich nehmen. Zum Glück kam uns sein alter Freund Claude de Givray besuchen, um Truffaut Mut zu machen und ihn ein wenig aufzuheitern. Niemand, der die fertige Sendung sieht, würde vermuten, daß diese Sitzungen für Truffaut eine arge Quälerei darstellten. Der Beweis dafür findet sich in diesem Brief vom 5. August 1981: „... *Ich will Ihnen nicht verheimlichen, daß ich es inzwischen bedaure, mein Einverständnis zu dieser Sendung gegeben zu haben, und vor allem, zu einem*

Zeitpunkt daran mitgewirkt zu haben, als ich mich physisch und moralisch in denkbar schlechter Verfassung befand. Ich verspüre keine Lust, mir die Aufnahmen anzusehen oder die Abschrift durchzulesen, auch wenn ich zu meiner Zusage stehen will und Ihnen helfen werde, Ihr Ziel zu erreichen."

Ehe dieses Ziel erreicht wurde, vergingen noch einmal fast zwei Jahre. TF1, der Sender, der *La Leçon de cinéma* ausstrahlen sollte, ließ sich bitten und drängeln wie bei jeder INA-Produktion, die von vornherein als zu intellektuell betrachtet wurde. Endlich wurde die zweiteilige Sendung für den 5. und 12. Mai 1983 – also genau während des Filmfestivals in Cannes – um 22.15 Uhr ins Programm genommen. Truffaut hatte einige Wochen zuvor eine Aufzeichnung der Sendung als Cassette zugeschickt bekommen, und wir warteten nicht ohne Nervosität auf seine Reaktion. Wir erhielten sie einen Monat vor der Ausstrahlung (Brief vom 5. April 1983):

Mein lieber Jean,

ich muß mich tausendmal bei Ihnen entschuldigen: a) für meine Skepsis und b) für die Verspätung beim Ansehen der Leçon de cinéma. *Die Sendung ist exzellent, Berzosa hat eine sehr gute Arbeit geleistet, die Auswahl der Ausschnitte ist O. K., und man merkt wirklich nicht, daß ich gerade eine Kieferoperation hinter mir habe; an einigen Stellen mache ich sogar einen recht sympathischen und gescheiten Eindruck!*

Also, ich habe an Warner Bros. geschrieben, um sie um ihren Segen für La Nuit américaine *zu bitten, ich bin gespannt auf die Antwort*[1], *alles läuft gut, herzlichen Dank und bis bald,*

Ihr François

Zwischen diesen beiden Schreiben (die in dem Band *Briefe 1945–84* übrigens nicht enthalten sind) kann man einige der Eigenschaften erkennen, die ich an Truffaut am meisten schätzte: Der Respekt vor dem einmal gegebenen Wort und vor der Arbeit der anderen war für ihn entscheidender als irgendwelche Fragen der Eitelkeit. Nach den Dreharbeiten muß Truffaut davon überzeugt gewesen sein, daß er nicht gut war. Dennoch unternahm er nichts, um die Sendung zu stoppen; statt dessen half er uns bei der Klärung der Ausschnittrechte. Er hatte Angst, sich die Aufzeichnung anzusehen, und zögerte den Moment hinaus. Nachdem er sich endlich überwunden hatte, war er – wie immer – so ehrlich, zu sagen, was er dachte, und einzugestehen, daß seine Befürchtungen übertrieben gewesen waren. Er besaß, wie mir scheint, eine sehr persönliche Art, sich vorschneller Urteile zu enthalten, vor denen wohl niemand ganz gefeit ist. Er hielt sich zunächst zurück, und dann ließ er die Zeit, den wahren Meister, walten. *„Das Leben besitzt mehr Phantasie als wir"*, ließ er eine seiner Figuren sagen. Es besitzt auch mehr Klarheit. Es erhellt nach und nach das, was man anfangs nur schwer erkennt. Vorausgesetzt, man versteht zu warten.

Wir hofften, daß dieser ersten *Leçon de cinéma* bald viele andere folgen würden. Aber nur Nestor Almendros sollte François Truffaut in dieser

1. Es gab Probleme wegen der Ausschnittrechte; siehe weiter unten.

Sendereihe noch Gesellschaft leisten. TF1 und das INA warfen das Handtuch. Zu ihrer Entlastung sei gesagt, daß es sehr viel Geld kostet, wenn man in einer Fernsehsendung Ausschnitte aus Spielfilmen zeigen will. Das ist vielleicht auch die Erklärung dafür, daß inzwischen alle Film-„Zitate" auf dem Bildschirm einer Logik gehorchen, die offen oder verdeckt der Werbung dient. Zweifellos aus demselben Grunde wurde *La Leçon de cinéma* im französischen Fernsehen auch nie wiederholt.[1] Zum Glück gibt es jetzt dieses Buch. In Frankreich hatte kein Verleger die Idee oder den Mut, das Protokoll der vollständigen Interview-Sitzungen zu veröffentlichen; Robert Fischer ist es zu verdanken, daß es nun doch noch – als deutsche Originalausgabe – erscheint. Man könnte fast sagen, daß *Fahrenheit 451* der Wirklichkeit nur um ein paar Jahre voraus war. Aber da das Fernsehen nun einmal ist, wie es ist, können wir erfreut konstatieren, daß es ihm noch nicht ganz gelungen ist, die „Galaxie Gutenbergs" zu zerstören.

Diese „Lektion in Kino", die von einem Buch inspiriert wurde, ist nun also selbst zu einem Buch geworden. Montag, der bei Truffaut identisch ist mit dem deutschen Helden aus *Jules et Jim,* hat einen kleinen Sieg errungen, wird aber weiterhin kämpfen müssen.

Jean Collet

1. Ende 1989 strahlte der britische Fernsehsender Channel 4 eine einstündige Fassung des Truffaut-Interviews aus.

1

Les Mistons (Die Unverschämten): der Film der Unbekümmertheit – Der Einklang zwischen dem Kino und den Mitteln der Fortbewegung – Off-Kommentare und Literaturverfilmungen – Kinder sind das bessere Sujet – Mein erstes Kinoerlebnis – Regie ist eine Frage des Selbstvertrauens

Erzählerstimme: Jouves Schwester war zu schön. Wir konnten es nicht ertragen, wenn sie mit wehendem Rock und nackten Beinen an uns vorbeifuhr.

Wir begannen, wirre Träume zu träumen und wunderbare, unbekannte Reiche der Phantasie in uns zu entdecken. Wir erwachten durch Bernadette zu einer ersten, verworrenen Sinnlichkeit.

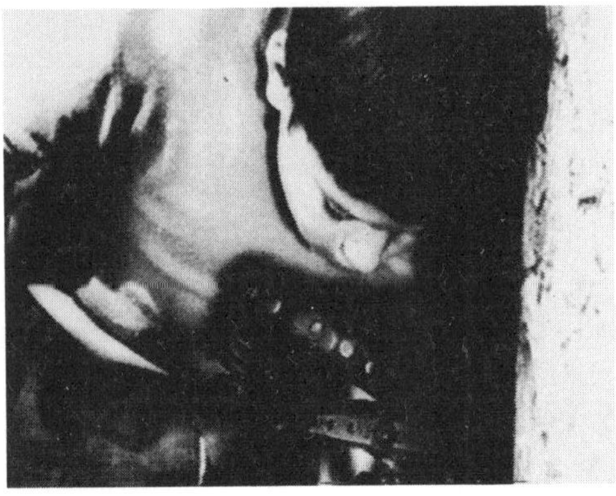

Erzählerstimme: Wenn Bernadette im Fluß baden ging, pflegte sie ihr Fahrrad gegen einen Baum zu lehnen, und wir umkreisten es.

So beginnt Les Mistons. *Sie unterlegen hier die Bilder mit einem sehr literarischen Text, wie Sie es in späteren Filmen noch häufiger tun werden.*

Der Off-Kommentar in *Les Mistons* stammt nicht von mir, sondern von Maurice Pons, denn der Film basiert auf der gleichnamigen Kurzgeschichte dieses Autors, enthalten in der Novellensammlung *Virginal.* Heute kommt mir der Text allerdings zu prätentiös vor. *[lacht]* Ich denke, er hätte einfacher sein können. Manchmal benutze ich sehr literarische Off-Kommentare, etwa in *Jules et Jim.*

Wir haben gerade diese Einstellungen mit dem dahinsausenden Fahrrad gesehen, und die sind sicher sehr schön. Wenn man solche Aufnahmen macht, weiß man gleich, daß sie gut werden. Das liegt an dem wunderbaren Einklang zwischen dem Kino und den Mitteln der Fortbewegung: Sobald man es mit einer Sache zu tun hat, die sich bewegt, sei es ein Auto, ein Zug oder ein Fahrrad, kann man sicher sein, daß es dazu beitragen wird, auch den Film voranzutreiben. Das kann man natürlich nicht anderthalb Stunden lang machen, irgendwann muß man auch die Geschichte erzählen, Szenen aufbauen.

Les Mistons war für mich der Film der Unbekümmertheit und der Entdeckung, ich habe damit ein bißchen die Mittel des Kinos für mich entdeckt. Deshalb empfinde ich es als sehr eigenartig, ihn heute wiederzusehen.

Kommen wir aber noch einmal auf die Tatsache zurück, daß das Filmbild hier durch eine Erzählerstimme, einen Off-Kommentar, unterstützt wird . . .

Ich glaube, das war auch ein bißchen die Konsequenz aus einer Theorie, die nicht allein auf meinem Mist gewachsen war, sondern die ich mit anderen, etwa mit Jacques Rivette, teilte: Was wir dem damaligen Kino in Frankreich, den Verfilmungen großer Romane wie *Le Rouge et le noir*[1], *Le Diable au*

1. *Rot und Schwarz,* Frankreich/Italien 1954, Regie: Claude Autant-Lara.

corps[1] oder *Dieu a besoin des hommes*[2], vorwarfen, war, daß diese Adaptionen literarischer Vorlagen ohne Kommentar auszukommen glaubten.

Das gleiche passiert heute noch. Wenn das Fernsehen Flaubert oder Stendhal verfilmt, heißt es: Bloß keinen Off-Kommentar, da langweilen sich die Zuschauer. Dabei stellt gerade im Fernsehen der Kommentar eine wunderbare Brücke zwischen Autor und Zuschauer dar. Ich glaube sogar, daß sich besonders das Fernsehen für Werke mit Off-Kommentar eignen würde. Eigenartigerweise ist es aber auch heute noch so, daß ein Nebeneinander von Spielszenen und kommentierten Szenen abgelehnt wird und das Vorurteil herrscht, ein literarisches Werk sei erst dann filmisch optimal umgesetzt und würde die Zuschauer interessieren, wenn jegliche Prosa verschwunden ist und der Roman zu einer Art Theaterstück aus sechzig, neunzig oder hundert Szenen umgearbeitet wurde.

Ich weiß nicht, wie Jacques Rivette inzwischen dazu steht, aber ich habe heute zu diesem Punkt noch die gleiche Meinung wie vor dreißig Jahren: Wenn man eine literarische Vorlage für die Leinwand bearbeitet (was vielleicht einfacher, aber auch verwegener ist als das Schreiben eines Originalstoffes), sollte in dem Film auch zu spüren sein, weshalb man das Buch so liebt. Und wenn die Vorlage sich durch ihren Stil auszeichnet, dann glaube ich, daß man an einigen Stellen den Text bewahren muß, wie es etwa bei einer getreuen Verfilmung von *Le Diable au corps* der Fall sein müßte, denn in diesem Buch finden sich dichterische Bilder, die viel zu außergewöhnlich sind, als daß man sie in Dialoge packen könnte. Es gab also damals die Literaturverfilmungen, die wir mochten, die zu unseren Musterbeispielen gehörten, wie etwa *Les Enfants terribles*[3] von Cocteau/Melville und *Le Journal d'un curé de campagne*[4] von Bresson, und auf der anderen Seite gab es eben die Romane, die in Theaterstücke verwandelt worden waren, das Kino von Aurenche und Bost[5] also. Das ist vermutlich der Grund, weshalb ich schon in *Les Mistons* mit einem Off-Sprecher gearbeitet habe.

Außerdem hing das sicher auch mit unseren geringen Produktionsmitteln zusammen: Wir hatten einen Kameramann aus Montpellier, der uns seine Ausrüstung und seine Kamera zur Verfügung stellte, es gab kaum Geld, und ich hatte mich gerade für diese Geschichte entschieden, weil sie gänzlich unter freiem Himmel spielte. Es gibt keine Innenszenen in *Les Mistons,* also fielen für diese Geschichte nur die Kosten fürs Rohmaterial an, das Licht lieferte die Sonne. Das Visuelle wurde ganz groß geschrieben: In diesem Film wird Tennis gespielt, Kinder rennen durch die Gegend, und ein junges Mädchen fährt Rad; ich glaube, das sind in etwa die drei Elemente, mit denen wir 25 Minuten lang spielen, für einen Film, der in zehn Tagen abgedreht werden konnte.

---

1. *Stürmische Jugend,* Frankreich 1947, Regie: Claude Autant-Lara.
2. *Gott braucht Menschen,* Frankreich 1950, Regie: Jean Delannoy.
3. *Die schrecklichen Kinder,* Frankreich 1949, Drehbuch: Jean Cocteau, Regie: Jean-Pierre Melville.
4. *Tagebuch eines Landpfarrers,* Frankreich 1950, Regie: Robert Bresson (nach Bernanos).
5. Jean Aurenche und Pierre Bost, Drehbuchautoren von *Le Diable au corps, Le Rouge et le noir* und vielen anderen Filmen von Claude Autant-Lara.

Anfangs ging es noch darum, diese Geschichte dem Rahmen eines größeren Films anzupassen, der aus fünf Episoden mit Kindern bestehen sollte. Ich glaube, von einigen der anderen Geschichten gab es sogar schon so etwas wie ein Drehbuch oder ein Exposé. Aber durch die Lektion, die mir durch *Les Mistons* erteilt wurde, habe ich es mir noch einmal anders überlegt, und es schien mir besser, ihn als Kurzfilm zu belassen.

Übrigens, zum Thema Kontinuität: Mir fiel gerade beim Sehen des Ausschnitts etwas auf, was Sie sicherlich amüsieren wird. In meinem neuesten Film, *La Femme d'à côté*, gibt es eine Figur, die Madame Jouve heißt, und als ich sie so nannte, war mir gar nicht bewußt, daß der Name Jouve aus *Les Mistons* stammt! *[lacht]*

Eine Innenaufnahme gibt es doch in Les Mistons: *die Szene im Kino, wenn Gérard und Bernadette sich küssen und die Jungen zu pfeifen und zu toben beginnen. Dann rennen sie auf die Straße und reißen das Plakat eines Delannoy-Films von der Wand. Weshalb Delannoy?*

Oh, ich weiß nicht, eine reine Kinderei.

Damals repräsentierte Jean Delannoy für Sie aber doch das Anti-Kino.

Ah, nein, es war wahrscheinlich vor allem dieser Film, wie hieß er noch? *Collier. . .*

Chiens perdus sans collier.[1]

. . . *Chiens perdus sans collier,* der mich ziemlich geärgert hatte und über den ich in *Arts et Spectacles* eine sehr negative Besprechung geschrieben hatte. Daraufhin trafen eine Menge Leserbriefe ein, einige verteidigten den Film, andere attackierten ihn. Ich reagierte so empfindlich auf das Thema des Films, da ich selbst einige Zeit in einer Erziehungsanstalt verbracht hatte. Jedenfalls gab es eine Menge Dinge in diesem Film, die mich gestört hatten. Das Abreißen des Plakats zählt zu den Kindereien, die man sich in seinen frühen Filmen leistet.

Die Szene im Kino ist aber wirklich die einzige Innenaufnahme in *Les Mistons.* Wir brauchten natürlich einen Film im Film, und wir entschieden uns für ein paar sehr sauber inszenierte Einstellungen, die für eine ganz andere Art von Kino stehen, für das Kino Jacques Rivettes: Die Szene auf der Leinwand stammt aus *Le Coup de berger*[2], dem ersten Kurzfilm von Jacques Rivette, und ich finde, man spürt deutlich den Kontrast zwischen der Unordnung meiner Bilder und der erstaunlich exakten Seite Jacques Rivettes, der schon genau wußte, was er wollte.

1. *Wie verlorene Hunde,* Frankreich 1955, Regie: Jean Delannoy.
2. Frankreich 1957. Truffaut hat darin einen kleinen Auftritt.

Welche Erfahrungen haben Sie bei der Arbeit an Les Mistons *gemacht?*

Les Mistons ist eine Geschichte, die sich um fünf Kinder dreht, die in Nîmes einem Liebespaar nachstellen. Ich hatte also auf der einen Seite die Szenen mit den beiden Verliebten, auf der anderen Seite die Szenen mit den fünf Kindern. Manchmal überlappte es sich, wenn man in derselben Einstellung sowohl die Kinder sah als auch das Paar, das von ihnen geärgert wurde. Aber ich merkte, daß bei mir immer dann, wenn ich das Paar filmte, Langeweile aufkam; wenn ich dagegen die Kinder filmte, fühlte ich mich wohl. Außerdem wurde mir klar, daß die Kinder und ihr Verhalten praktisch ein Sujet für sich bildeten, das letztlich sogar das bessere war.

Das hat mir also sicher bei der Entscheidung geholfen, mich in *Les 400 Coups* ganz auf Antoine Doinel zu konzentrieren und allenfalls noch auf seinen Freund, die Erwachsenen dagegen eher im Hintergrund zu lassen. Ich wollte den Erwachsenen nicht den gleichen Raum geben wie den Kindern. Darin lag meiner Meinung nach auch das Neue von *Les 400 Coups,* das einzig wirklich Revolutionäre: Wenn zuvor in französischen Filmen – abgesehen von *Zéro de conduite*[1] – Kinder vorkamen, dann immer nur im Schatten eines erwachsenen Stars, zum Beispiel Jean Gabin in *Chiens perdus sans collier,* Fernandel in *Le Grand chef*[2]... In all diesen Filmen gehörte die Leinwand erst in zweiter Linie den Kindern.

Können Sie sich noch an Ihr erstes Kinoerlebnis erinnern?

Während des Krieges, also 1939 oder 1940, saß ich in einer Vorstellung, in der auch viele Soldaten auf Heimaturlaub waren, um *Paradis perdu*[3] von Abel Gance zu sehen, einen Film, in dem es ausschließlich um den Krieg ging. Man sah Soldaten auf dem Weg zur Front und so weiter. Obwohl es ein sehr langer Film war, wünschte ich mir, er möge nie zu Ende gehen. Das war für mich ein Erlebnis, das ich nie vergessen habe. Später gab es natürlich immer wieder Filme, die einen ganz besonders starken Eindruck auf mich machten: während des Krieges *Le Corbeau*[4], nach Kriegsende *Citizen Kane*[5] und *La Règle du jeu*[6], den wir in den Filmclubs sahen.

Wann haben Sie sich dann entschlossen, selber Filme zu machen?

Zwischen diesen Filmerlebnissen und dem Entschluß, selber Regisseur zu werden, lagen noch etliche Etappen. Anfangs dachte ich daran, an Drehbüchern mitzuarbeiten, ich sah mich eher auf der literarischen Seite. Indem ich über die Filme, die ich sah, Kritiken verfaßte, dachte ich mir: Eigentlich könnte ich dabei helfen, Geschichten für das Kino zu erfinden. An die Regie habe ich erst nach und nach gedacht.

1. *Betragen ungenügend,* Frankreich 1933, Regie: Jean Vigo.
2. Frankreich 1958, Regie: Henri Verneuil.
3. Frankreich 1939.
4. *Der Rabe,* Frankreich 1943, Regie: Henri-Georges Clouzot.
5. *Citizen Kane,* USA 1941, Regie: Orson Welles.
6. *Die Spielregel,* Frankreich 1939, Regie: Jean Renoir.

War das auch eine Frage des Geldes?

Nein, es war hauptsächlich eine Frage des Selbstvertrauens. Im Vergleich zu, sagen wir, Jacques Rivette war ich viel schüchterner, ich dachte eher an den literarischen Aspekt des Filmemachens, während er von Anfang an zielstrebig die Regie anpeilte. Er war es, der sagte: Wir alle werden einmal Filme machen. Ich kümmerte mich immer um die Strukturen des Drehbuchs, ich sagte: Nein, nein, diese Geschichte hätte besser erzählt werden können, sie hat etwas, aber man hätte es anders aufbauen müssen. Ich schrieb die Drehbücher quasi im nachhinein um. Wenn der Film mir gefiel, bewunderte ich das Drehbuch, aber wenn er mir nicht gefiel, schrieb ich es im Geiste um und stellte mir vor, wie ich es angelegt hätte. Vor allem in der Zeit, als ich begann, Kritiken zu schreiben, beschäftigte ich mich auf diese Weise mit den Filmen, denn so hatte ich auch etwas, über das ich mich in meinen Artikeln auslassen konnte.

Haben Sie die Filme denn auch in technischer Hinsicht interessiert, das heißt unter dem Aspekt ihrer Ausführung, der Probleme bei der Herstellung?

Ich würde sagen, ich habe mehr auf das Drehbuch geachtet als auf die Technik, die Umsetzung. Beim Zusammenstellen einiger meiner Kritiken für den Textband *Les Films de ma vie*[1] fiel mir jedenfalls auf, daß das, was in meiner Zeit als Filmkritiker bereits auf meinen späteren Beruf als Regisseur hindeutete, hauptsächlich solche Beobachtungen waren, die sich auf die Drehbuchkonstruktion bezogen. Wenn ich mir Filme wie *Baby Doll*[2] oder *East of Eden*[3] ansah, achtete ich vor allem auf die Anzahl der Szenen, und ich teilte die Regisseure ein in die, die mit wenigen Szenen arbeiteten, und die, die mit vielen Szenen arbeiteten. Auch die Frage der filmischen Einheit beschäftigte mich: In einem Film wie *Mr. Arkadin*[4] bildete die einzelne Einstellung die Einheit, in anderen war es der ganze Film, in wieder anderen die einzelne Sequenz. Diese Art von Beobachtungen waren es also, die mich interessierten, Beobachtungen ästhetischer Art, die sicher auch etwas mit der Umsetzung zu tun hatten, aber eher mit der Erzähltechnik als mit der Kameratechnik.

Letzteres kam erst später, als ich begann, selbst Filme zu drehen, und dadurch mußte ich einen Teil meiner Urteile von früher revidieren: Einige der Filme, die ich bis dahin bewundert hatte, sanken in meiner Achtung, andere dagegen bewunderte ich plötzlich um so mehr. Es ist sehr schwierig, sich Kameraprobleme klarzumachen, wenn man selber keine Filme dreht. Bazin verstand sich sehr gut darauf, er bezog auch die Bildgestaltung, die Blickwinkel, die Brennweiten in seine Beurteilungen ein, aber damit bildete er die große Ausnahme. Wenn man nicht selbst Filme macht, fällt es einem

1. Paris 1975, dt. *Die Filme meines Lebens,* München 1976.
2. *Baby Doll,* USA 1956, Regie: Elia Kazan.
3. *Jenseits von Eden,* USA 1955, Regie: Elia Kazan.
4. *Herr Satan persönlich,* USA 1955, Regie: Orson Welles.

im allgemeinen leichter, die Intentionen zu beurteilen als die Ausführung. Aber da auch die Intentionen sehr komplex sein können, ist das ja auch nicht gerade eine leichte Aufgabe.

Wie lernt man eigentlich, einen Film zu drehen? Wie haben Sie gelernt, Filme zu machen?

Indem man erst einmal drauflosfilmt und dann herauszufinden versucht, warum etwas mißlungen ist, warum etwas nicht funktioniert. Dann sagt man sich: Nein, das hätte ich so machen müssen und nicht so, hier hätte ich mit der Kamera nicht zurückgehen dürfen, sondern in der Naheinstellung bleiben müssen, hier hätten wir innen drehen sollen statt außen, hier hätte es Nacht sein müssen statt Tag. Dadurch, daß man seine eigene Arbeit kritisch unter die Lupe nimmt, schmiedet man sich eine Art Kodex, der einem hilft. In *Les Mistons* war der Kodex noch nicht ausgebildet, nicht einmal im Ansatz. Da gab es noch nichts.

2

Les 400 Coups (Sie küßten und sie schlugen ihn) – Wie filmt man eine Lüge? – Die nötige Anzahl der Einstellungen – Ehrlichkeit allein reicht nicht aus – Der Respekt vor dem Publikum – Mein Hang zum Deutlichsein – Die Frage nach der Wahrheit – Eine schwangere Psychologin – Die Unschuld der Jugend

Lehrer: Ah, da bist du ja, Freundchen. Eine Strafarbeit genügt, und schon wird krank gespielt, hm? Und die Eltern fallen prompt darauf rein. Bin gespannt, was du für eine Entschuldigung mitgebracht hast. Los, zeig mal her!

Antoine: Ich hab keine, Monsieur.

Lehrer: So, du hast keine! Und du meinst, damit ist es erledigt. Das wäre ein bißchen zu einfach, Freundchen!

Antoine: Monsieur, es handelt sich um meine Mutter . . .

Lehrer: Deine Mutter! Was ist denn mit deiner Mutter?

Antoine: Sie ist gestorben, Monsieur!

Lehrer: Das ist ja schrecklich . . . Verzeih mir, mein Junge, das konnt ich nicht wissen. War sie denn krank?

Antoine: Ja, Monsieur.

Lehrer: Hättest du mir doch ein Wort gesagt! Hast du denn kein Vertrauen zu deinem Lehrer, hm? Na komm, geh zu deinen Kameraden.

Lehrer: Doinel!

Antoine: Hier, Monsieur.

Lehrer: Entschuldige, mein Junge. – Simonot!

Simonot beginnt mit dem Gedicht.

Lehrer: Aha, sicher wegen Doinel . . . – Sitzenbleiben, Jungs, sitzenbleiben!

→

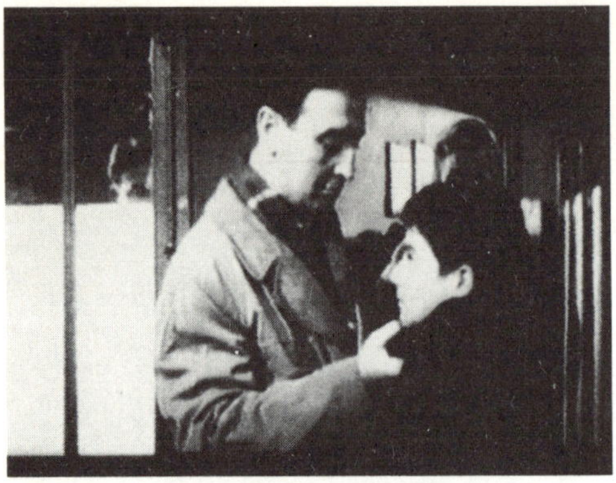

Lehrer (off): Monsieur le directeur, wir müssen diesmal eine exemplarische Strafe verhängen, wenn wir nicht . . .

Direktor (off): Der Ungewöhnlichkeit dieses Falles wird kein Strafmaß gerecht.

Ich glaube, daß wir die weiteren Maßnahmen den Eltern überlassen sollten.

Antoines Vater (off): Wir sprechen uns heute abend noch! Komm du mir nur nach Haus!

Die Lüge im Kino ist ein ganz besonderes Thema: Es ist nicht leicht, zu zeigen, wie jemand lügt. Man muß sich dafür sehr viel Zeit nehmen.

[lacht] Stimmt.

War dies das erste Mal, daß Sie mit diesem Problem konfrontiert wurden?

Das nehme ich an. Ein Film wird ja nie in chronologischer Reihenfolge gedreht, und all die Szenen im Klassenzimmer entstanden ganz zum Schluß, in dem Klassenraum einer Fotoschule in Vaugirard. Der Rest war also schon vorher gedreht worden, übrigens ohne Ton, es wurde nachsynchronisiert. Die Szenen im Klassenzimmer drehten wir allerdings mit Direktton, was die Sequenzen in der Schule auch interessanter macht.

Aber ich vermute, Sie spielen auch auf das Lügen am Schneidetisch an, auf die Anzahl der Einstellungen. Das war die Lehre, die ich aus einem Fehler gezogen hatte, der mir einige Wochen zuvor beim Drehen an der Place Clichy unterlaufen war, in der Szene, in der Antoine Doinel und sein Kumpel beim Schuleschwänzen die Mutter mit ihrem Liebhaber sehen. Die Sequenz war sehr schlecht aufgelöst. Es gab lediglich eine Einstellung auf die Mutter, wie sie ihren Freund umarmt, und eine Einstellung auf die Kinder. Er sieht seine Mutter, packt seinen Kumpel am Arm und überquert rasch mit ihm die Straße. Damals arbeiteten wir bereits während der Dreharbeiten am Rohschnitt, wie es heute allgemein üblich ist, und deshalb fiel mir gleich am Schneidetisch auf, daß ich nicht genügend Aufnahmen gemacht hatte, und vor allem, daß ich die verschiedenen Elemente nicht genug voneinander getrennt hatte. Deshalb kam mir diese Erfahrung bei der späteren Szene in der Schule zugute. Ich sagte mir: Paß diesmal auf!

Wobei man sagen muß, daß meine frühen Filme genau wie die meiner Freunde von der Nouvelle Vague eigentlich alle ohne ein Drehbuch im eigentlichen Sinne entstanden. Die Geschichte wurde fast ein wenig romanhaft zu Papier gebracht, und wie man die Szenen auflöste, entschied man erst am

Drehort. Aber bei solcher Art von Szenen war mir klar, daß ich mir auf einem Spickzettel *[lacht]* die Bilder in der gewünschten Reihenfolge notieren mußte, um hinterher die erforderliche Anzahl von Einstellungen zur Verfügung zu haben. Von daher ist diese Szene, glaube ich, ziemlich gut gelungen.

Arbeiten Sie heute mit sehr detailliert ausgearbeiteten Drehbüchern?

Nein, immer noch nicht. Aber ich habe heute eine viel klarere Vorstellung davon, was ich für den Schnitt brauche.

Machen Sie sich Skizzen?

Nein, Skizzen habe ich noch nie gemacht.

Die Auflösung in dieser Szene dient dem Aufbau einer Spannung, die Zeit mußte gedehnt werden.

Ja, es drehte sich darum, einen kurzen Handlungsmoment in die Länge zu ziehen. Deshalb die Einstellungen, in denen man sieht, wie Antoine reagiert.

Damit wollten Sie den Zuschauer den Schrecken teilen lassen.

Ja. In der Literatur gibt es sicher etwas Vergleichbares, etwa eine rasche Abfolge von kurzen Sätzen. Es geht darum, den Zuschauer mit einzubeziehen, absolut. Das geschieht nicht von außen, wir befinden uns auf der Achse zwischen den Figuren und sind von daher direkter beteiligt, als wenn die Kamera das Geschehen aus der Distanz beobachten würde wie in einem Dokumentarfilm.

Das ist auch etwas, das man beim Drehen seines ersten Films lernt: Ehrlichkeit allein reicht nicht aus. Wer nur ehrlich ist, filmt ab. Man filmt ab, was man für die Wahrheit hält. Aber wenn man eine Geschichte erzählen will, stellt man irgendwann fest, daß es auch nötig ist, diese Wahrheit ein wenig zu manipulieren: Man muß die Dinge auf eine bestimmte Weise anordnen, den Ablauf der Ereignisse in eine bestimmte Reihenfolge bringen und so weiter. Und dazu gehört eben auch, einzelne Szenen zu zerlegen, um sich klarer verständlich zu machen.

Les 400 Coups *war ja bereits ein kommerzieller Erfolg . . .*

Relativ gesehen, ja. *Orfeu Negro*[1], der im gleichen Jahr auf dem Filmfestival in Cannes lief wie *Les 400 Coups*, war wesentlich erfolgreicher. Etwas später kam ein Film von außergewöhnlicher Qualität heraus, *Hiroshima mon amour*[2], und ich glaube, *Les 400 Coups* lag von den Besucherzahlen

1. *Orfeu Negro*, Frankreich 1959, Regie: Marcel Camus.
2. *Hiroshima mon amour*, Frankreich 1959, Regie: Alain Resnais.

genau zwischen *Orfeu Negro* und *Hiroshima mon amour*. Ich will damit nur sagen, daß ich damals schon im Mittelfeld lag, was ich immer als Idealfall betrachtet habe.

Sie sind einer der wenigen Regisseure, denen es gelungen ist, den Erfolg beim Publikum und den Erfolg bei der Kritik miteinander zu verbinden. Damit nehmen Sie eine ganz und gar außergewöhnliche Stellung im französischen Film ein. Robert Bresson zum Beispiel war nie an der Kinokasse erfolgreich.

Doch, Bressons große Publikumserfolge waren Filme wie *Journal d'un curé de campagne* oder sein Erstling *Les anges du péché*[1], auch *Un condamné à mort s'est échappé*[2], alles Filme aus der frühen Phase seiner Karriere. Das Phänomen, von dem Sie sprechen, die Spaltung zwischen den Cinephilen und dem großen Publikum, das gibt es erst seit einiger Zeit, seit fünfzehn Jahren vielleicht. Ich glaube, vor zwanzig Jahren sah die Situation noch ganz anders aus.

Aber Ihre Filme sprechen ja auch heute noch die Cinephilen ebenso an wie das große Publikum. Wenden Sie bestimmte Regeln an, um das zu erreichen, oder stellt sich das ganz von selbst ein?

Nein, selbst in meiner Zeit als Filmkritiker, noch ehe ich selber Regie führte, war ich nie der Meinung, ein Film solle für einen bestimmten Teil des Publikums gedreht werden. Ich liebte Filme, die keinen Erfolg hatten, wie *Les Dames du Bois de Boulogne*[3] oder *Les Enfants terribles*, den wir vorhin schon erwähnten, aber in meinen Augen zählten sie zur selben Art, zur selben Kategorie wie die großen Publikumserfolge wie *Le Corbeau* oder *Les Enfants du Paradis*[4]. Ich war nie der Meinung, daß diese Filme eine Sorte für sich darstellten.

Wenn ich mich für eine Geschichte entscheide, habe ich am Anfang entweder das Gefühl, sie müsse eigentlich ziemlich leicht zu erzählen sein (wie zum Beispiel *La Mariée était en noir* oder *La Sirène du Mississipi*), oder ich sehe sofort, das wird schwierig werden (wie bei *Les Deux Anglaises et le Continent* oder *La Chambre verte*). Entscheidend ist aber, daß ich beim Schreiben des Drehbuchs schon immer ans Publikum denke, was keine Frage der Anbiederung ist, sondern eine Sache des Respekts. Wenn im Drehbuch der Satz steht „Fragen wir Gérard“, dann sage ich zu meinem Co-Autor: Ist dir eigentlich klar, daß kein Mensch weiß, wer mit Gérard gemeint ist? Also beschließen wir, ihm einen Spitznamen zu geben, wir nennen ihn „Gérard, den katholischen Kammerjäger“.[5] An den wird sich jeder sofort erinnern, denn einen katholischen Kammerjäger vergißt man nicht so

1. *Das Hohelied der Liebe*, Frankreich 1943.
2. *Ein zum Tode Verurteilter ist entflohen*, Frankreich 1956.
3. *Die Damen vom Bois de Boulogne*, Frankreich 1945, Regie: Robert Bresson.
4. *Kinder des Olymp*, Frankreich 1943–1945, Regie: Marcel Carné.
5. In Truffauts Film *Une belle fille comme moi* kommt ein katholischer Kammerjäger namens Arthur vor.

leicht. Wenn man durch einen langen Gang geht, kann man die Türen entweder aufstoßen und durchmarschieren, oder aber man wirft ab und zu einen Blick hinter sich, ob da vielleicht jemand ist, dem man die Tür aufhalten sollte. Das gehört für mich zur normalen Höflichkeit. Es gibt Leute, die gute Witzeerzähler sind, und andere, die mit der Pointe anfangen und alles verderben; wieder andere sind geborene Komiker, sie liefern die Informationen in der optimalen Reihenfolge. Was ich damit sagen will, ist folgendes: Eine Geschichte zu erzählen, ohne dabei ans Publikum zu denken, halte ich für ausgemachten Unsinn. Mit einer Ausnahme: Hat man eine Botschaft abzuliefern, die rein poetischer Natur ist und nichts als Poesie, dann braucht man sich tatsächlich nicht darum zu kümmern, ob sich hinter einem in dem langen Gang noch jemand befindet. Handelt es sich aber um eine prosaische Geschichte, die von bestimmten Informationen lebt, muß man sich ständig Gedanken machen. Selbst wenn man zwei Namen wie Bernard und Gérard in der Geschichte hat, muß man damit rechnen, daß der Zuschauer sie verwechselt, weil sie beide auf „-ard" enden, und deshalb sollte man einem Bernard immer einen Emile an die Seite stellen. Solche Dinge meine ich.

Sie legen also großen Wert darauf, daß Ihre Geschichte und die Informationen, die sie transportiert, von großer Klarheit sind.

Ja, um die Verwirrung, für die die Filmkunst per se sehr anfällig ist, zu minimalisieren. Man dreht mehrere Tage am selben Ort, aber das Licht ändert sich ständig; deshalb sieht das Haus, das man am Montag filmte, am Mittwoch plötzlich ganz anders aus. Man tut also gut daran, dem Haus eine unverwechselbare Form zu geben. Kommen zwei Häuser vor und man hat nicht daran gedacht, zwei mit völlig unterschiedlicher Architektur zu wählen, fordert man geradezu heraus, daß der Zuschauer sie verwechselt. Man sollte alles aus dem Weg räumen, was für das Verständnis des Films hinderlich sein könnte, denn Dinge, die zur Verwirrung beitragen, schleichen sich trotzdem noch genug ein.

Was bei Ihnen so bewundernswert ist und Sie von anderen Filmemachern unterscheidet, ist die Tatsache, daß Sie die unerläßlichen Informationen liefern, ohne dabei die Intelligenz des Zuschauers zu mißachten.

Na, das will ich hoffen!

Ich will damit sagen, daß jemand, der zuviel erklärt, manchmal auch zum Demagogen werden kann.

So etwas ist mir auch schon passiert. Ich würde es nicht Demagogie nennen; es ist eine gewisse Naivität während der ersten Viertelstunde, wo man Dinge, die vielleicht auch auf andere Weise hätten deutlich gemacht werden können, sehr schwerfällig erklärt. Aber mit dem, was Ihnen an meinen Filmen so gefällt, tue ich mich nicht schwer. Der Hang zum Deutlichsein rührt ganz einfach daher, daß ich die Filme anderer Regisseure nie kapiere. Ich kann nie alleine ins Kino gehen, es muß immer jemand neben mir sitzen, der mir erklärt, worum es geht. Ich selbst begreife die Handlung nie und werfe grundsätzlich alles durcheinander, was man überhaupt durcheinander werfen kann.

Jedenfalls fühlt man sich durch Ihre Filme nie gegängelt oder mißachtet.

Auch nicht durch die langwierigen Expositionen? Ich habe damit Probleme, ich finde sie zu umständlich. Ich würde liebend gerne einmal einen Film mit einer wirklich starken Szene beginnen lassen, aber damit tue ich mich schwer.

Szene Seite 40

War diese Szene improvisiert?

Ja. Das ist das Gegenteil von der Szene mit der Lüge, über die wir vorhin gesprochen haben. Dort ging es um die Manipulation mit der Kamera, während wir es hier mit der nackten Wahrheit zu tun haben, die natürlich trotzdem ein wenig arrangiert ist. Das ist eine Art Experiment, das meiner Ansicht nach nicht sehr weit führen kann, so gelungen es hier in dieser Szene auch sein mag. Als Regisseur kann man vielleicht einen Film in dieser Art machen, aber nicht zwanzig. Ich glaube nicht, daß man seine ganze Karriere, sein ganzes Leben auf dieser Art von Kino aufbauen kann. Aber die Versuchung ist da, vor allem am Anfang, denn natürlich geht es immer um die Frage nach der Wahrheit: Soll man sich auf die Suche nach der Wahrheit machen, ist es interessant, der Wahrheit nachzuspüren, oder wenn nicht, was sonst? Hier hatten wir es mit einem begabten Schauspieler zu tun, Jean-Pierre Léaud, der keinerlei Scheu vor der Kamera hatte, der völlig natürlich war und überhaupt nicht an sich dachte, denn es handelte sich um einen Jugendlichen und nicht um einen Berufsschauspieler. Er kannte die Einzelheiten der Geschichte, wir befanden uns am Ende der Dreharbeiten und haben ihm gesagt: Gut, du erinnerst dich, daß wir gestern diese Szene gedreht haben und vorher jene. Er konnte sich also schon denken, was für Fragen wir ihm stellen würden, auch wenn er nicht genau wußte, welche. Die ganze Szene war so etwas wie ein Experiment, und die Sache ist immerhin so gut gelungen, daß wir sie in den Film eingebaut haben.

Das Experimentelle ging so weit, daß ich sogar wagte, auf die Gegenschüsse zu verzichten. Eigentlich war das einer dieser absonderlichen Zufälle, die einem häufiger in diesem Beruf passieren. Ich sagte mir: Ich will keine Psychologin im Sinne des bekannten Klischees, das heißt keine unsympathische, mürrische oder harte Frau, und die erste Frau mit einer warmherzigen, freundlichen Stimme, die mir einfiel, war Annette Wademant, die damals mit Jacques Becker zusammenlebte. Ich fragte sie also, ob

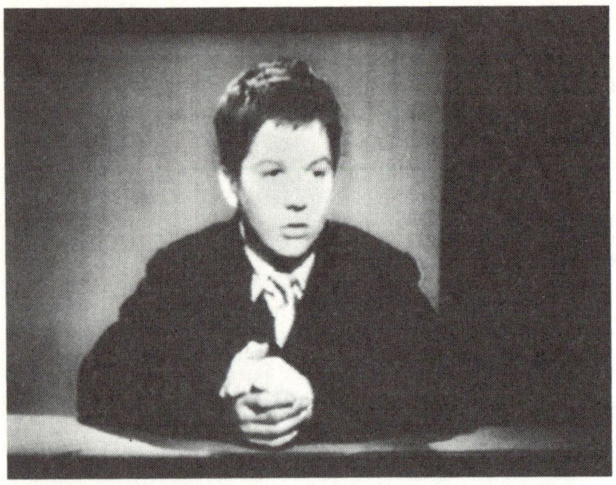

Psychologin (off): Deine Eltern sagen, daß du dauernd lügst.

Antoine: Na ja, manchmal lüg ich schon, das geb ich zu. Aber wenn ich die Wahrheit sagen würde, würde mir ja doch niemand glauben, da lüg ich schon lieber.

Psychologin (off): Warum liebst du deine Mutter nicht?

Antoine: Tja, was soll man darauf antworten . . . Zuerst hat sie mich zu einer Pflegerin gegeben, und als dann kein Geld mehr da war, hat die mich zu meiner Großmutter geschickt. Aber wie gesagt, die war schon sehr alt und konnte mich nicht mehr bei sich behalten. Na ja, und da bin ich eben damals zu meinen Eltern gekommen, aber da war ich schon fast acht. Ich merkte sofort, daß mich meine Mutter nicht besonders mochte. Sie schimpfte dauernd mit mir rum, wegen nichts und wieder nichts, sie fand immer etwas Neues. Und meine Eltern, meine Eltern hatten sehr oft Streit miteinander. Und dabei hab ich mal gehört, daß . . . daß meine Mutter mich erwartet hatte, als . . . als sie noch ein junges Mädchen war. Und einmal, äh . . . hatte sie sich mit meiner Großmutter ganz furchtbar gezankt, und da hab ich gehört, daß sie mich abtreiben lassen wollte und daß ich's nur meiner Großmutter verdanke, daß ich geboren bin.

Psychologin (off): Und was denkst du über deinen Vater?

Antoine: Ooch, mein Vater war immer nett zu mir, aber er ist etwas feige, weil er . . . weil er weiß, daß meine Mutter ihn betrügt. Aber um . . . aber um Streit zu vermeiden, läßt er sie lieber in Ruhe und sagt nichts. Er ist eben feige.

Psychologin (off): Hast du schon einmal mit einem Mädchen geschlafen?

Antoine: Nein, ich noch nicht, aber ich hab 'n paar Freunde, die haben schon mal. Sie haben zu mir gesagt, wenn ich Lust hätte, bräucht ich nur in die Rue Saint-Denis zu gehen, dort gäb's Mädchen. Na, und da bin ich hin und hab eine gefragt. Und die hat mich schrecklich ausgeschimpft, und da hab ich Schiß gekriegt und bin schleunigst wieder abgehauen.

sie Lust habe, diese Psychologin zu spielen. Aber sie konnte nicht, weil sie gerade schwanger war. Ein absurder Grund übrigens, wir hätten natürlich ohne weiteres auch eine schwangere Psychologin zeigen können! *[lacht]* Jedenfalls habe ich zu ihr gesagt: Würden Sie der Psychologin wenigstens Ihre Stimme leihen? Sie war einverstanden. Während die Kamera lief, habe ich selbst die Fragen gestellt. Wir haben alles an einem Stück gedreht, und da wir am Schneidetisch die Reihenfolge der Fragen verändert haben, gibt es in dieser Szene an einigen Stellen diese raschen Überblendungen. Bei der Tonmischung habe ich meine Stimme durch die der schwangeren Annette Wademant ersetzt.[1] All das entstand also ganz zufällig, und trotzdem wirkt die fertige Szene vollkommen spontan, vollkommen dokumentarisch oder wie auch immer man es bezeichnen will.

Der Zufall spielt also eine große Rolle. Provozieren Sie Zufälliges in Ihren Filmen oder versuchen Sie, Zufälliges eher zu vermeiden?

Ich versuche, dem Zufall nicht zuviel zu überlassen, weiß aber, daß er unvermeidbar und manchmal sogar sehr wichtig ist. Aber ich wollte mit dieser Szene auch einen Ausgleich schaffen. Jean-Pierre Léaud spricht als Antoine Doinel in diesem Film sehr wenig, es gab kaum längere Dialoge für ihn, und eigenartigerweise überwog während der Dreharbeiten – ganz im Gegensatz zu allem, was später gesagt wurde – im Team eine negative Einstellung in bezug auf die Hauptfigur. Mehrere Leute kamen zu mir und sagten: Merken Sie denn gar nicht, daß Sie mit all diesen verbotenen, hinterhältigen, falschen Dingen, die Sie Antoine tun lassen, den Jungen ganz unsympathisch machen? Deshalb habe ich mir am Ende gesagt, vielleicht erlaubt es ihm diese Szene mit der Psychologin, sich mitzuteilen, endlich erfährt man etwas über seine Sicht der Dinge, und man merkt plötzlich, daß dieser Junge, der vorher vielleicht zu sehr wie ein Tier gefilmt worden war, sehr wohl ein Gewissen besitzt und eine seltsame, ganz persönliche Sicht der Dinge hat, aber immerhin eine Anschauung, und das war ein wenig der Grund für diese Szene.

In Wahrheit haben sich die Leute in meiner Umgebung natürlich völlig geirrt, denn was sie unterschätzten, war diese – wie soll ich sagen? – diese Idee der Unschuld, die sich mit der Jugend verbindet, und obwohl Jean-Pierre Léaud in diesem Film jede Menge Mist baut, kam niemand auf die Idee, ihm daraus einen Vorwurf zu machen. Allerdings habe auch ich mich geirrt, und zwar insofern, als ich dachte, ich hätte einen objektiven Film gedreht. Nachher wurde mir klar, daß die Eltern viel zu schlecht wegkommen, vor allem die Mutter. Damit bin ich nicht zufrieden, und wenn ich diese Frau heute in einen Film einbauen würde, würde ich sie sicher ganz anders zeigen.

1. Die deutsche Fassung des Films (Synchronregie: Alfred Vohrer) sabotiert freilich Truffauts hier geäußerte Absicht und präsentiert eine Sprecherin mit einer Stimme, die eben das ist: unsympathisch, mürrisch und hart.

3

Tirez sur le pianiste (Schießen Sie auf den Pianisten) –
David Goodis, Jacques Prévert und die
Poesie der Série noire – Ein Film wegen eines einzigen
Bildes – Die Reflexion kommt später –
Die Angst des Schauspielers vor Überraschungen
– Die netten Gangster –
„Meine Mutter soll auf der Stelle tot umfallen" –
Ich muß meine Figuren mögen –
Fairneß-Regeln gegen den Mißbrauch von Macht

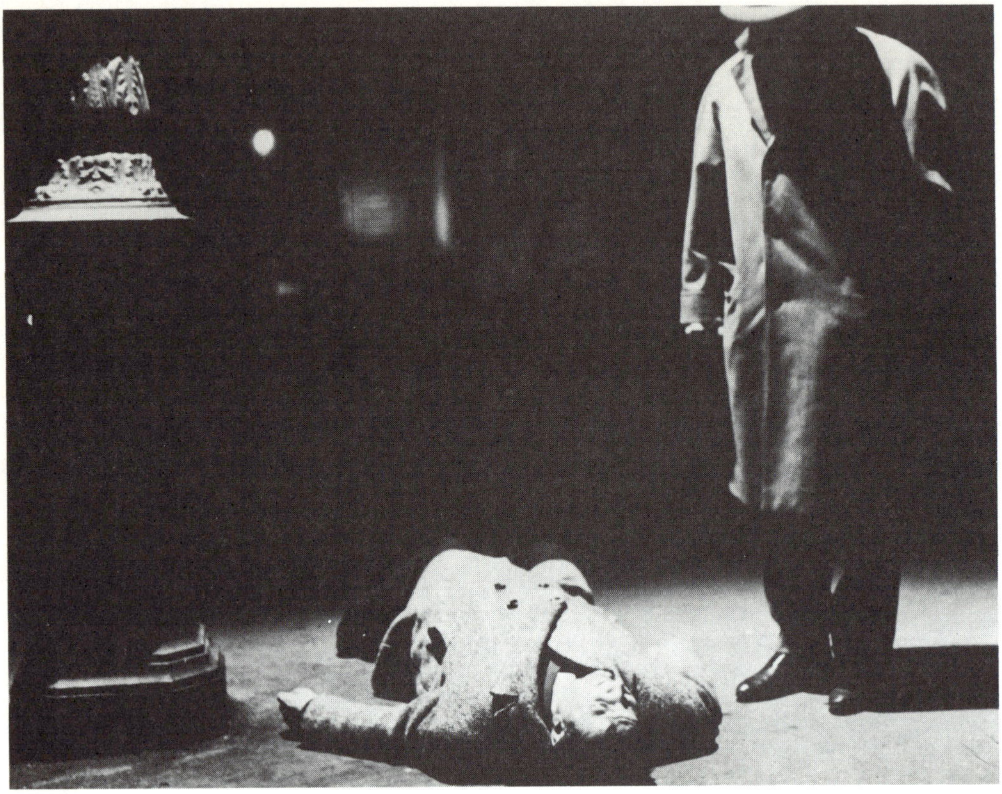

Der Anfang von Tirez sur le pianiste *widerspricht allem, was wir vorhin über die Exposition gesagt haben, denn hier wird keinerlei Information über das geliefert, was folgt. Im Gegenteil, hier wird etwas erzählt, was mit dem eigentlichen Film überhaupt nichts zu tun hat: Ein freundlicher Herr hilft einem anderen, der bei der Flucht vor unsichtbaren Verfolgern mit einem Laternenpfahl kollidiert war, wieder auf die Beine, begleitet ihn ein Stück und erzählt ihm dabei, wie er seine Frau kennengelernt hat. Dann verabschiedet er sich und verschwindet damit aus dem Film.*

Tirez sur le pianiste war ein Film, der ein wenig als Gegenentwurf zu *Les 400 Coups* gedacht war, denn meine Freunde und ich hatten so sehr das amerikanische Kino verteidigt, daß ich selbst ganz überrascht war, wie durch und durch französisch *Les 400 Coups* doch wirkte. Mit *Tirez sur le pianiste* wollte ich deshalb meine Schuld gegenüber dem amerikanischen Film einlösen. Was nicht heißt, daß ich einen amerikanischen Film machen wollte, es ging mir eher um die Atmosphäre, den Ton. Ich wollte die Poesie der Schwarzen Serie nachempfinden.

Deshalb wohl auch dieser Anfang: Er sollte den Ton angeben und zeigen, daß im folgenden zwar Revolverschüsse fallen könnten, es aber dennoch hauptsächlich um die Beziehung zwischen Männern und Frauen gehen wird, um Gefühle und die seltsamen Arten, wie sich Leute kennenlernen und wieder verlassen können. Kurzum, es ist der Stil von David Goodis, einem Schriftsteller, den ich unwahrscheinlich bewundere und der damals kaum bekannt war, gerade in den USA. Später habe ich diesen bemerkenswerten Mann auch persönlich kennengelernt. Ich mochte seine Romane, und vor allem *Down There*[1] hatte mich vollkommen fasziniert. Ich verspürte den Wunsch, einen Film zu machen, der dem Stil dieses Autors gerecht wird. Der Film ist weniger keusch als das Buch: Goodis war ein sehr schamhafter

1. New York 1956, dt. *Schüsse auf den Pianisten*, München 1966. Der Roman lag dem Drehbuch zu *Tirez sur le pianiste* zugrunde.

Mensch, ich bin eher das Gegenteil, auch wenn man mir etwas anderes nachsagt. Im Buch geht es zwar um alle möglichen Gefühle, aber ich glaube, der Film geht freier damit um, er ist . . . „schonungsloser" wäre übertrieben, das Wort paßt nicht zu *Tirez sur le pianiste.*

In *Tirez sur le pianiste* geht es um die Beziehung eines schüchternen und recht introvertierten Mannes, gespielt von Charles Aznavour, zu drei Frauen sehr unterschiedlichen Typs, zu drei möglichen Arten von Frauen, denen man in seinem Leben begegnen kann. Da das allein als Sujet aber nicht ausgereicht hätte, gibt es zusätzlich noch eine Kriminalgeschichte, die aber, wie ich glaube, auf sehr ungezwungene und unkonventionelle Weise erzählt wird.

In der Mitte gibt es eine lange Rückblende, die zwei oder drei Akte umfaßt, also zwanzig bis dreißig Minuten, aber sie stellt keinerlei Bruch dar. Das Einzigartige an diesem Film ist, daß man, wenn er zu Ende ist, gar nicht den Eindruck hat, einen anderthalbstündigen Film gesehen zu haben. Das zählt wieder zu den Dingen, die man kaum kontrollieren kann, die sich ganz zufällig ergeben.

Bei diesem Film hat man den Eindruck, Sie spielen so sehr mit den filmischen Mitteln, daß Sie dabei auch schon einmal die Verständlichkeit der Geschichte außer acht lassen.

Bei *Tirez sur le pianiste* haben Sie recht, da habe ich mir keine großen Gedanken darüber gemacht, ob man die Geschichte überhaupt begreift. Ich hatte einfach nur Spaß daran, in einer Abfolge von Sequenzen meine Vision von der Série noire auf die Leinwand zu bringen. Denn für mich war die Série noire nicht nur deshalb interessant, weil die Geschichten den Leser fesselten oder weil sie starke Situationen und Figuren enthielten, sondern auch unter literarischem Aspekt. Es ging eine Faszination von diesen Romanen aus, die ich gar nicht erklären kann, die vielleicht sogar an den hastigen Übersetzungen lag. Die Romane aus der Série noire wurden in Windeseile übersetzt, und zwar von Leuten, die so schlecht bezahlt wurden, daß es sich für sie gar nicht gelohnt hätte, längere Zeit dafür aufzuwenden: Sie diktierten die Übersetzung gleich auf Band, das war damals bei dieser Reihe so üblich.

Die Série noire bestand aus populären amerikanischen Kriminalromanen; Gallimard kaufte die französischen Rechte und veröffentlichte sie in der Sammlung „Série noire", die auf eine Idee von Jacques Prévert zurückgeht. Prévert hat sich die Reihe ausgedacht, vielleicht nicht die Umschlaggestaltung und all das, aber den Titel „Série noire". Von diesen Geschichten ging eine Faszination der Gewalt aus, die im Grunde schwer zu beschreiben ist. Natürlich war ich nicht der erste, der auf die Idee kam, diese Romane zu verfilmen, aber die französischen Filme basierten nie auf den besten Büchern, sondern meistens auf denen von Autoren wie James Hadley Chase. Und die französischen Regisseure verlegten die Handlung unweigerlich an die Côte d'Azur, damit viele teure Autos mit offenem Verdeck vorkommen durften, und das konnte nicht funktionieren: Von der Poesie, die man in den Büchern spürte, blieb auf der Leinwand nie etwas übrig. Ich fragte mich, woran das lag, und als meine Antwort auf diese Filme habe ich *Tirez sur le pianiste* gedreht.

Deshalb gibt es darin vermutlich so viele Nachtszenen, denn wie mir schien, funktionierte die Poesie der Série noire besser bei Nacht als am Tag. Ich hänge eben sehr am geschriebenen Wort, an der Literatur, und ich entdeckte in den Romanen der Série noire einen literarischen Wert, den ich filmisch nachempfinden wollte. Wenn die Leute zum Beispiel über ihre Vergangenheit redeten, hat es mich jedesmal sehr berührt, wenn sie den Imperfekt benutzten, und ich glaube, in *Down There* kommt sehr oft der Imperfekt vor: „Du kamst rein und hast dich ans Klavier gesetzt, deine Hände legten sich auf die Tasten, und du hast zu spielen begonnen. . ." Perfekt und Imperfekt in einem Satz, das beeindruckte mich sehr, und deshalb habe ich versucht, Bilder zu finden, die diesen unterschiedlich konjugierten Sätzen entsprachen.

Es kommt auch vor, daß man einen Film nur wegen eines einzigen Bildes macht. Gegen Ende des Romans gibt es ein Häuschen in verschneiter Landschaft, Tannenbäume und eine kleine, abschüssige Straße, und in dem Buch heißt es, glaube ich, das Auto gleite diese Straße hinunter, ohne daß man das Motorengeräusch hört. Ich erinnere mich, daß ich Lust bekam, dieses Bild zu realisieren, ich sagte mir: Ah, wie toll wäre es, diese Bäume und diese abschüssige, verschneite Straße zu sehen und dann dieses lautlos hinuntergleitende Auto! Und ich habe es so gemacht, diese Aufnahme befindet sich im Film. Vielleicht habe ich den Film also nur wegen dieser Einstellung gedreht.

Man merkt, daß Sie sehr viel über Ihre Arbeit nachdenken.

Oft allerdings erst im nachhinein.

Danach wollte ich Sie gerade fragen, denn in Ihren Filmen gibt es nie jene Schwerfälligkeit, die sich häufig einstellt, wenn schon vor den Dreharbeiten oder der Entstehung eines Films zu viel über ihn nachgedacht wurde.

Nun, man sollte sich natürlich schon vorher Gedanken machen, aber diese Überlegungen sollten sich nur auf die Handlungsführung und auf die Harmonie des Konzepts beziehen. Das ist eine Sache, über die ich mich sehr oft mit Suzanne Schiffman unterhalte, wenn wir an einem neuen Stoff arbeiten. Ich sage ihr: Sieh mal, an dieser Stelle verlieren wir plötzlich unser Konzept aus den Augen, das finde ich nicht gut, ich spüre, daß uns die Sache entgleitet, daß wir dabei sind, gegen unsere Geschichte zu arbeiten. Außerdem denke ich an Szenen, die ich aus anderen Filmen kenne, oder an Leute, die ich gekannt habe, an Dinge, die ich auf der Straße gesehen habe und die ich unbedingt in den Film einbauen will. Aber ich glaube, die eigentliche Reflexion über die Arbeit kommt erst später, sehr viel später – oder auch gar nicht.

Fido: Was ist das?

Ernest: Ein Feuerzeug mit Musik.

Fido: Das ist hübsch!

Momo (zu Ernest): Zeig ihm mal deine Uhr!

Ernest: Hier. Aber es gibt noch mehr, ich hab noch n' Wecker am Auspuff, der nach jeder Stunde Parken klingelt.

Fido: Ist das alles?

Ernest: Nein. Ich hab noch einen amerikanischen Füller mit eingebautem Schnorchel, zusammenziehbarer Spitze und automatischer Füllvorrichtung. Einen Gürtel aus ozeanischer Faser. Einen Hut mit Klimaanlage. Und mein Anzug stammt aus London. Echte australische Schafwolle. Und meine Schuhe sind in Ägypten gemacht. Die vertragen die größte Hitze. Mir kann nichts mehr imponieren. Ich kenne alles, was es gibt.

Momo: Und der Schal, den ich hier habe, der sieht doch aus wie Seide, nicht wahr? Aber er ist aus Metall. Und zwar aus einem ganz besonderen Metall, das ganz biegsam ist. Wird in Japan gemacht. Faß mal an!

Fido: Das ist ja gar kein Metall, das ist Seide!

Momo: Ich sag dir doch, echt japanisches Metall!

Fido: Das glaub ich nicht. Der kommt nicht mal aus Japan.

Momo: Ich schwör es dir, so wahr ich hier sitze!

Fido: Ich glaub's Ihnen trotzdem nicht.

Momo: Wenn das nicht wahr ist, soll meine Mutter auf der Stelle tot umfallen!

(Zwischenschnitt: Eine alte Frau greift sich an den Bauch, reißt den Mund auf und fällt um.)

Fido: Gut, dann glaub ich's Ihnen.

Momo: Ich hab's dir ja gesagt.

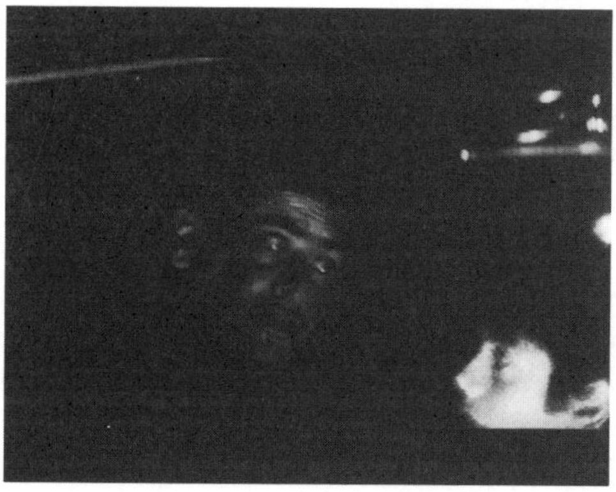

Der Mann, den Chico (Albert Rémy) am Anfang von Tirez sur le pianiste *auf der Straße trifft, wird von einem Regisseur gespielt: Alex Joffé.*

Das war, glaube ich, das erste Mal, daß er sich als Schauspieler versuchte. Ich habe ihn gebeten, diese Rolle zu spielen, weil mir sein joviales Äußeres sehr gut zu dieser Figur zu passen schien. Als wir diese Szene drehten, hat es fürchterlich geregnet und gestürmt. Er hatte wahnsinnige Schwierigkeiten mit seinem Text und verhaspelte sich dauernd. Und dann sagte er etwas sehr Bezeichnendes: „Zu Hause hat es wunderbar geklappt!"

Das Gefühl kennt jeder Schauspieler, jeder muß diese Erfahrung machen, daß ein Text, den man in den eigenen vier Wänden auswendig gelernt hat, nicht mehr derselbe ist, wenn man ihn am Drehort sprechen muß, und die Schauspieler leiden ständig unter dieser Diskrepanz. Denn jede Szene stellt sie vor Probleme, die sie unmöglich vorhersehen konnten. Da hat jemand seine Szene geprobt und sie sich zu eigen gemacht, er wirft sich in Positur, die Beine leicht gespreizt, er ist sich seiner Sache ganz sicher, und dann setzt man ihn plötzlich in einer vollen Bar auf einen Hocker, dichtgedrängt zwischen anderen, und im Vordergrund kreuzen dauernd andere Leute das Bild. Kurz: Für den Schauspieler kommt immer etwas Unvorhergesehenes dazwischen, das die Szene für ihn zur Qual macht, irgendeine Sache stellt sich ihm in den Weg, egal, wie gut er seinen Text beherrscht.

Szene Seite 49

Diese Szene gab es in der Romanvorlage nicht. Ich glaube, auch der kleine Junge kommt in dem Buch gar nicht vor. Er gehörte schon zu Antoine Doinels Klassenkameraden in *Les 400 Coups*, er war ein kleiner Armenier, Richard Kanayan, der mir sehr gefallen hatte, und als mir die Idee kam, Charles Aznavour armenische Brüder zu geben, ist mir dieser kleine Armenier, der mich bei *Les 400 Coups* so sehr zum Lachen gebracht hatte, wieder eingefallen, und ich habe mir gesagt: Den bauen wir hier auch ein, denn in Frankreich gibt es nicht diese Familienverbände wie in den USA, und deshalb bekommt Aznavour eben eine armenische Familie. Mir gefiel diese Art Staatenlosigkeit Aznavours. Albert Rémy, der in *Les 400 Coups* Antoine Doinels Vater gewesen war, spielte einen weiteren seiner Brüder; er besaß ein sehr knorriges Äußeres und ging deshalb als Armenier durch.

Das Verhältnis zwischen dem Jungen und den Gangstern ist vollkommen unerwartet. So eine Unterhaltung paßt überhaupt nicht in einen Kriminalfilm.

Das hängt damit zusammen, daß ich sehr große Probleme damit hatte, Gangster zu filmen. In *Les 400 Coups* hatte es Szenen gegeben, die auf einem Polizeirevier spielten, und schon da stand ich vor der Frage: Wie filmt man eigentlich Polizisten? Das hat mir große Kopfschmerzen bereitet. Ich sah diese Polizeibeamten auf dem Kommissariat und sagte mir: Nimm dich in acht vor Klischees! Wenn man im Kino oder auch im wirklichen Leben ein Polizeirevier betritt, sitzen die Beamten, die gerade nichts zu tun haben, unweigerlich beim Kartenspielen. Weil ich das vermeiden wollte, zeigte ich sie in *Les 400 Coups* beim „Pferdchen"-Brettspiel, was ganz und gar unwahrscheinlich ist, denn das ist eigentlich ein Spiel für Kinder aus gutem Hause. Ich hoffte, dadurch ein wenig gegen das Klischee zu arbeiten. Und hier war es ähnlich, ich hatte einfach keine Lust, diese Gangster als harte Burschen zu zeigen, alles in dieser Richtung hätte mich gestört. Ich habe nichts übrig für Gangster. Ich bin in Pigalle aufgewachsen, und so sehr ich das Viertel auch liebte, so haßte ich doch das Unterweltmilieu. In dieser Szene wollte ich weder die alten Klischees bestätigen, noch die Gangster lächerlich machen; wie wäre es also, überlegte ich, wenn man ihnen etwas Kindliches verleiht? So entstand die Idee zu diesem Gespräch mit dem Jungen, wo sie mit ihren Errungenschaften prahlen und lauter Unsinn erzählen.

Hinzu kam dann noch die Einstellung, in der man die Großmutter tot umfallen sieht, ein Einschub, der geradezu experimentellen Charakter hat. Im Schneideraum habe ich so damit gespielt, daß ich die Einstellung dauernd herausnahm, wieder einfügte, wieder herausnahm und so weiter, je nachdem, wie die reagierten, die einem beim Schnitt so über die Schulter sehen (also die Leute, die für die Synchronisation oder die Musik zuständig sind). Wenn ich hörte: „Die sterbende Großmutter finde ich völlig idiotisch", sagte ich, gut, ich nehme sie heraus; wenn dann aber jemand, der die frühere Version kannte, sagte: „Oh wie schade, man sieht die Großmutter nicht mehr umfallen, das fand ich so lustig", sagte ich, na schön, tun wir sie wieder herein. Keine Ahnung, was ich eigentlich damit sagen wollte, es war ein Experiment.

Hören Sie oft auf den Rat Ihrer Mitarbeiter?

Es gibt Momente, da ist man ziemlich verwundbar und unruhig, eigentlich während der gesamten Schnittphase, und da höre ich schon auf andere, wobei ich allerdings versuche, nicht zu viele Personen zu Rate zu ziehen. Meistens gibt es zwei oder drei Personen, denen ich den Film vorführe. Mittlerweile arbeite ich mit einem ziemlich ausgeklügelten System: Ich bitte diese zwei oder drei Freunde, zwanzigmal zu erscheinen, auch wenn es ihnen einmal nicht in den Kram paßt; es ist fast, als stünden sie dafür bei mir unter Vertrag. Sie verfolgen also die Schnittphase, und wenn ich eine Szene an eine andere Stelle setze, will ich von ihnen wissen, welche Version ihnen besser gefällt. Diese Leute sind natürlich nicht während der ganzen drei Monate, die der Schnitt eines Films dauert, anwesend, sondern werden zu jeder Rohschnittvorführung eingeladen.

Können Sie sich vorstellen, Figuren auf die Leinwand zu bringen, die Sie unsympathisch finden?

Na ja, ich weiß nicht . . . In *Tirez sur le pianiste* mochte ich alle Figuren, das sieht man eben auch an den Gangstern: Ich habe sie so präsentiert, daß ich sie sympathisch finden konnte, was vor allem dank der beiden Darsteller, Claude Mansard und Daniel Boulanger, möglich war, die einfach furchtbar nett waren und an zwei dicke Kater erinnerten. Ich habe das noch verstärkt, indem ich ihnen gesagt habe, tut ein bißchen so, als ob ihr zwei dicke Kater wäret.

Aber Sie haben recht, ich habe Schwierigkeiten, Leute zu filmen, die ich nicht mag, das geht immer schief. Ich kann mir einfach nicht vorstellen, morgens an den Drehort zu kommen, um eine Figur in die Pfanne zu hauen. Vielleicht würde mir das ja sogar gelingen, aber wenn, dann müßte es schon gigantische Proportionen annehmen und dürfte nicht billig sein. Es müßte etwas Grandioses an sich haben.

Es ist Ihnen wichtig, daß sie auf die eine oder andere Weise sympathisch, amüsant oder lächerlich wirken?

Nein, ich muß sie interessant finden, interessant ist hier das Schlüsselwort. Wenn sie unsympathisch sind, dann nicht nur einfach so. Die Gefahr ist, daß man es sich zu leicht macht und jemandem einfach ein paar idiotische Sätze in den Mund legt. Aber zum Glück gibt es auch bestimmte Schauspieler, die sich sehr gut für unsympathische Rollen eignen, weil sie trotzdem noch eine gewisse Poesie hineinbringen; ich denke an jemanden wie Michel Lonsdale: Ihm kann man ohne Bedenken eine unsympathische Rolle anvertrauen, weil man weiß, daß er dabei immer noch witzig und vor allem geheimnisvoll bleibt, aber nie langweilig. Lonsdale ist perfekt dafür, wirklich perfekt.[1]

Man könnte also sagen, Sie geben auch der unsympathischsten Figur noch ihre Chance . . .

Ja, genau, man muß spüren, daß das Unsympathische nicht alles ist. Man kann jemanden die abscheulichsten Dinge sagen lassen, Hauptsache, es gibt da noch eine unbekannte Ebene, es bleibt noch etwas Rätselhaftes an dieser Person . . .

. . . was eine Erklärung dafür sein könnte, weshalb er oder sie so gemein ist oder sich so widerwärtig benimmt.

So ist es. Das sind Fragen, die etwas mit Macht zu tun haben, mit dem Mißbrauch von Macht. Wer einen Film dreht, hat eine gewisse Macht. Wann beginnt man, diese Macht zu mißbrauchen? Um das zu vermeiden, stellt man sich gewisse Fairneß-Regeln auf. Wenn man es schafft, einer Ohrfeige in einem Film genügend dramatische Kraft zu verleihen, erspart man sich Szenen, in denen sich die Leute Fußtritte in den Bauch verabreichen. Meiner Meinung nach sollen Brutalitäten solcher Art meistens nur Schwächen des Drehbuchs vertuschen oder das eigene Unvermögen, Gewalt mit latenten Mitteln abzubilden. Man versucht es eben gern auf diese Weise. Ich für meinen Teil gebe mir immer Mühe, dem Subtilen Kraft zu verleihen, anstatt das Krasse zu banalisieren.

1. Michael Lonsdale spielt bei Truffaut in *La Mariée était en noir* und *Baisers volés.*

4

Jules et Jim (Jules und Jim): der Roman eines Greises, der Film eines Jünglings – Der Blick aus zeitlicher Distanz – Wie konnte ich so etwas überhaupt durchgehen lassen? – Ein völlig verrücktes Konzept – Ich kann über meine Filme kein Urteil abgeben – Jeanne Moreau, Oskar Werner und die laute Caméflex – Wann Schauspieler sich besonders wohl fühlen – Was nicht schonungslos ist, bleibt dekorativ – Unterstreichung statt Pleonasmus

Catherine (Jeanne Moreau) klopft an Jules' Tür und öffnet sie.

Catherine: Jules? Entschuldige, störe ich dich?

Sie geht hinein und setzt sich auf das Bett. Jules (Oskar Werner) sieht von seiner Arbeit auf.

Catherine: So geht es nicht mehr weiter. Du hast doch sicher unseren Streit mit angehört?

Jules setzt sich neben sie.

Jules: Nein, ich habe gearbeitet.

Catherine: Ich kann das nicht mehr ertragen, ich werde verrückt. Ich bin froh, daß er morgen abfährt.

Jules: Das darfst du nicht sagen, Catherine. Du weißt, daß er dich liebt.

Catherine: Ich weiß es nicht mehr. Ich weiß es wirklich nicht mehr. Er hat mich belogen. Er hatte nicht den Mut, sich von Gilberte zu trennen, er weiß eben nicht, was er will. Er liebt, er liebt nicht, aber einmal wird er vielleicht doch lieben. Es ist bestimmt nicht meine Schuld, daß wir das Kind nicht bekommen haben.

Jules: Hast du eine Zigarette?

Catherine: Du willst rauchen?

Sie gibt ihm eine Zigarette und nimmt selbst auch eine.

Jules: Danke. Soll ich mit ihm sprechen?

Catherine: Nein. Auf keinen Fall. Weißt du, manchmal liebe ich ihn und manchmal hasse ich ihn. Aber ich will, daß er abreist. Wir haben beschlossen, uns ein Vierteljahr nicht mehr zu sehen. Was meinst du?

Jules: Was soll man da sagen? Es ist vielleicht das Beste.

Catherine: Du willst mir nicht sagen, was du denkst? Im Grunde genommen verachtest du mich.

Jules: Nein, Catherine, das ist nicht wahr, das würde ich niemals tun. Ich werde dich immer lieben, was auch geschehen mag. Das schwöre ich dir.

Er streichelt ihr Haar. Sie umarmt ihn. Beide küssen sich.

Catherine: Oh, Jules, wirklich? Ich hab dich auch sehr lieb. Wir beide sind doch sehr glücklich gewesen, nicht?

Jules: Und wir sind es noch – ich meine, ich bin es. Ich bin glücklich.

Catherine: Ich bin es auch. Ja, und von jetzt an trennen wir uns nie wieder, Jules? *(weint)* Wir werden zusammen alt und leben mit Sabine und den vielen Kindern von Sabine. Laß mich bitte bei dir bleiben. Ich will ihn nicht mehr wiedersehen, bevor er morgen abfährt.

Jules: Gut, dann leg dich hierher. Ich schlafe unten, im Wohnzimmer.

Jules steht auf und geht zur Tür, kommt wieder zurück und umarmt Catherine erneut.

Jules: Meine liebe Catherine, vor vielen Jahren habe ich einmal eine chinesische Komödie gesehen, an die ich mich jetzt oft erinnnere. Als der Vorhang aufging, kam der Kaiser und wandte sich zum Publikum mit den Worten: „Ich bin der bedauernswerteste Mensch der ganzen Welt, denn ich besitze zwei Frauen: meine Lieblingsfrau und eine Nebenfrau."

Catherine weint. Jules streichelt ihr Haar. Dann steht er auf und verläßt das Zimmer.

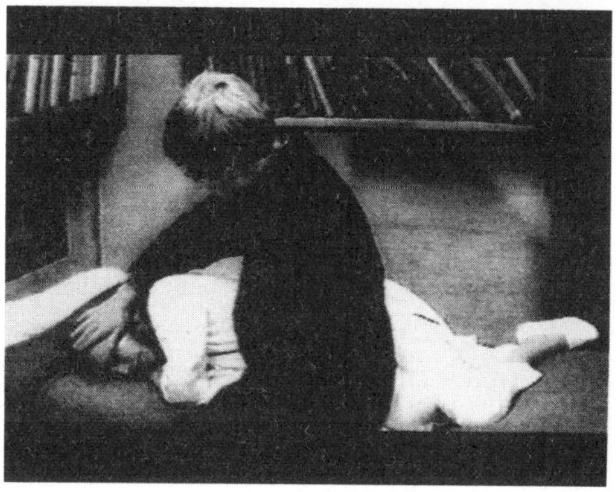

Hier hauen Sie alle Klischees kaputt.

Welche Klischees meinen Sie?

Die Verhältnisse der Personen untereinander, das Bild der Frau, die Eifersucht, das Spiel der Darsteller . . . Vor allem Jules' Reaktion ist absolut über jedes Klischee erhaben.

Ja, in *Jules et Jim* haben wir es mit einem heroischen Ehemann zu tun, der Ehemann wird hier praktisch zu einer heldenhaften Figur. Natürlich ist es eine theoretische Figur, denn ich glaube kaum, das es so etwas im wirklichen Leben gibt. Aber ich fand die Idee interessant. Der Film war außerdem der Versuch, alle Frauen in einer einzigen zu vereinen. Es fällt mir sehr schwer, über all das zu sprechen.

Was mich ursprünglich an *Jules et Jim* reizte, war die Tatsache, daß es sich um den Roman eines alten Mannes handelte, der sich am Ende seines Lebens befand, und daß die Verfilmung ein junger Mann besorgen würde, der nur wenig Lebenserfahrung besaß, aber das Buch sehr bewunderte. Und ebenso wie bei *Tirez sur le pianiste* wollte ich einen Film machen, der seiner Vorlage treu bleibt, was in diesem Falle hieß, daß man dem Film die sechzig Jahre anmerken sollte, die zwischen den Ereignissen selbst und dem Zeitpunkt des Erzählens liegen – eine unglaubliche Distanz. Bei einem Familienstreit gibt es im ganzen Haus ein Mordsgeschrei: „Das ist ja furchtbar, unsere Tochter, diese Schande, was haben wir uns für dich aufgeopfert", kurz, all der Unsinn, den man sich bei solchen Anlässen an den Kopf wirft; dreißig Jahre später dagegen sieht man das vermeintliche Drama aus einer ganz anderen Sicht, und man stellt fest, daß nur die Gesundheit zählte, die Gesundheit, die Geburten und die Todesfälle, und alles erscheint in einem ganz anderen Licht. Das ist auch der Grund, weshalb es bei großen Konflikten innerhalb einer Familie hauptsächlich die Großeltern sind, die vernünftig reagieren, denn sie haben dergleichen schon in allen Varianten erlebt und verfügen über den besagten Abstand. Genau das ist das Originelle an diesem Buch: der Blick aus der zeitlichen Distanz auf Charaktere, deren Beziehung von einer großen Spannung gekennzeichnet ist, diese Distanz, die auf einem halben Jahrhundert an Weisheit beruht. Ich habe versucht, diese fünfzig Jahre an Weisheit zu einem Film zu machen, was eine törichte Wette war, denn schließlich war ich selbst noch keine dreißig, als der Film gedreht wurde. Deshalb ist das für mich ein fehlgeleiteter Film, eine Verirrung. Ich empfinde heute viele der Entscheidungen bei diesem Film als völlig falsch.

Was allerdings übrigbleibt und die Sache trotzdem interessant macht, ist neben der Schönheit von Henri-Pierre Rochés Text das Spiel von Darstellern wie Jeanne Moreau und Oskar Werner. Wenn man das Glück hat, mit solchen Menschen zu arbeiten, kann das Resultat auf der Leinwand gar nicht banal sein. Es hat mich sehr berührt, die beiden in der Szene gerade zu erleben. Aber in *Jules et Jim* sieht man das Schwarzwaldhäuschen manchmal aus der Luft, und diese Hubschrauberaufnahmen zum Beispiel gefallen mir heute gar nicht mehr.

Im allgemeinen plädieren Sie ja für ein prosaisches Kino, aber diese Aufnahmen aus der Luft sind äußerst lyrisch. Ist es das, was Sie stört?

Ich denke, das ist normal, man muß auch zu solchen Kindereien stehen. Der Hubschrauber gehört wahrscheinlich auch zu dem besagten Blick aus der Distanz, zu dem Schweben über den Dingen. Deshalb ist die Aufnahme vielleicht ganz legitim, es ist nur die Ausführung der ganzen Szene, die mir nicht gefällt. Aber man kann an seinen alten Filmen ja nichts mehr ändern.

Wissen Sie, was hochinteressant wäre? Wenn ein Regisseur ein Remake eines seiner eigenen Filme machen würde! Ich glaube, er würde dabei wieder Fehler machen, aber sicher nicht mehr die gleichen wie beim ersten Mal. Während der Dreharbeiten, in einer Drehwoche und sogar an einem einzigen Drehtag müssen dermaßen viele Entscheidungen der verschiedensten Art getroffen werden, daß es einem Regisseur meiner Ansicht nach unmöglich ist, mit seiner Arbeit nach einer gewissen Zeit wirklich zufrieden zu sein: Das eine gefällt einem, das andere bereut man, dies würde man inzwischen anders machen, und vielleicht merkt man, daß alles gar nicht so fließt und gleitet, wie man es sich vorstellte, und daß sich die Homogenität und Harmonie, die man sich wünschte, gar nicht einstellen mag. Dann sagt man sich: Wie konnte ich so etwas überhaupt durchgehen lassen? Und das tut weh. Das muß den anderen, die sich nicht mit der Ausführung beschäftigt haben, nicht einmal auffallen, denn jeder setzt ja eine Übereinstimmung zwischen den Intentionen des Regisseurs und dem, was man auf der Leinwand sieht, voraus.

Sowohl Tirez sur le pianiste *als auch* Jules et Jim *zeichnen sich durch eine Ausgelassenheit, eine Frische, eine Spontaneität und sogar durch eine gewisse Verrücktheit aus, die man in Ihren jüngeren Filmen so nicht mehr findet. . .*

[lacht] Pech für mich!

... und man vermißt eigentlich all diese Dinge, diesen inneren Schwung, vermutlich all das, was Sie selbst als Patzer bezeichnen würden.

Aber Patzer unterlaufen mir heute auch noch, Patzer wird es immer geben, man muß nur zwei Jährchen warten, und schon springen sie einem ins Auge.

Das Verhalten der Charaktere in Jules et Jim *ist sehr glaubwürdig, selbst Catherines. Das ist Ihnen gelungen, obwohl Sie einen der Gründe für das Funktionieren dieses Dreiecks, wie der Roman ihn liefert, ausgeklammert haben: Ich meine die Homosexualität. Sie hätte ja als Erklärung für die Toleranz zwischen den beiden Männern dienen können, für diese Art von Flexibilität in der Beziehung, und dieses Motiv haben Sie eliminiert.*

Es gibt in der Romanvorlage aber praktisch keinen Hinweis auf Homosexualität...

Beide Männer verlieben sich in dieselbe Frau, ohne daß ihre Freundschaft daran Schaden nimmt. Im Buch sind die homosexuellen Tendenzen zwischen den Freunden eine mögliche Erklärung für dieses Verhalten, diese Art von Großzügigkeit; im Film dagegen ist diese Großzügigkeit viel unerklärlicher. Und das muß Ihre Entscheidung gewesen sein, denn es kommt weder aus der Vorlage noch von den Schauspielern.

Ich kann Ihnen dazu nichts sagen. Ich kannte den Roman früher auswendig, aber inzwischen habe ich ihn lange nicht mehr gelesen. Jedenfalls glaube ich nicht, daß in dem Buch explizit Homosexualität vorkommt. Es ist vielleicht etwas offener und fröhlicher, was den Sex angeht, während dieses Thema im Film immer etwas gezwungen wirkt.

Wie dem auch sei, ich hatte mir damals ganz sicher ein zu hohes Ziel gesteckt: Man kann sich eben als Achtundzwanzigjähriger unmöglich in einen Fünfundsiebzigjährigen hineindenken, das war als Konzept völlig verrückt. Ich denke, der Film reflektiert diesen Widerspruch, diese Art von Unvereinbarkeit.

Sie sind Ihrem Film gegenüber überraschend kritisch ...

Oh, das ist keine Kritik, ganz und gar nicht! Ich will nur nicht ... wie soll ich sagen? Das ist nicht leicht zu erklären, wissen Sie? Meine Reaktion hängt auch vom jetzigen Zeitpunkt ab. Vor fünf Jahren hätte ich noch ganz anders geantwortet, und in fünf Jahren würde ich wieder anders antworten. Im Moment ist es jedenfalls so, daß ich mir meine eigenen Filme gar nicht mehr ansehen mag, wenn sie älter als sieben, acht Jahre sind, vermutlich aus sentimentalen Gründen, weil einige der Mitwirkenden inzwischen gestorben sind und ich mich Gefühlserlebnissen dieser Art momentan nicht stellen möchte. Auf alle Fälle ist das Urteilsvermögen eingeschränkt, ich kann über meine Filme kein Urteil mehr abgeben, verstehen Sie? Es macht mir nichts aus, mir meine Filme ab *La Nuit américaine* anzusehen, der vor acht Jahren entstand, aber alles, was älter ist, will ich nicht mehr sehen. Werde ich dann doch damit konfrontiert, bin ich so aufgewühlt, daß ich für meine Reaktionen und Kommentare nicht mehr garantieren kann.

Es geht zu sehr unter die Haut?

Ja, genau, eine nüchterne Beurteilung ist da gar nicht denkbar.

Aber das ist doch in Ordnung, warum nicht?

Sicher, und vielleicht pendelt sich das ja auch einmal wieder auf ein gewisses Maß an Objektivität ein. Aber im Moment geht es eben nicht.

Vielleicht fällt es Ihnen ja leichter, über Ihre Arbeit mit den Schauspielern zu reden, die wir in diesem Ausschnitt gesehen haben.

Ja, die Szene mit Jeanne Moreau und Oskar Werner ist sehr gelungen, zumal wir damals noch ohne Ton gedreht haben. Ich glaube, erst ab *Fahrenheit 451*, ab meinem fünften Film also, habe ich mit Direktton gearbeitet. Zu Beginn der Nouvelle Vague benutzten wir die Caméflex, eine sehr laute Kamera, und obwohl diese Szene in einem recht kleinen Zimmer entstand, haben wir sie mit zwei Kameras gleichzeitig gedreht, eine für die extremen Nahaufnahmen, wenn ihre Gesichter ganz eng beisammen sind, und eine für die etwas weiteren Einstellungen, und diese beiden Caméflex machten natürlich einen enormen Krach.

Diesen Lärm empfinden die Schauspieler als eine Trennwand zwischen sich und der Technik, und das hilft ihnen kurioserweise dabei, die Szene zu spielen, sie fühlen sich freier. Sie müssen wissen, daß Schauspieler ausgesprochen gern in Telefonzellen oder hinter einem Vorhang aus künstlichem Regen spielen, sie lieben es, wenn sich zwischen ihnen und der Kamera noch ein Hindernis befindet, das erleichtert ihnen die Sache kolossal.

Vorhin habe ich von dem Unbehagen eines Schauspielers erzählt, der zu Hause seine Rolle einstudiert hat und sich am Drehort plötzlich auf einem Hocker in einer engen Bar wiederfindet; wenn man ihm aber statt dessen etwas baut, das ihn abschirmt, einen Türrahmen zum Beispiel oder ein Fenster, irgend etwas, das ihn von der Kamera und der Crew trennt, so fühlt er sich stimuliert, und das Spiel fällt ihm leichter. In dieser Szene haben wir es mit dem gleichen Phänomen zu tun, nur daß die Isolation hier nicht mit Hilfe des Dekors erreicht wurde, denn dafür waren die Schauspieler zu nahe an der Kamera, sondern durch den Krach der zwei laufenden Caméflex.

Die geräuschvollen Kameras hatten kurioserweise auch aus einem weiteren Grunde zur Folge, daß das Spiel der Darsteller viel eindringlicher und konzentrierter wirkt: Bei einer geblimpten Kamera merkt man gar nicht, ob und wann der Film durch den Apparat läuft, und das kann die Schauspieler verunsichern. Bei der Caméflex dagegen ist das wie bei einem Interview:

Man sieht, wie sich das Band im Aufnahmegerät dreht, und spricht automatisch schneller, um möglichst wenig Material zu verschwenden. *[lacht]* Das klingt absurd, ist aber eine ganz instinktive Reaktion, und so lief es auch bei den Aufnahmen mit der Caméflex ab: Diese laute Kamera schirmt die Schauspieler von den Technikern ab und setzt sie gleichzeitig unter Zeitdruck, wodurch das Spiel intensiver wird.

Der Nachteil bei der ganzen Sache ist natürlich, daß man die Szenen, die auf diese Weise entstehen, nachsynchronisieren muß und daß sie dabei wieder an Kraft verlieren, außer man hat es mit zwei so starken Schauspielerpersönlichkeiten zu tun wie in unserem Falle: Jeanne Moreau und Oskar Werner waren im Synchronstudio so gut, daß man glauben könnte, die Szene sei mit Direktton gedreht worden. Bei einigen der Ausschnitte, die wir zuvor gesehen haben, beispielsweise bei denen aus *Le pianiste,* ist mir das Nachsynchronisieren sofort aufgefallen, aber hier mußte ich selber erst überlegen. Da Jules' Kammer in dem Schwarzwaldhäuschen so klein war, filmten wir übrigens durchs Fenster, was es den Schauspielern natürlich noch angenehmer machte. Wir haben draußen vor dem Fenster ein Gerüst aufgebaut und die beiden Kameras darauf postiert.

Interessant zu beobachten ist, daß die Schauspieler, um wirklich gut sein zu können, nicht nur diese Art von Abschirmung brauchen, sondern gern auch eine regelrechte Feindseligkeit gegenüber dem Aufnahmestab entwikkeln. Diese Feindseligkeit ist halb ernst und halb gespielt, nach dem Motto: Was wollen diese Idioten da hinter der Kamera eigentlich, die gehen uns auf die Nerven, es geht schließlich um uns, was wissen die schon von unseren Problemen! Dieser Antagonismus – ob echt oder eingebildet – ist ganz wichtig für das Selbstbewußtsein und Wohlbefinden der Schauspieler.

Und Jeanne Moreaus Tränen sind natürlich echt . . .

Oh, ja. Diese Szene hat sie auch deshalb ganz besonders berührt, weil sie gar nicht im Drehbuch stand. Wir haben sie uns während der Dreharbeiten ausgedacht. Im Drehbuch gab es meiner Ansicht nach zu wenig Szenen zwischen Catherine und Jules, ihrem Mann. Es gab nur Szenen zu dritt oder Szenen mit Catherine und Jim. Als wir in dem Schwarzwaldhäuschen drehten, fiel mir dieses Defizit auf, und es erschien mir nicht normal. Deshalb habe ich eines Sonntags diese zusätzliche Szene geschrieben und sie Jeanne zu lesen gegeben. Es war für sie also ein ganz neuer Text. Bei Roché kommt diese Szene gar nicht vor, sie fällt eigentlich auch ziemlich aus dem Rahmen.

Szene Seite 61

Was mich an dieser Sequenz so beeindruckt, ist der dokumentarische Charakter des Ganzen: Diese Bilder sind von einer brutalen Direktheit. Haben Sie diese Aufnahmen von Anfang an so geplant? Im Roman wird, glaube ich, nicht so detailliert auf die Verbrennung eingegangen.

Im Buch wird nur von den Urnen gesprochen, nicht von den Flammen,

Das Auto mit Catherine und Jim stürzt in den Fluß.

Erzählerstimme: Jetzt war die Angst für Jules zu Ende, die ihn bedrückte, seit er Catherine kannte, Angst zunächst, daß sie ihn betrügen könnte, zuletzt nur noch Angst vor ihrem Tod. Man fand die beiden Toten im Gestrüpp einer kleinen Insel.

Im Krematorium: Catherines Sarg wird neben Jims gesetzt, Jules steht dabei.

Erzählerstimme: Jules begleitet sie allein auf ihrem letzten Weg. Neben Jims Sarg wirkte der von Catherine rührend klein. Jules blieb nur seine Tochter. In Catherine war Jim die harte Wirklichkeit begegnet, an der er zerbrach. Hatte Catherine den Kampf nur um des Kampfes willen geliebt? Nein, gewiß nicht. Aber sie hatte Jules um alles gebracht: sein Glück, seine Ideale, seine Liebe. Die Freundschaft zwischen Jules und Jim hatte in der Liebe keine Entsprechung gefunden. Sie freuten sich an den Nichtigkeiten des Lebens und übersahen wohlwollend die Fehler des anderen. Schon zu Beginn ihrer Freundschaft gab man ihnen die Spitznamen Don Quixote und Sancho Pansa.

Die Sargträger schieben die Särge in den Ofen. Nacheinander fahren die Särge langsam in die Flammen. Der Aschenrost wird hervorgezogen, die Knochenreste werden mit einem Mörser zerstampft. Die Asche wird in eine Urne gefüllt, diese in einen kleinen, sargähnlichen Holzbehälter gelegt.

Jules folgt zwei Krematoriumsangestellten, die die beiden Urnen in Wandnischen stellen. Jules verläßt die Halle und geht den Friedhofsweg hinunter.

Erzäherstimme: Ihre Asche wurde in Urnen geschüttet und in Nischen gestellt die man sorgsam verriegelte. Beim Hinausgehen fiel Jules ein, daß Catherine einmal gesagt hatte, ihre Asche sollte von einem Berg in den Wind gestreut werden. Aber das war verboten.

das stimmt. Wann ich die Idee dazu hatte, weiß ich nicht mehr, aber die Gefahr bei einem Film dieser Art ist, zu sentimental zu werden, und deshalb verspürt man irgendwann das Bedürfnis, ganz präzise, ganz knallhart zu werden. Man hat diese Menschen vorher leben sehen, und ihr Tod wäre völlig abstrakt, wenn es nicht diese Bilder von der Zerkleinerung ihrer Knochen und all dem gäbe. Außerdem – daran erkennt man wieder meinen Widerspruchsgeist – wurden Beerdigungen in den französischen Filmen der damaligen Zeit stets auf die gleiche Weise gezeigt: Leichenwagen, Pferde, Trauergemeinde, regennasse Allee, schließlich der Friedhof. Um diese Klischees zu vermeiden, zeige ich Urnen in kleinen Holzschachteln und Knochen, die zermalmt werden. Damit wollte ich die Leute nicht vor den Kopf stoßen, sondern sie wachhalten, ich wollte einer Sentimentalität entgegensteuern, das Sentimentale sollte einen physischen Aspekt bekommen.

Jean Cocteau hat einmal gesagt: Was nicht schonungslos ist, bleibt dekorativ. Selbst wenn man nicht gerne schockiert – und ich schockiere wirklich nicht gern –, ist man manchmal gezwungen, etwas auf schonungslose Weise zu zeigen, um dem Dekorativen zu entgehen, und genau das wäre bei einem Ende dieser Art ohne diese etwas brutalen und unerwarteten Aufnahmen geschehen.

Hatten Sie denn keine Angst vor einem Pleonasmus zwischen Kommentar und Bild?

Ah! *[lacht]* Nein, davor hatte ich keine Angst, denn für mich ist das kein Pleonasmus, sondern eine Unterstreichung. Auch die Musik eines Films kann nie ein Pleonasmus sein, sie kann aufdringlich sein oder nicht, aber sie ist immer unterstützend, nie verdoppelnd. Und zu Beginn dieses Ausschnitts spricht der Kommentar ja von Dingen, die in den Bildern nicht gezeigt werden: „Jetzt war die Angst für Jules zu Ende . . .", so etwas kann man nur in den Off-Text legen.

Manchmal bestätigt der Kommentar etwas, das man sieht, sagen wir: „Er schloß den Deckel." Das kann der Zuschauer überprüfen, er sagt: Aha, stimmt, der Sprecher sagt, er schloß den Deckel, und er schließt wirklich den Deckel. Damit erreicht man, daß einem das Publikum auch dreißig Sekunden später glauben wird, wenn von Dingen die Rede ist, die sich *nicht* auf der Leinwand verifizieren lassen. Man muß also erst etwas Überprüfbares erwähnen, damit später auch etwas Nichtüberprüfbares akzeptiert wird. Bei diesem Kommentar kam es mir aber auch auf größtmögliche Neutralität an, Michel Subor[1] spricht ihn sehr kühl, fast emotionslos, denn auch hier sind die Wörter, die Sätze äußerst gefühlsbetont, und wenn der Sprecher dies ebenfalls wäre, dann hätte man es in der Tat mit einem Pleonasmus zu tun. Wichtig ist das Gefälle zwischen dem Inhalt des Textes und der ziemlich nüchternen, normalen Art, wie er vorgetragen wird.

1. In der französischen Originalfassung.

5

Antoine et Colette (Antoine und Colette): ein Film wie eine Novelle – *La Peau douce (Die süße Haut)* – Die Dehnung der stummen Momente – Moderne Aufzüge sind unfilmisch – An Hitchcock habe ich immer gedacht – Die Hauptfigur kommt nicht gut weg – Ein Film im Ton eines Simenon-Romans – Der naive Wunsch nach Originalität

Antoine: Ich habe sie diese Woche dreimal getroffen. Ich habe sie noch nicht angesprochen, aber sie merkt es schon.

Antoine (off): Das erste Mal war am Dienstag. Da gab's die *Eroika.* Ich saß genau hinter ihr. Das heißt, ein bißchen rechts von ihr. Irgendwann nahm sie ihr Halstuch ab. Den ganzen Abend über hab ich ihr Haar und ihren Nacken angeschaut. Ich konnte den Blick nicht von ihr abwenden. Ich war fest entschlossen, sie anzusprechen.

Antoine (off): Nach dem Konzert bin ich ihr nachgegangen. Leider traf sie sich im Foyer mit einer Freundin. Ich bin ihnen fünf Minuten lang gefolgt und dann nach Hause gegangen.

Antoine (off): Das zweite Mal war letzten Donnerstag. Ich bin eine halbe Stunde früher gekommen, um den Platz neben ihr zu erwischen. Aber es waren erst wenige Menschen im Saal. Also bin ich ins Foyer gegangen und habe eine Zigarette geraucht und gewartet, bis der Saal sich füllt.

Antoine (off): Als ich zurückkam, war der Saal schon ziemlich voll. Aber ich sah sie sofort. Sie saß etwas seitwärts und sprach auf eine Freundin ein. Ich setzte mich neben sie. Sie nickte mir kurz zu, wie jemandem, den man flüchtig kennt. Unglücklicherweise setzte sie sich dann auf einen anderen Platz, den sie mit ihrem Mantel belegt hatte. Ich habe nicht gewagt, ihr zu folgen. Das wäre zu sehr aufgefallen.

Antoine (off): Das dritte Mal . . . ja, das war erst gestern. Sie war mit einer Einkaufstasche unterwegs, nicht weit von der Mairie des Batignolles. Vermutlich wohnt sie in meinem Viertel.

René: Die Annäherungsversuche sind gemacht, jetzt schlag zu!

Diese Szene illustriert noch einmal das, worüber wir vorhin gesprochen haben.

Ja, man hört den Sprecher und sieht gleichzeitig das, was er erzählt.

Es wird erzählt und zugleich gezeigt, allerdings enthält das Bild mehr Informationen als der Text.

Der Text beschreibt, was man auf der Leinwand sieht, aber es funktioniert trotzdem sehr gut. Die literarische Entsprechung dieses Films wäre übrigens eine Novelle: Mit *Antoine et Colette* wollte ich einen Film machen, der einer Novelle ähnelt.

Er war ja Teil eines Episodenfilms. Wie lang ist Ihr Beitrag? Zwanzig Minuten?

Ungefähr. Aber ich wüßte wirklich nicht, was es über diesen Ausschnitt noch Besonderes zu sagen gäbe. Oder?

Doch, doch, er ist wieder ein Beispiel für die Kunst des Geschichtenerzählens, denn ich finde, auch losgelöst vom Rest des Films ist diese Szene doch von einer großen Kraft, und diese Kraft nährt sich aus der Erzählweise, denn der Zuschauer ist ständig gespannt, was wohl als nächstes passieren wird.

Sicher.

Es wird eine Form von Suspense aufgebaut, finden Sie nicht?

[lacht] Ich weiß nicht . . .

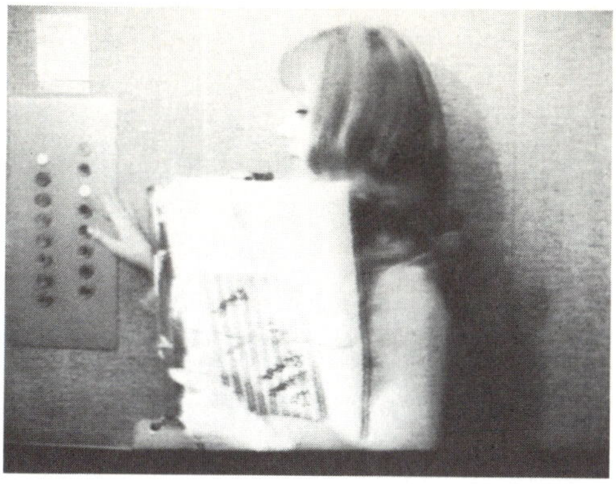

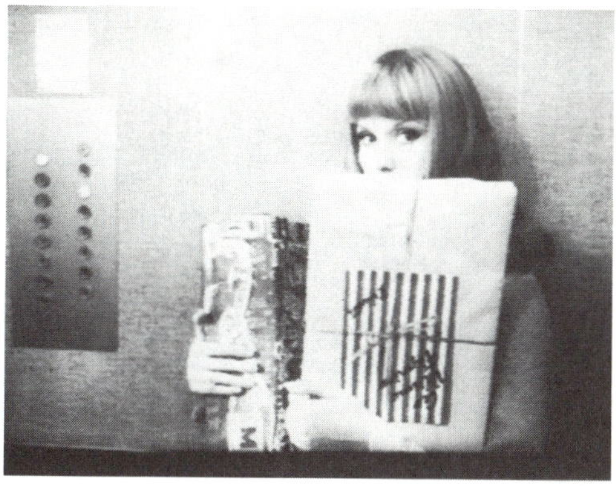

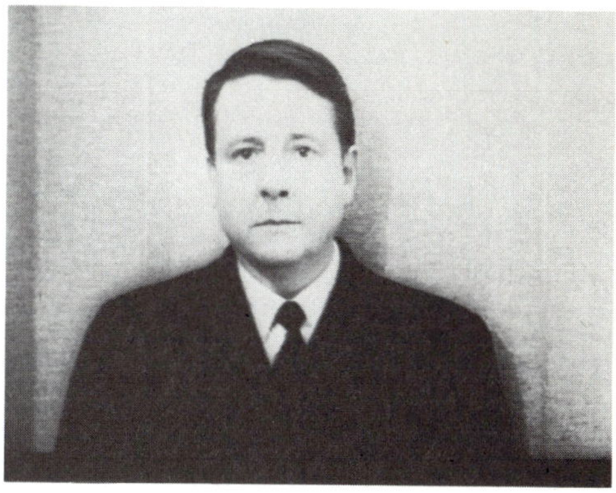

Nicole: Pardon, Monsieur, ich hab achte Etage gedrückt, vielleicht wollen Sie nicht so weit.

Pierre: Das macht gar nichts.

→

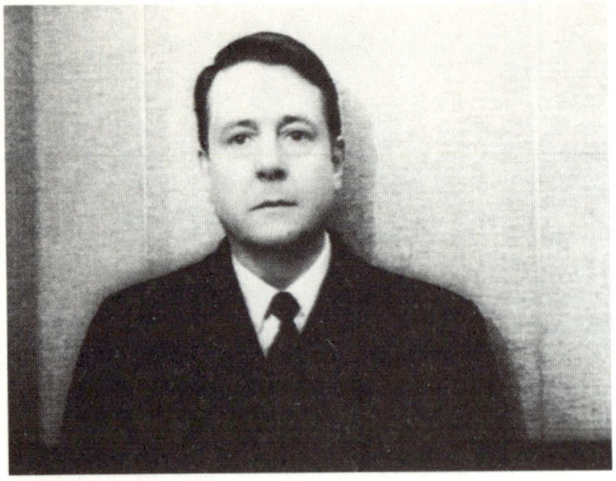

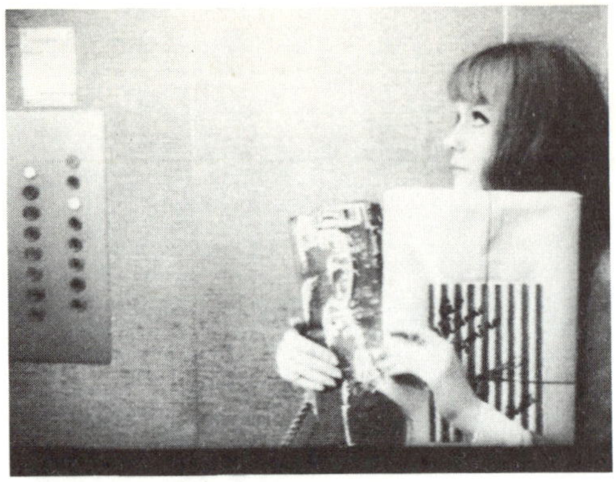

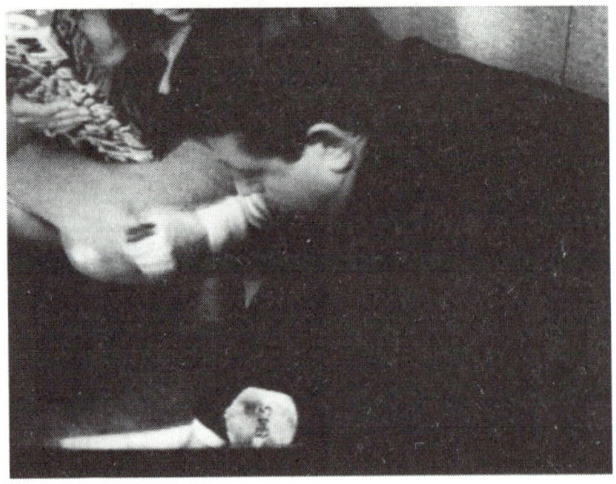

Nicole läßt ein Paket und ihren Zimmerschlüssel fallen. Pierre bückt sich und hebt die Sachen für sie auf.

Nicole: Ach, wie dumm, entschuldigen Sie bitte.

Vielen Dank.

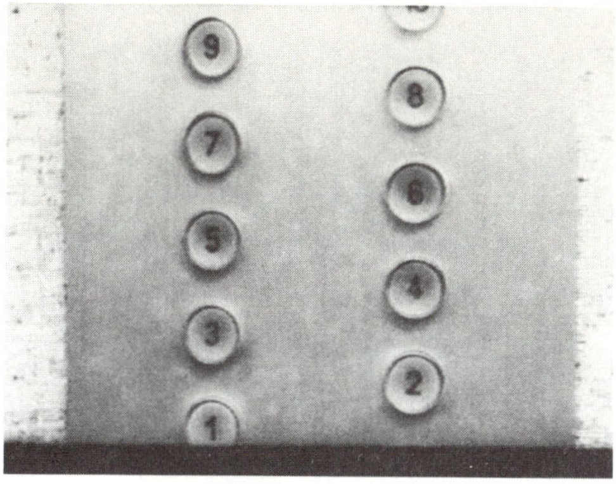
9
8
7
6
5
4
3
2
1

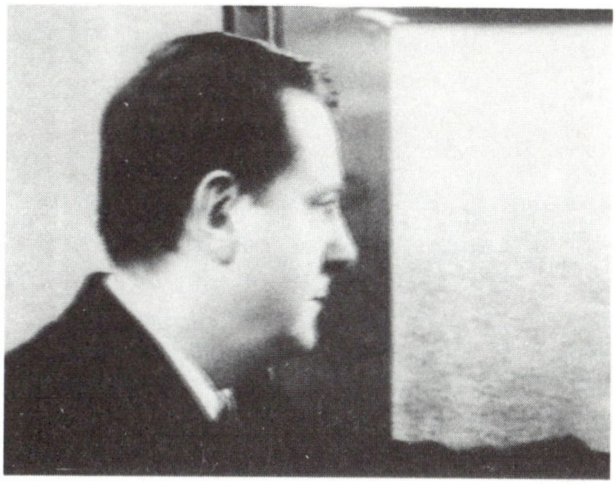

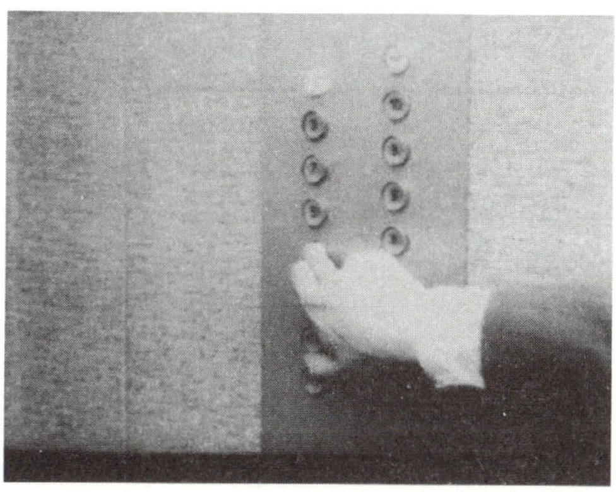

Interessant bei dieser Fahrt mit dem Aufzug ist vor allem der Umgang mit der Zeit.

Ja, im Film dauert sie länger als in Wirklichkeit, eine so lange Fahrt ist nicht normal, stimmt.

Hier gehen Sie mit dem Element der Zeit ganz anders um als beispielsweise in der Szene vorhin aus Antoine et Colette, *wo man auf ziemlich klassische Weise die Zeit vergehen sieht.*

Was mich damals interessierte, war, bei jedem neuen Film etwas auszuprobieren, was ich zuvor noch nicht oder noch nicht so gemacht hatte. Zwei Jahre früher hätte ich diese Aufzugsszene in einer einzigen Einstellung gedreht, mit beiden Personen gemeinsam im Bild, das wäre ganz kurz geworden. Nach *Jules et Jim,* in dem ja eigentlich von Anfang bis Ende geredet wird – Dialog, Musik, Kommentar, Dialog, Musik –, hatte ich in *La Peau douce* ganz einfach Lust auf viele wichtige Szenen, in denen überhaupt nicht geredet wird, und diese stummen Szenen, so beschloß ich, sollten so lange wie möglich dauern. Mein Scriptgirl und ich arbeiteten also sehr viel mit der Stoppuhr. Jedesmal, wenn wir an eine Stelle im Drehbuch kamen, wo nicht geredet wurde, habe ich mir gesagt: Ich werde diese stummen Momente dehnen. Auf die gleiche Weise bin ich auch bei meinem nächsten Film, *Fahrenheit 451,* vorgegangen. Von daher habe ich mir auch bei der Fahrstuhlszene die allergrößte Mühe gegeben, möglichst viele Einstellungen in die Szene zu packen: Großaufnahme des Schlüssels, Großaufnahme vom Etagenknopf und so weiter.

Noch etwas anderes: Dieser Aufzug hat eine Glastür, das findet man heute ja gar nicht mehr, und das gibt mir Gelegenheit, zu illustrieren, warum es manchmal nötig ist, zu mogeln, um einen Eindruck von Wahrheit zu schaffen. In einem modernen Aufzug gibt es keinerlei Hinweis mehr darauf, daß sich die Kabine wirklich von der Stelle bewegt – es gibt kein

Rütteln, es gibt kein Licht, das von außen hereinscheint, die Beleuchtung verändert sich nicht. Das stört mich, das stört mich unheimlich, nicht in der Realität, aber im Film: Da verlange ich nämlich eine visuelle Bestätigung dafür, daß wir uns auf- oder abwärts bewegen. Und wenn die Kabine hermetisch verschlossen ist, mogle ich eben mit dem Licht. Bei der Szene vorhin gab es zum Beispiel die Einstellung auf die Etagenknöpfe, und wegen der Glastür konnte sich im Rhythmus der Aufwärtsfahrt ein Lichtschein über die Gesichter bewegen.

Der Alltag verändert sich, und das führt beim Filmemachen oft zu Problemen: Die Gefängnisse zum Beispiel sind inzwischen so modernisiert worden, daß sie eher wie Krankenhäuser wirken. Ich kann in solchen Gefängnissen nicht drehen. Wenn ich ein Gefängnis brauche, selbst für einen Film, der heute spielt, suche ich mir lieber irgendein Kellergewölbe, ich brauche einfach die Backsteinmauern und die schweren Türen, und bei der Tonmischung füge ich dann ein Geräusch hinzu, damit es so wirkt, als seien unsere Sperrholzgitter aus Metall. Ich weigere mich also, eine Realität zu filmen, wenn es diese Realität nicht schafft, ein Gefühl von Wahrheit zu vermitteln, das in der betreffenden Szene entscheidend ist.

Bei *La Peau douce* habe ich auch bei den Schauplätzen gemogelt, beispielsweise bei dem Hotel: Die Fassade haben wir in Lissabon gedreht, die Empfangshalle gehörte zum Hotel Lutécia in Sèvres-Babylone, und den Aufzug besteigen die Darsteller in einer Fahrstuhlfabrik, deren Namen ich vergessen habe. Die echten Aufzüge waren nämlich nicht breit genug, um Schuß und Gegenschuß zu drehen. Und die Flure gehören, glaube ich, wieder zum Hotel Lutécia.

Aber all das, wie gesagt, weil es mir damals sehr viel Spaß machte, die Szenen so weit wie möglich zu zerlegen. *La Peau douce* hat von allen meinen Filmen vielleicht die meisten Schnitte, ich schätze, er hat sicher über tausend Einstellungen. Das war wahrscheinlich schon eine Reaktion gegen die Nouvelle Vague, gegen die Tatsache, daß wir in unseren ersten Filmen zu oft einfach drauflos gefilmt hatten, und jetzt ging es darum, sich zu beweisen, daß man sein Metier wirklich beherrschte.

Haben Sie bei diesem Film an Hitchcock gedacht? Mir scheint, dies ist der erste Ihrer Filme, der sich ein wenig an Hitchcock orientiert.

Das kann gut sein, an Hitchcock habe ich eigentlich immer gedacht, auch vorher schon. Bei *Jules et Jim* gab es allerdings sehr wenig Gelegenheit dazu, bei *La Peau douce* sicher eher – die Art, die Geschichte ein wenig analytisch wie einen klinischen Fall zu präsentieren und eine Spannung aufzubauen . . .

Und dann eben die stummen Sequenzen, die Szenen ohne Dialog . . .

Ja, ganz genau.

Sie arbeiten mit stummen Einstellungen, um verschiedene Gefühle darzustellen: im Fahrstuhl zunächst Verlegenheit, später im Zimmer dann, wenn Pierre die Stewardeß anruft und sie sich auf ein Rendezvous einläßt, Freude. Interessant, wie sich diese Freude dadurch manifestiert, daß Pierre alle Lampen einschaltet.

Das war übrigens auch eine Reaktion gegen *Jules et Jim,* in dem man oft nicht wußte, ist es nun Tag oder Nacht, das Licht blieb neutral. *Jules et Jim* war nicht realistisch ausgeleuchtet, vermutlich auch deshalb, weil wir nicht über ausreichende Mittel verfügten: *Jules et Jim* ist eigenartigerweise mit sehr wenig Geld entstanden, wir haben ihn unter schwierigen Bedingungen gedreht, und aus diesem Grunde habe ich den Scheinwerfern, dem Licht kaum Beachtung geschenkt. Als Reaktion darauf wollte ich in *La Peau douce* sehr exakt sein, was Tag, Nacht, elektrisches Licht, die Anzahl der Lichtschalter, die Richtung der Lichtquelle und so weiter betraf.

Mögen Sie die Figur des Pierre Lachenay? Haben Sie sie damals gemocht?

Im Film muß er gehörig Kritik einstecken, er kommt nicht sehr gut weg. *La Peau douce* ist einer der wenigen Filme, in denen ich an der Hauptfigur Kritik übe. Das liegt vielleicht daran, daß ich mich mit dem Darsteller, Jean Desailly, nicht allzu gut verstand. Es gab zwar keine Feindseligkeiten, aber immerhin verspürte ich das Bedürfnis, ihn in einem etwas kritischen Licht darzustellen, ihn ein wenig sarkastisch zu behandeln, obwohl mir so etwas gar nicht liegt, das tue ich eigentlich nicht gerne.

Für die Figur des Pierre Lachenay gab es mehrere Vorbilder. Die Idee zu diesem Film kam mir beim Lesen einer Zeitungsmeldung, die damals großes Aufsehen erregte. Es ging um die Affäre Jacourd: Ein Rechtsanwalt aus Genf, nicht sehr sympathisch, aber mit einem gewissen Charme, hatte sich auf ein sehr riskantes Liebesabenteuer mit einer Genferin eingelassen und landete am Ende vor dem Schwurgericht. Es gab da also die Figur dieses Jacourd, dieses Motiv der Heuchelei, des Widerspruchs zwischen seinem sozialen Status und seiner Handlungsweise. Und dann dachte ich noch an einen recht angenehm wirkenden Literaturkritiker namens Henri Guillemin, den man von Zeit zu Zeit im Fernsehen erleben konnte. Pierre Lachenay war so etwas wie eine Synthese aus diesen beiden Männern.

Mein Ziel bei diesem Film war es – wobei ich mich nicht mehr genau erinnere, ob dies tatsächlich von Anfang an meine Absicht war –, mit meiner Geschichte den Ton eines Romans von Simenon zu treffen, einen Film zu machen, der so kühl und klinisch sein sollte wie ein Simenon-Roman. Das war die Ausgangsidee: eine Liebesgeschichte zu entwickeln, deren Ende man als Meldung in der Zeitung lesen könnte. Interessanterweise gilt das ebenso für meinen letzten Film, *La Femme d'à côté,* der mit *La Peau douce* überhaupt einige Ähnlichkeit hat.

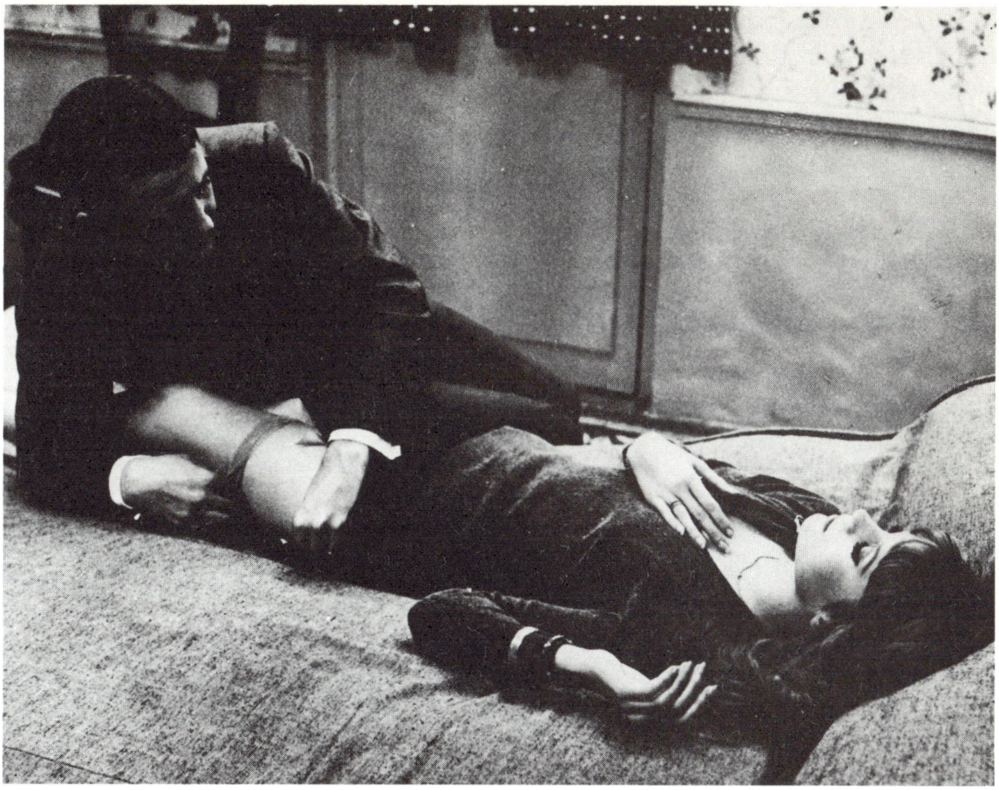

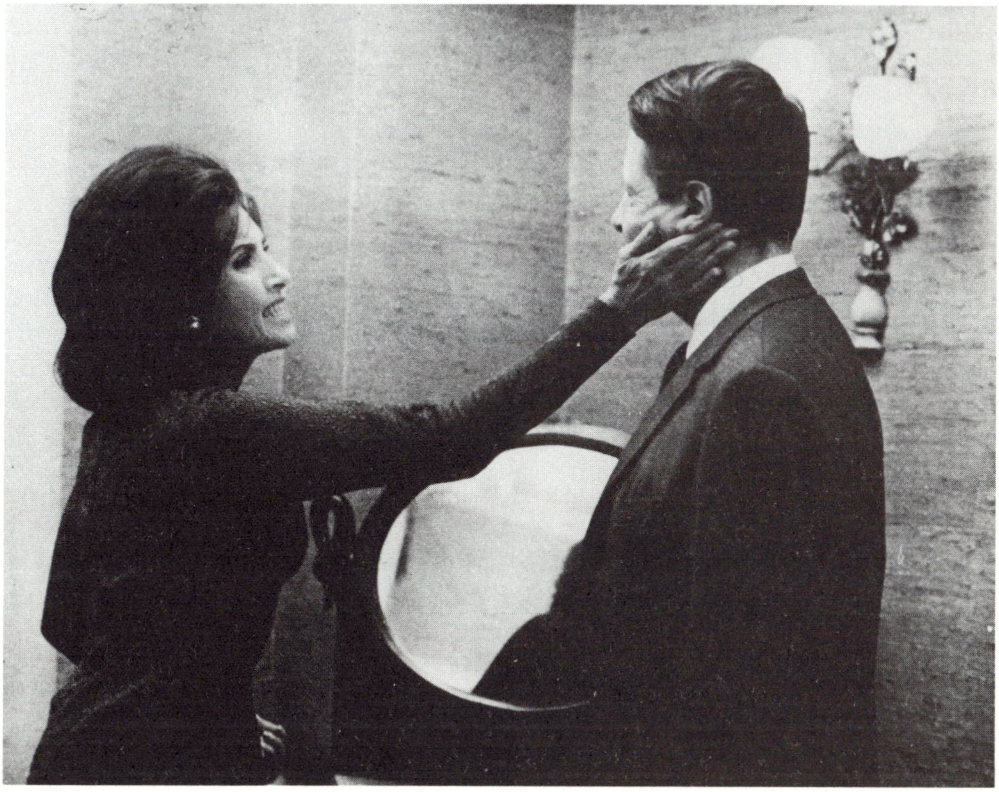

Was alle Ihre Filme verbindet, ist die Lust am Geschichtenerzählen, wobei es vollkommen gleichgültig ist, ob Sie diese Geschichte nun in einem Roman gefunden haben oder als Fünfzeilenmeldung in der Zeitung . . .

Man hegt immer den etwas naiven Wunsch, etwas vielleicht nicht gerade Revolutionäres, aber doch Neues auf die Leinwand zu bringen, auf alle Fälle etwas, das man so noch nicht im Kino gesehen hat. Daran zu glauben, hilft ungemein und sorgt für den notwendigen Enthusiasmus. Bei *La Peau douce* zum Beispiel habe ich mir gesagt: Das ist eine Ehebruchsgeschichte, und davon hat man schon zweitausend im Kino gesehen, aber normalerweise wird darin die Ehefrau zur Nebenfigur degradiert, die Geliebte steht im Vordergrund, die Geliebte strahlt Sinnlichkeit aus und die Ehefrau nicht, also werde ich es genau anders herum machen und zeigen, daß die Beziehung zu der Jüngeren eher intellektueller Natur ist, daß Männer eines gewissen Alters gern ein Mädchen kennenlernen wollen, das sie wie eine Tochter behandeln können, und daß in Wirklichkeit die Beziehung zu seiner Ehefrau, die er im Begriff ist zu verlassen, eine sehr sinnliche ist. So gesehen erschien mir die Geschichte originell; ich bin nicht sicher, ob es mir gelungen ist, das auch in dem Film auszudrücken, aber das war jedenfalls die Idee.

Bei *Jules et Jim* war die Idee: Wir zeigen eine Frau zwischen zwei Männern, und wir werden verhindern, daß der Zuschauer einen der beiden netter findet als den anderen. Ich wußte, daß mir das großen Spaß machen würde, denn wenn in einem Hollywood-Film eine Frau zwei Männer liebte, dann war einer davon Cary Grant, und man wußte von vornherein, man *wollte*, daß sie sich am Ende für ihn entschied! *[lacht]* Eigentlich gibt es zu Anfang bei jedem Film ein Konzept dieser Art.

Sie gehen also von bestimmten filmischen Gepflogenheiten aus und versuchen, diese zu unterlaufen, zu durchbrechen . . .

Aber nicht so radikal, wie das jetzt klingt, sondern eher auf zurückhaltende Weise. Es geht mir nicht um radikale Ablehnung, es steckt kein Wille dahinter, auf Gedeih und Verderb etwas Neues zu schaffen. Es gibt die Redewendung „Wer nur eine Glocke hört, hört auch nur einen Ton“, und genau darum geht es: Man sollte mehr Töne hören als nur einen. Schließlich macht man sich ja zu jedem Film, ob man ihn mag oder nicht, seine Gedanken, wobei man nicht nur von den Filmen eine Menge lernen kann, die man mag, sondern gerade auch von denen, die man nicht mag.

6

Fahrenheit 451: ein zurückhaltender Science-Fiction-Film – Kann man einen Film machen, der sich nur um Bücher dreht? – Die Faszination des Märchenhaften – Der Konflikt mit Oskar Werner – Ich sehe leidenschaftlich gerne fern – Eine Sache der Moral – Feuer bringt alles in Bewegung – Bernard Herrmanns Opéra barbare – Die mise en scène in der mise en scène – Uniformen deprimieren mich

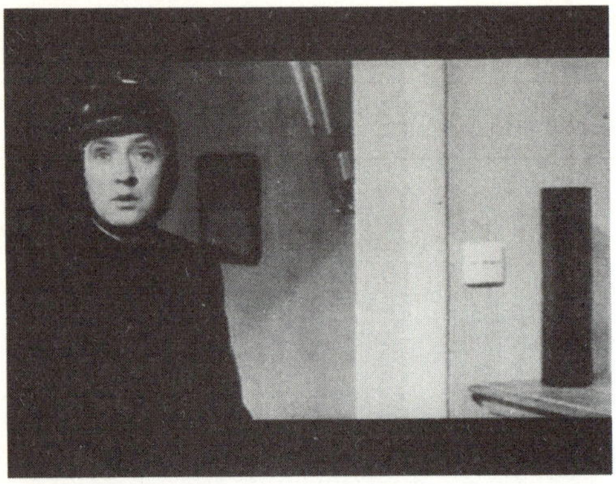

Die Feuerwehrleute – mit Montag (Oskar Werner) an der Spitze – dringen in ein Apartment ein. In einem Aschenbecher liegt eine noch brennende Zigarette. Montag schaut nach oben und betätigt den Lichtschalter: In der hellen Deckenlampe ist ein dunkler Gegenstand zu erkennen. Ein Feuerwehrmann klettert auf den Tisch und holt aus der Lampenschale ein Buch: Don Quixote. *Fabian (Anton Diffring) nimmt sich einen Apfel und beißt hinein. Montag schlägt ihm den Apfel aus der Hand, Fabian spuckt das abgebissene Stück wieder aus.*

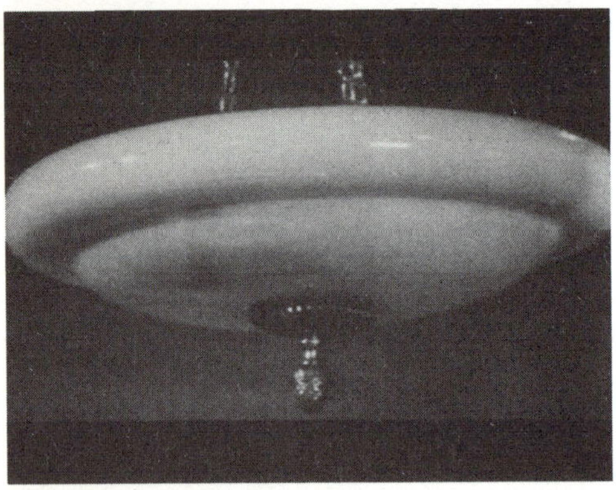

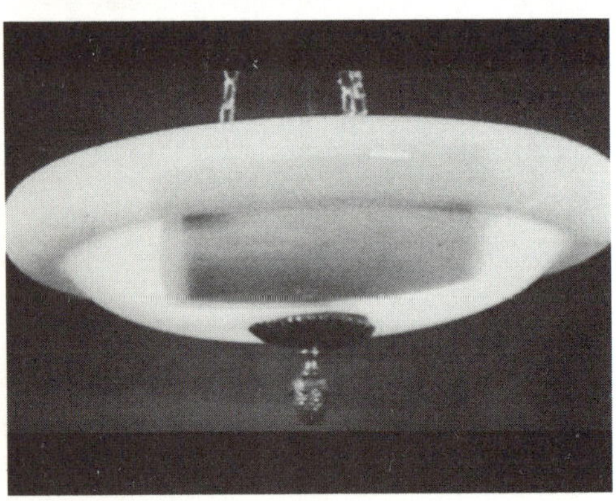

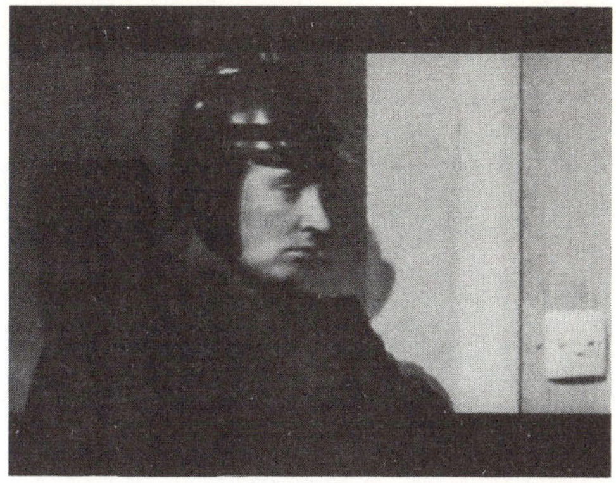

Montag nimmt einen Schraubenzieher und löst damit den Bildschirm eines Fernsehgerätes. Dahinter, im Innern des Apparates, kommen aufgestapelte Bücher zum Vorschein. Ein Feuerwehrmann nimmt sie aus der Attrappe und legt sie auf einen runden Tisch. Ein anderer fegt sie gleich wieder herunter und klappt die Tischplatte hoch: In einem Fach darunter liegen Gläser. Auch aus dem Heizungskasten werden Bücher geholt. Der Tischeinsatz wird gedreht, im zweiten, bislang verdeckten Fach kommen Bücher zum Vorschein. Ein Feuerwehrmann holt einen Sack hervor, in den die anderen die gefundenen Bücher werfen.

Stammte das Bücherversteck im Fernsehapparat aus der Romanvorlage von Ray Bradbury oder war das Ihr Einfall?

Ich glaube eher nicht, daß das schon im Roman so beschrieben war, denn dort gibt es gar keine Fernsehapparate, sondern Bildwände. Die großen Bildschirme, die ich mir für den Film ausgedacht habe und die man in Montags Wohnung sieht, kommen einem heute eher klein vor, obwohl sie damals enorm groß wirkten. Da war ich ein bißchen zu vorsichtig, ich wollte sie nicht größer haben, denn ich sagte mir: Wenn ich den Bildschirm eine ganze Wand einnehmen lasse wie in dem Roman, wird es so aussehen, als stünden meine Figuren dauernd vor einer Rückprojektionsleinwand, denn es würde ja nur selten eine Totale von der gesamten Wohnung geben. Deshalb wollte ich, daß immer auch der Rand des Bildschirms zu sehen war, auch wenn der Roman die Vorstellung von sprechenden Wänden vermittelte. Bei Bradbury heißt es ungefähr: Wenn du befördert wirst und mehr verdienst, können wir uns endlich eine zweite Wand leisten. Eine zweite Wand, die mit einem spricht: Solche Dinge sind wunderbar zu lesen, aber wenn man sie wirklich auf die Leinwand bringen wollte, wäre das Ergebnis entweder enttäuschend oder zu abstrakt.

Filme, in denen alles möglich ist, machen mir immer Angst. Meine Bearbeitung von Bradburys Roman illustriert sicher recht gut diese Geisteshaltung. Ich sage nicht, daß ich recht habe mit dieser Angst; jedenfalls schalte ich bei Filmen, in denen es nach zehn Minuten schon nicht ausgeschlossen ist, daß jemand das Fenster aufmacht und sich in die Lüfte erhebt, sofort ab, sie interessieren mich nicht. Ich wollte, daß in *Fahrenheit 451* alles noch einigermaßen realistisch wirkt, damit es nur *ein* wirklich anormales Element in diesem Film gibt: die Tatsache, daß Bücher verboten sind, daß sie verbrannt werden und daß sie schließlich, im dritten und letzten Teil des Films, von einer bestimmten Gruppe von Menschen auswendig gelernt werden. Die Science-Fiction-Liebhaber, die Bradbury-Fans, die Bewunderer der Romanvorlage mögen den Film für sehr zurückhaltend halten. Aber er ist ganz bewußt so, denn meine Idee war, alles auf die Bücher zu konzentrieren.

Allein darum geht es: Menschen machen Jagd auf Bücher. Dieser Ausschnitt gerade verdeutlicht ein bißchen, was ich vorhin schon sagte: Wir legten alles daran, stumme Sequenzen wie diese hervorzuheben. Schon im Drehbuchstadium haben mein Co-Autor und ich uns überlegt, an welchen Plätzen man Bücher verstecken könnte: Warum nicht in der Heizung? Und im Fernsehapparat! Und so wurde es auch gedreht.

Es gibt in dieser Szene den eigenartigen Moment, wenn Montag seinem Kollegen Fabian den Apfel aus der Hand schlägt . . .

Ja, ich glaube, es ging darum, Fabian, der so gut wie nie spricht und der in der Gruppe der Feuerwehrleute als Montags Rivale fungiert, durch visuelle Handlungen und Blicke aufzuwerten. Und der Apfel taucht, wenn ich mich recht erinnere, am Ende in einer Szene mit Julie Christie noch einmal auf.

Das Verfahren bei *Fahrenheit 451* ist übrigens sehr untypisch für mich, denn normalerweise nähere ich mich einem Stoff über die Charaktere, mich fasziniert eine Figur so sehr, daß ich Lust bekomme, ihr einen Film zu widmen, ein Mensch wie Pierre Lachenay in *La Peau douce* beispielsweise oder die Hauptfiguren aus *Jules et Jim.* Am Anfang dieses Films dagegen stand die Lust, einen Film über Bücher zu machen. Das ist natürlich ungeheuer abstrakt, und deshalb kann es sein, daß die Zeichnung der Figuren ein wenig unter diesem Konzept gelitten hat, sie sind vielleicht nicht lebendig genug, aber, wie gesagt, ich wollte mich auf die Bücher konzentrieren. Ich sagte mir: Laßt uns versuchen, Bücher so zu filmen, als seien sie lebendig. Deshalb gibt es Szenen in dem Film, in denen man die Bücher sich regen, sich bewegen sieht. Auch dabei handelte es sich wieder um eine Art Wette, ich wollte wissen, ob es möglich ist, einen Film zu machen, der sich nur um Bücher dreht.

Der ganze Film sollte etwas Opernhaftes bekommen, und deshalb war die Musik von Bernard Herrmann sehr wichtig, etwas Opernhaftes, aber zugleich Kindliches: Der Film hat einen bewußt kindlichen Aspekt. Kinder spielen sehr gern mit roten Feuerwehrautos! Aber über die Ausstattung, das Aussehen des Films hatte ich nicht die letzte Kontrolle, denn auch wenn der Film für französische Verhältnisse recht opulent erscheint, war er für eine englischsprachige Produktion, die in den Londoner Pinewood Studios entstand, doch eher armselig. Ich konnte deshalb nicht ganz die visuelle Kontrolle ausüben, die ich mir gewünscht hätte, aber wann immer es möglich war, habe ich versucht, allem, nicht nur der Feuerwehrkaserne, eine kindliche Seite zu verleihen, eine kindliche Welt zu schaffen.

Diese kindliche Seite gab es ja bereits in Tirez sur le pianiste, *wie wir vorhin gesehen haben, wo Sie aus dem Kriminalroman eine Art Märchen gemacht haben. Diese Haltung scheint mir sehr bezeichnend für Sie zu sein, man begegnet ihr in fast allen Ihren Filmen. Und selbst die unwahrscheinlichsten Dinge wirken bei Ihnen immer sehr glaubwürdig.*

Ich kann die Faszination, die Märchen auf mich ausüben, nicht erklären. Aber es stimmt, ich spiele sehr gern mit märchenhaften Elementen, und das Glaubwürdigmachen ist gerade das Interessante daran! *[lacht]* Eine vollkommen irreale Welt lehnt der Zuschauer kategorisch ab, also muß man ihn erst mit realen Dingen ködern und dann nach und nach mit dem anderen vertraut machen.

Aber hier ging es ja schon um ein unrealistisches Konzept. Nach welchem Prinzip gehen Sie bei der Verfilmung eines Science-Fiction-Stoffes vor?

Bei *Fahrenheit 451* ging es zunächst darum, ganz alltägliche Menschen zu präsentieren, die ein vollkommen normales Leben führen. Montag, die Hauptfigur, ist Feuerwehrmann, und man sieht ihn entweder bei sich daheim, das heißt in normalen häuslichen Szenen mit seiner Frau, oder bei seiner Arbeit in der Kaserne. Alles sollte kaum irgendwie aus dem Rahmen fallen. Doch es gab Auseinandersetzungen mit dem Hauptdarsteller, Oskar Werner, der die Rolle auf ganz besondere Weise spielen wollte. Er weigerte sich, den Durchschnittstypen zu spielen, der mir vorschwebte. Dieser Konflikt ist ein wenig in den Film eingeflossen, seine seltsame Art war von mir nicht gewollt. Ich will gar nicht einmal sagen, daß er im Unrecht war, aber hier haben wir es mit einem typischen Fall von Antagonismus zwischen der Vision des Regisseurs und der des Hauptdarstellers zu tun.

In dem Tagebuch, das Sie während den Dreharbeiten zu Fahrenheit 451 *führten, schreiben Sie, daß Oskar Werner immer sehr gefühlsbetont spielen wollte und Sie ihn in dieser Hinsicht ständig bremsen mußten.*

Ja, in bestimmten Szenen, denn es gibt zwei Frauen in dem Film, die erste ist Montags Ehefrau, aber die zweite ist nun eben nicht seine Liebhaberin, es ist keine Dreiecksgeschichte, in der der Mann seine Frau mit einer Freundin betrügt, das wollte ich gerade vermeiden. Montags Beziehung zu der zweiten Frau ist ganz unschuldig und keusch, wie überhaupt der ganze Film sehr keusch ist, und deshalb wollte ich nicht, daß Oskar Werner in den Szenen mit Linda, seiner Ehefrau, anders spielt als in denen mit Clarissa, der anderen Frau.

Beide werden übrigens von derselben Schauspielerin, Julie Christie, verkörpert. Als Clarissa trägt sie eine Kurzhaarperücke, und Clarissa ist es, die ihn mit den Büchern, mit der Welt der Bücher bekanntmacht. Ich war der Meinung, daß wir, wenn Montag in den Szenen mit Linda den Misogynen spielt und in den Szenen mit Clarissa den Charmeur, in ein Kinoklischee verfallen würden, nämlich in genau die Dreiecksgeschichte, die ich ein Jahr vorher schon in *La Peau douce* behandelt hatte. Ich wollte diesmal das genaue Gegenteil von *La Peau douce* machen, aber Oskar Werner bewegte sich mit dem Bild, das er sich von der Figur gemacht hatte, wieder in die andere Richtung. Daraus entstand wohl unser Konflikt.

2000

Roman und Film sind ja durchaus etwas prophetisch: Man erlebt ja inzwischen, wie jener Teil der Kultur, der mit Literatur zu tun hat, Stück für Stück durch die audiovisuellen Medien ersetzt wird. Reflektiert der Film nicht auch eine Kritik an der Gegenwart, eine Sehnsucht nach etwas Verlorenem?

Bradbury hat sein Buch damals, als er es geschrieben hat, sicher als Kritik gemeint; 1966, als ich den Film gedreht habe, sah man noch nicht so viel fern wie heute, es wurde noch nicht so viel über das Fernsehen geredet, so daß die Kritik sicher noch nicht sehr profund sein konnte. Ich denke, damals fing man gerade erst an, die literarische Kultur gegenüber den audiovisuellen Medien zu verteidigen. Aber ich selbst habe mir darüber keine großen Gedanken gemacht. Mein Interesse rührte daher, daß ich schon immer ein Freund von Büchern war. Aber es gab bei mir nie einen Konflikt zwischen Literatur und Film. Ich wollte nichts weiter, als einen Film über Bücher machen, so einfach ist das.

Ich wollte das Thema Fernsehen nur anschneiden, weil ich gern wissen würde, was Sie davon halten, daß die Kultur des Wortes immer mehr durch die Kultur des Bildes ersetzt wird.

Nicht ersetzt, sondern ergänzt. Solange es eine Ergänzung ist, bin ich damit einverstanden. Ich sehe leidenschaftlich gern fern, ich liebe jede Art von Sendung, aber ich konnte bis jetzt noch nicht die künstlerische Seite des Fernsehens entdecken. Das bedeutet, ich akzeptiere das Medium als Informationsquelle, ich sehe mir beispielsweise mit großem Vergnügen Sendungen über Schriftsteller an, zumal es darin ja wieder um Literatur geht. Aber ein Film ist für mich ein Gegenstand, und es fällt mir schwer, das Produkt Fernsehen als Gegenstand zu betrachten. Das mag daran liegen, daß ich mit dem Kino und nicht mit dem Fernsehen großgeworden bin, jedenfalls hänge ich an der Vorstellung, daß ein Film in zehn, zwölf Filmbüchsen paßt. Ich weiß nicht, ob der Vergleich etwas taugt, aber ein Hobbyfotograf, der es gewohnt ist, seine Filme zum Entwickeln zu bringen und nach acht Tagen wieder in den Laden zu gehen, um seine fertigen Fotos abzuholen, wird kaum etwas mit einer Sofortbildkamera anfangen können. Ich selbst zum Beispiel habe keinen Spaß an Polaroids, es ist einfach nicht das gleiche. Der Vergleich hinkt vielleicht etwas, aber aus einem ähnlichen Grunde fällt es mir schwer, einen Fernsehfilm als richtigen Film anzusehen. Ich empfinde einen Fernsehfilm nicht als Objekt, er wird einmal ausgestrahlt und damit hat sich's, man hat den Eindruck, er bleibt in diesem Kasten gefangen.

Nun weiß ich sehr wohl, daß ein Film aus Zelluloid ein anachronistisches Objekt ist, denn es ist nicht normal, daß ein Film achtzig Jahre nach Erfindung des Kinos noch immer das gleiche Gewicht hat. Ein Regisseur, der einen Film mit einer Länge von über zwei Stunden gemacht hat, ist immer noch nicht in der Lage, ihn alleine zu tragen – das finde ich unglaublich, verstehen Sie? *[lacht]* Es muß ihm jemand beim Tragen helfen, und das halte ich angesichts des Zivilisationsstandes, den wir mittlerweile erreicht haben, für nicht normal. Das ist einer der Gründe, weshalb ich Jacques Rivette immer anflehe, bei seinen Filmen unter 130 Minuten zu bleiben *[lacht]:* Wenn du deinen Film nicht mehr selber tragen kannst, kann etwas nicht stimmen.

Eine Sache der Moral . . .

Genau, bei mir ist alles eine Sache der Moral. *[lacht]* Wenn ich einen Film mache, habe ich das Gefühl, ein Objekt herzustellen. Sollte ich einmal fürs Fernsehen arbeiten, was ich übrigens immer weniger ausschließe, müßte ich mich wohl oder übel von diesem Gedanken freimachen.

Natürlich sind auch die Rezeptionsbedingungen beim Fernsehen vollkommen anders. Sehen Sie sich Spielfilme im Fernsehen an?

Oh, ja, natürlich, ich gehöre nicht zu den Leuten, die es nicht ertragen, einen Kinofilm im Fernsehen zu betrachten. Ich mache das laufend.

Und Sie erleben einen Film am Bildschirm genauso intensiv wie auf der Leinwand im Kino?

Nicht alle Filme, aber einige doch, würde ich meinen.

Sie können sich auf die gleiche Weise darauf konzentrieren?

Absolut, wenn ich vor dem Fernsehgerät sitze, vergesse ich vollkommen meine Umgebung. Das macht mir gar nichts aus.

Szene Seite 86–90

Angesichts des Problems, daß sich die ganze Geschichte um das Drama der Bücher dreht, ist diese Szene sehr wichtig, weil sie ganz unvermittelt ein sehr starkes humanes Element in den Film bringt. Ansonsten habe ich hier nur etwas umgesetzt, was bereits in Bradburys Roman vorhanden war.

Kommen wir zum Thema Feuer: Vorhin in dem Ausschnitt aus der Schlußszene von Jules et Jim *hatten wir schon die Flammen, und in* Les 400 Coups *verursacht Antoine Doinel mit einer Kerze einen Zimmerbrand, und die Kerze vor dem Bild Balzacs wird einem in* La Chambre verte *wiederbegegnen. Feuer und Flammen kommen in Ihren Filmen sehr häufig vor. Woher stammt diese Faszination?*

Das kann ich wirklich nicht sagen. In *Fahrenheit 451* ist das Feuer ja praktisch das Thema des Films, aber manchmal ist es nur ein Hilfsmittel, um die Handlung voranzutreiben.

Aber ein Hilfsmittel, das Ihnen Freude bereitet?

Im Hause der Bücherfrau: Ein Feuerwehrmann mit einem Schlauch erscheint im zerschlagenen Fenster und dreht den Hahn auf. Blaues Kerosin spritzt heraus. Der Bücherhaufen in der Eingangshalle des Hauses wird mit Kerosin getränkt. Fabian stößt mit dem Finger eine Petroleumlampe um. Die alte Dame (Bee Duffel) steht lächelnd inmitten ihrer Bücher. Der Kerosinstrahl trifft ein Dali-Album, Chaplins Autobiographie, Jean Genets Les Nègres, *Pierre Klossowskis* Roberto ce soir, *ein Heft der* Cahiers du cinéma *und andere Titel. Die Frau hebt eines der Bücher auf.*

Feuerwehrhauptmann (Cyril Cusack): Schluß, das reicht! *(Die Kerosinspritze wird abgestellt.)* Kommen Sie, Madam, ich gebe Ihnen zehn Sekunden. Fabian, bis zehn zählen!

Während Fabian bis zehn zählt, Schnitte auf die Frau, die sich nicht rührt, auf Montag neben dem Hauptmann, auf Fabian, auf die Frau, die lächelt, erneut auf Montag und den Hauptmann und auf Fabian. Bei sieben nimmt der Hauptmann einem Feuerwehrmann, der einen Asbestanzug trägt, den Flammenwerfer ab. Bei neun beginnt die alte Dame höhnisch:

Bücherfrau: 9 mal 11 ist 99, 9 mal 12 ist 108, 9 mal 13 ist 117 . . . *(usw.).*

Montag: Sie kann nicht hierbleiben!

Hauptmann: Sie weigert sich wegzugehen.

Montag: Dann muß man sie eben zwingen!

Hauptmann: Vorsicht!

Die Frau, die immer noch auf dem kerosingetränkten Bücherhaufen steht, öffnet eine Schachtel mit Streichhölzern. Montag sieht ihr entsetzt und ungläubig zu. Die Frau zündet das Streichholz an. Die Feuerwehrleute weichen zurück. Die Frau läßt das brennende Streichholz fallen. Das Kerosin zündet explosiv, die Bücher beginnen zu brennen. Unter den Büchern erkennt man u. a. Rochés Les Deux Anglaises et le Continent. *Großaufnahmen auf die brennenden Bücher. Die alte Frau, von Flammen umgeben, versucht, sich aufrecht zu halten und hebt die Arme in die Höhe.*

Hauptmann: Zurück, kommt raus!

Während Montag, der Hauptmann und der Mann im Asbestanzug zurückweichen, sinkt die Frau langsam zu Boden. Die Feuerwehrleute drängen zur Tür hinaus.

Hauptmann: Alles raus! Du auch, Montag. Montag! Komm raus! Montag! Montag!

Montag folgt der Aufforderung des Hauptmanns nicht und bleibt an der Tür stehen. Die Frau bewegt sich noch immer zwischen den Flammen. Montag geht auf das Feuer zu. Auch die Treppe brennt schon. Endlich weicht auch Montag vor den Flammen zurück und geht rückwärts durch die Tür hinaus. Die Frau regt sich nicht mehr.

THE WORLD OF SALVADOR
DALI

JEAN GENET

MY AUTO-BIOGRAPHY
CHARLES CHAPLIN

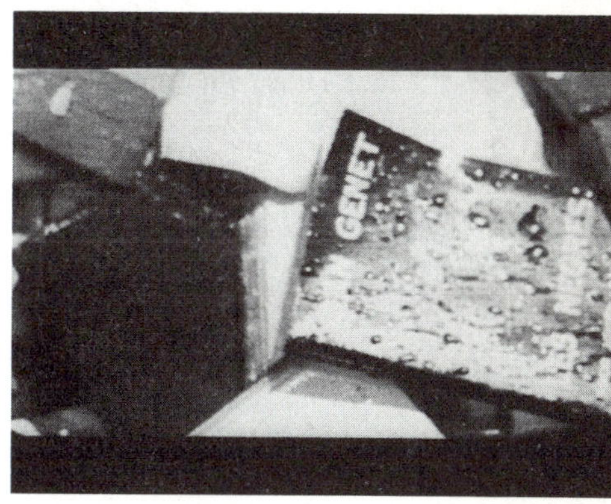
GENET

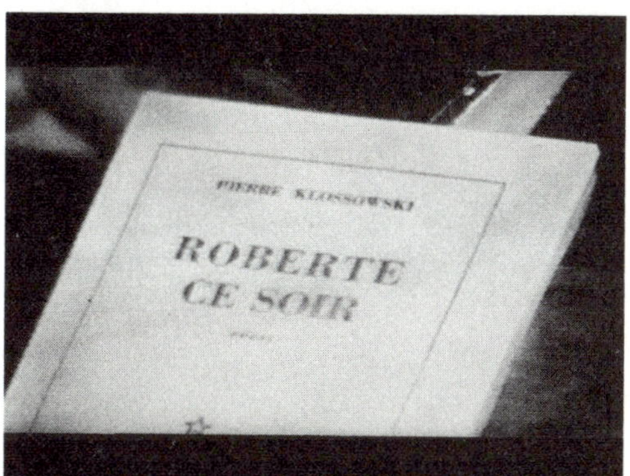
PIERRE KLOSSOWSKI
ROBERTE CE SOIR

DU CINEMA

→

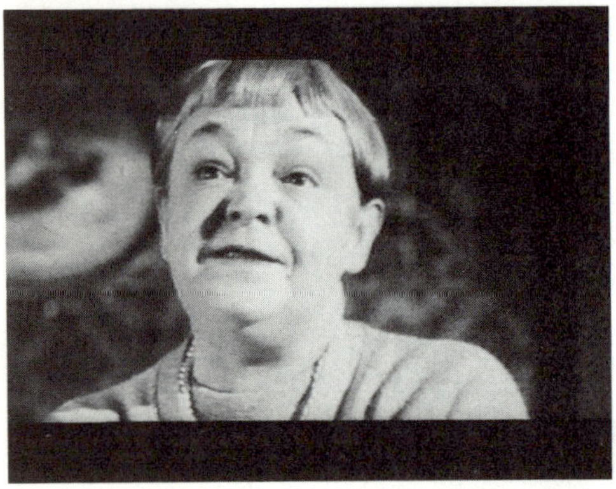

→

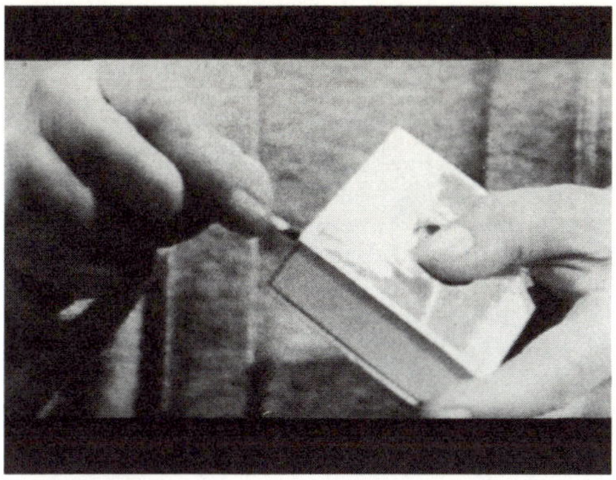

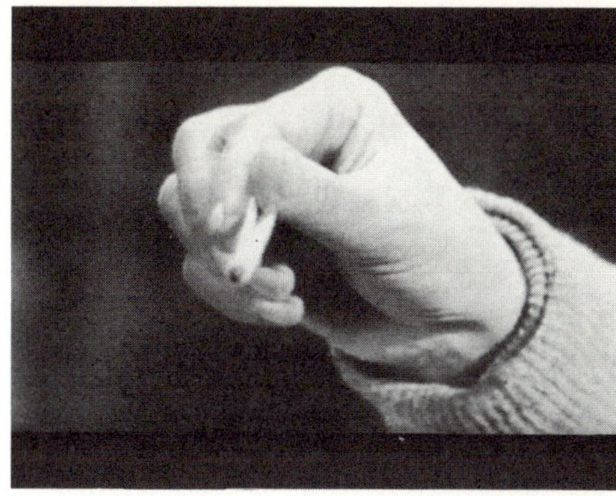

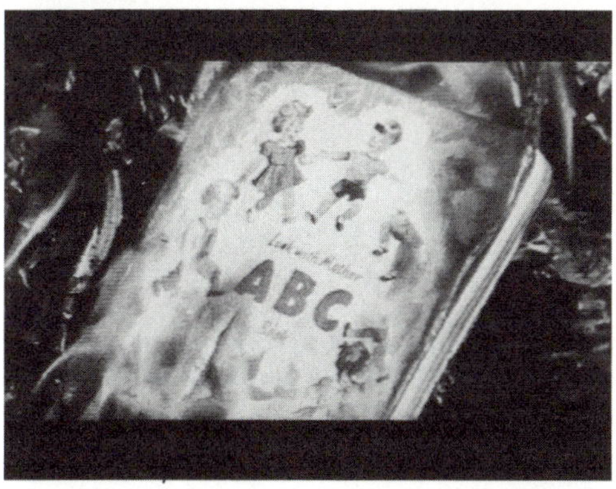
ABC

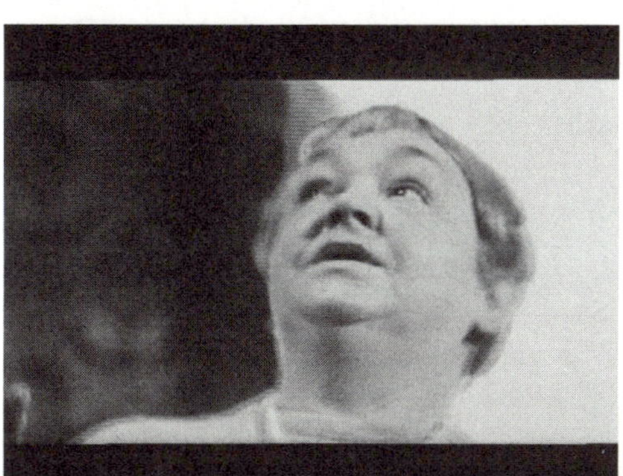

→

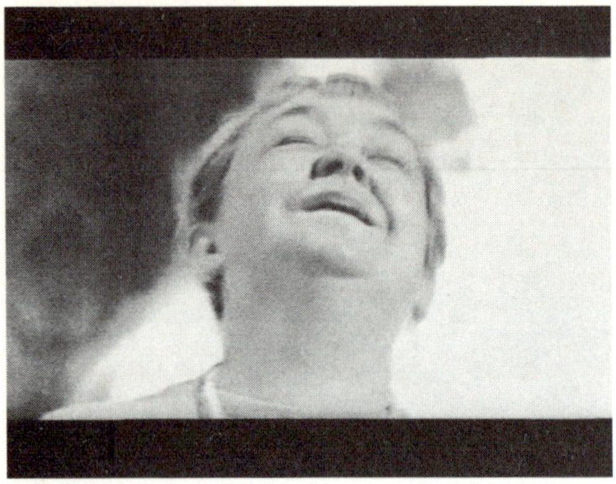
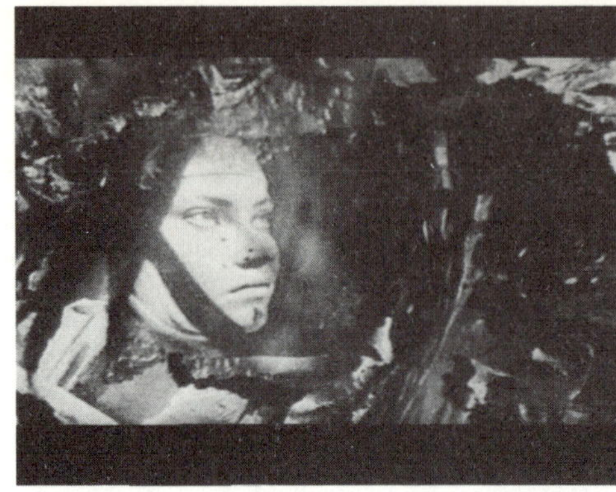

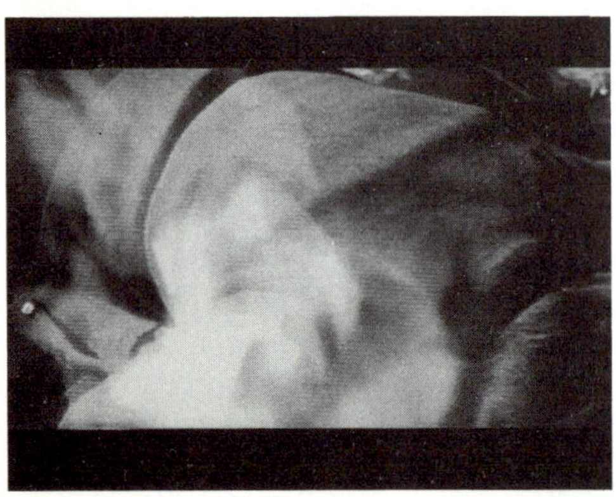

Vielleicht, ja. Das Feuer ist ein ungeheuer brauchbares dramaturgisches Element, denn es verbindet sich damit die Idee der Dringlichkeit. Wenn ein Feuer ausbricht, kommt alles in Bewegung, man beeilt sich, es zu löschen, und ich denke, das kann einem dabei helfen, die Handlung wieder in Schwung zu bringen. Aber ich kann das nicht genau erklären . . .

Jetzt, wo sie mich darauf bringen, fällt mir ein, daß es auch in *La Femme d'à côté* ein Feuer gibt, und zwar in der Küche: Eine Frau will Pommes frites machen, die Friteuse beginnt zu brennen, und jemand kommt mit einem Feuerlöscher. Ich weiß gar nicht, warum ich diese Szene eingebaut habe, vermutlich aber wegen des Geräusches, das ein Feuerlöscher macht. Wenn etwas zu brennen beginnt, haben die Leute oft noch keine Angst, die Panik greift erst dann um sich, wenn man das laute Zischen der Feuerlöscher hört, das ist ein sehr dramatisches Geräusch. Ich habe also in *La Femme d'à côté* die Friteuse nur wegen dieses Geräusches brennen lassen, denn die Person, die das Feuer löscht, ist die Heldin des Films und wird kurz danach sehr törichte Dinge tun. Die Szene mit dem Feuer sollte das gewissermaßen einleiten, aber es ging eigentlich eher um das Geräusch des Feuerlöschers als um das Feuer selbst.

In dem Ausschnitt, den wir vorhin sahen, ist es eigentlich umgekehrt: Es beginnt mit einer Spritze, die das Feuer aber nicht löscht, sondern vorbereitet. Der Anfang dieser Szene signalisiert eine entsetzliche Gewalt. Und danach stellen Sie die Kamera in das Feuer, und Sie nehmen sich sehr viel Zeit.

Ah, das liegt auch an der Musik. Die Art der Inszenierung ist hier so paradox wie vieles in *Fahrenheit 451*. Die Musik von Bernard Herrmann ist sehr schön, aber ich finde, sie paßt nicht recht zu der Stimmung des Films. Ich habe mich mit Herrmann gut verstanden, ich war ihm sehr dankbar dafür, daß er seine Arbeit für diesen Film so ernst genommen hat, zumal ich selbst den Eindruck hatte, nicht mein Bestes gegeben zu haben, ich war nicht richtig bei der Sache bei diesem Film, und daher war ich ihm sehr dankbar für die Mühe, die er sich mit der Musik gab. Er hat eine Art Opéra barbare daraus gemacht, während ich den Film eher ein wenig ironisch, ein wenig kindlich gemeint hatte. Seine Musik verleiht dem Ganzen jetzt etwas Großes, Gewichtiges. Was sicher gar nicht schlecht ist für den Film . . .

Aber dieses Gewichtige kehrt in Ihren Filmen doch manchmal wieder, oft in Form eines Rituals . . .

Oh, ich liebe alles Rituelle, denn das steht im Einklang mit der mise en scène, ganz sicher. Das gefällt mir so in den Filmen von Lubitsch, und das hat Stroheim mit Lubitsch gemein: Man ist immer am Hofe von Soundso in irgendeinem imaginären Land, und deshalb gibt es immer irgendwelche livrierten Diener, die den Leuten die Türen öffnen und so weiter. Das ist ja schon eine erste mise en scène, und diese erste mise en scène hilft mir bei meiner eigenen, und deshalb würde ich eines Tages – obwohl ich nicht sehr religiös bin – gern einen Film machen, der in einem Kloster spielt. Denn es gibt Umgebungen, die ihre eigene mise en scène bereits beinhalten, und das ist sehr inspirierend. Wenn Sie einem Schauspieler eine Schallplatte geben, die er in der Szene auflegen kann, wird er nach der Musik spielen, er schwebt auf Wolken und wird nicht gehen, sondern tanzen. So ähnlich ist das auch mit dem Regisseur.

Ein Widerspruch zu all dem ist, daß ich während der Dreharbeiten zu *Fahrenheit 451* beschlossen habe, nie mehr einen Film mit Menschen in Uniform zu drehen, denn diese Feuerwehrleute, die alle gleich angezogen waren, deprimierten mich kolossal. Also habe ich mir gesagt, nie mehr Uniformen, und seitdem lasse ich die Finger von Soldaten. Wenn die Feuerwehrleute in *Fahrenheit 451* ein Haus oder eine Wohnung betreten, muß man das natürlich anders inszenieren, als handele es sich um Bauern, die in die Dorfkneipe kommen. Man muß sie in einer bestimmten Anordnung auftreten lassen, es gilt sofort, eine Hierarchie aufzustellen, denn selbstverständlich verlangt der Beruf dieser Leute das Beachten von bestimmten Ritualen.

Aber es gibt doch auch in einigen Ihrer späteren Filme Uniformierte: am Anfang von Baisers volés[1] *zum Beispiel, aber auch in* L'Histoire d'Adèle H.[2].

Ja, stimmt, aber da stehen die Uniformierten nie im Mittelpunkt, sie spielen keine wichtige Rolle.

1. Antoine Doinel (Jean-Pierre Léaud) wird in den ersten Szenen von *Baisers volés* aus der Armee entlassen und besucht, noch in Uniform, ein Bordell.

2. Adèle H. (Isabelle Adjani) ist in einen Leutnant (Bruce Robinson) verliebt. In einer kurzen Szene des Films tritt sogar Truffaut selbst in Uniform auf.

7

La Mariée était en noir (Die Braut trug schwarz) – Ein Roman, den ich heimlich lesen mußte – Sogar der nette Maler muß sterben – Hitchcock und doch nicht Hitchcock – Die unterforderte Jeanne Moreau – Der Film ist zu hell – Fixe Ideen für das europäische Kino – Die richtige Dosierung von Verrücktheit – Stoffwahl nach dem Ausschlußverfahren – Wen interessieren schon langweilige Menschen? – *Baisers volés (Geraubte Küsse)* – „Ja, Monsieur" – Tempiwechsel wie in einem Musikstück – Ein Film wie ein Initiationsroman

Julie Kohler (Jeanne Moreau) steht dem Maler Fergus (Charles Denner) als Diana Modell, Pfeil und Bogen im Anschlag. Plötzlich schreit sie auf. Fergus wendet den Kopf. Der Pfeil zischt an ihm vorbei und bleibt in der Wand stecken. Fergus eilt zu Julie, die einem Ohnmachtsanfall nahe ist, er stützt sie und hilft ihr, sich auf ein Sofa zu setzen.

Fergus: Beruhigen Sie sich, es ist ja nichts passiert.

Julie: Ich weiß nicht, was mit mir los ist, ich bin völlig durcheinander.

Fergus: Aber, aber, es ist ja nichts passiert. Es ist ja nur die Kohle zerbrochen, das ist alles. Sie zittern ja so, frieren Sie etwa? Warten sie mal, ich hab eine Idee.

Er holt eine Flasche Champagner und zwei Gläser.

Fergus: Wir sind beide noch am Leben – das muß gefeiert werden. Als ich ein kleiner Junge war, pflegte mein Vater zu sagen: Champagner ist die Milch der Erwachsenen.

Fergus befeuchtet seinen kleinen Finger mit etwas Champagner und legt mit einer zärtlichen Bewegung einen Tropfen hinter Julies Ohr.

Fergus: Wissen Sie, warum die Chinesen diesen kleinen Finger nicht benutzen? Ganz einfach: Weil er mir gehört! *(Julie lächelt kurz und nimmt einen Schluck.)* Schmeckt er Ihnen? Geht's schon besser? Heute wird das nichts mehr. Wir machen morgen weiter. Ich schlage vor, wir gehen ins Kino, und dann gehen wir irgendwo essen, in das Dings, das neu aufgemacht hat.

Julie: Nein, nein. Erst wird das Bild fertig gemacht.

Fergus: Na schön. Aber versprechen Sie mir, daß . . .

Julie: Ich verspreche Ihnen, was Sie wollen, wenn das Bild fertig ist.

Julie steht auf, nimmt den Bogen und einen neuen Pfeil und nimmt wieder ihre Position ein.

Fergus: Meinen Sie, daß Sie's durchhalten werden? Sind Sie auch sicher?

Julie: Ja.

Fergus: Hmm. Sie sind mir ein Rätsel.

Fergus geht zurück an seine Staffelei und beginnt wieder zu zeichnen.

Fergus: Wunderbar. Jetzt drehen Sie sich etwas nach links, aber in der Achse bleiben . . . Perfekt!

Julie dreht ihren Körper ein wenig, so daß sie mit dem Pfeil genau in die Kamera, d. h. auf Fergus, zielt . . .

Diese Szene stammt aus der Romanvorlage, sie findet sich genauso in dem Buch von William Irish. Das war ein Roman, der mich sehr stark beeindruckt hat und den ich heimlich lesen mußte, denn das Buch gehörte eigentlich meiner Mutter, und deshalb konnte ich nur hineinsehen, wenn sie nicht da war. Diese Morde habe ich nie vergessen: die Episode mit dem Pfeil und dem Bogen, aber auch der Mann, der im Schrank erstickt . . .

Als ich in London *Fahrenheit 451* drehte, kam der Produzent Oscar Lewenstein zu mir – *Fahrenheit* hat er nicht produziert, aber *Tom Jones*[1] und verschiedene Filme mit Jeanne Moreau, zum Beispiel *The Sailor from Gibraltar*[2] – und fragte: Wollen Sie nicht einen neuen Film mit Jeanne drehen? Ich antwortete, sehr gern, und erzählte ihm von dem Roman, den ich als Kind gelesen hatte. Er kaufte die Rechte, und so kam es zu diesem Film.

Der Zuschauer hat bei dieser Szene einen Informationsvorsprung; sie ist gegen Ende des Films plaziert, und wir wissen inzwischen, daß Jeanne Moreau unter dem Zwang steht, Männer zu töten. Aber den Maler tötet sie hier nicht, dies ist ihr erster Fehlschlag, zuvor ging sie stets mit beängstigender Gründlichkeit zu Werke.

Das ist richtig. Und es ist natürlich nicht ganz so wie im Buch: Ich glaube, der Film ist präziser, was die Gefühle der Personen betrifft, ich habe das Thema Liebe ins Spiel gebracht. Die Männer, denen Jeanne Moreau in diesem Film begegnet, bilden eine Musterkollektion der verschiedensten Typen, und im Falle des Malers habe ich versucht, im Zuschauer den Wunsch zu erwecken, zwischen ihm und Jeanne Moreau möge sich etwas abspielen. Er war mir von allen Männern am sympathischsten. Ich glaube übrigens, daß ich beim Drehen dieser Episode den Entschluß faßte,

1. *Tom Jones – Zwischen Bett und Galgen,* Großbritannien 1963, Regie: Tony Richardson.
2. *Nur eine Frau an Bord,* Großbritannien 1967, Regie: Tony Richardson.

L'Homme qui aimait les femmes[1] zu machen, oder zumindest ist damals die Idee dazu entstanden, denn ich war mit Charles Denners Arbeit wirklich sehr zufrieden.

Ich wollte also im Zuschauer den Wunsch erzeugen, daß etwas zwischen den beiden passiert und sie ihren Plan nicht zu Ende führt. Man weiß inzwischen, daß sie sich auf einer Art Rachefeldzug befindet, auch wenn ich vergessen habe, ob man an diesem Punkt des Films bereits alle Einzelheiten der Vorgeschichte *[siehe folgende Bildseite]* kennt oder sie erst etwas später erfährt, jedenfalls ist klar, daß sie an der Erfüllung eines Racheplans arbeitet. Und an dieser Stelle möchte man, daß sie ihre Mission aufgibt, denn man findet den Maler sympathisch.

Daher dieses retardierende Moment. Und wenn der Zuschauer sich wieder beruhigt hat und glaubt, sie würde ihn nicht umbringen, führt sie ihre Tat plötzlich doch noch aus.

Ja, das ist auch der Grund, weshalb ich den Mord selbst nicht gefilmt habe. Die Überraschung entsteht nun dadurch, daß man plötzlich erkennt, daß sie es tatsächlich getan hat.

Im Detail orientieren sich die Regeln, die ich hier befolge, schon ziemlich an Hitchcock, aber das Gesamtkonzept des Films hat wenig mit Hitchcock zu tun. Bei Hitchcock identifiziert man sich normalerweise mit einer Person, die unschuldig eines Verbrechens bezichtigt wird. Wir haben es hier aber mit einer tatsächlichen Mörderin zu tun, und ich versuche zu erreichen, daß der Zuschauer sie dennoch akzeptiert.

Ich glaube, dieser Film ist zu stumm; Jeanne Moreau ist eine Schauspielerin, die besser ist, wenn es eine Menge Dialoge gibt, und bei dieser Rolle kam es nur auf ihre Erscheinung an. Fast möchte ich sagen, dies war eigentlich gar keine Rolle für sie. Sie ist eine Schauspielerin, die viel mehr kann, die viel besser sein kann, und sie war in diesem Film ganz klar unterfordert. Das finde ich natürlich bedauerlich.

Mit Michel Lonsdale, Charles Denner und bestimmten Einzelszenen des Films bin ich schon eher zufrieden, aber ich weiß nicht, ob der Film als Ganzes mir gefallen würde, wenn ich ihn heute sähe. Charles Denner finde ich allerdings ausgezeichnet.

Lonsdale ist hervorragend, und Jeanne Moreau doch auch.

Sie auch, ganz sicher, ich habe den Film schon lange nicht mehr gesehen. Ich meinte nur, daß man ihr vielleicht mehr Text hätte geben sollen, dann wäre sie noch besser gewesen. Außerdem lächelt sie praktisch nie in diesem Film, sie wirkt fast wie eine Statue, und ich weiß nicht, ob es richtig war, die Figur so zu zeichnen.

1. Charles Denner, Darsteller des Malers Fergus in *La Mariée était en noir*, wird in diesem Truffaut-Film aus dem Jahre 1977 die Titelrolle spielen.

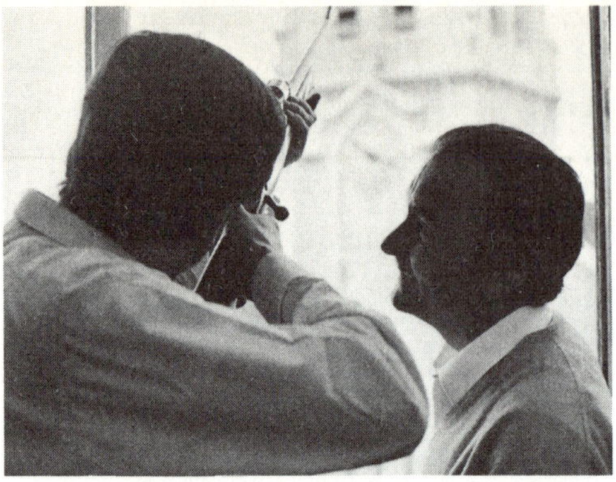

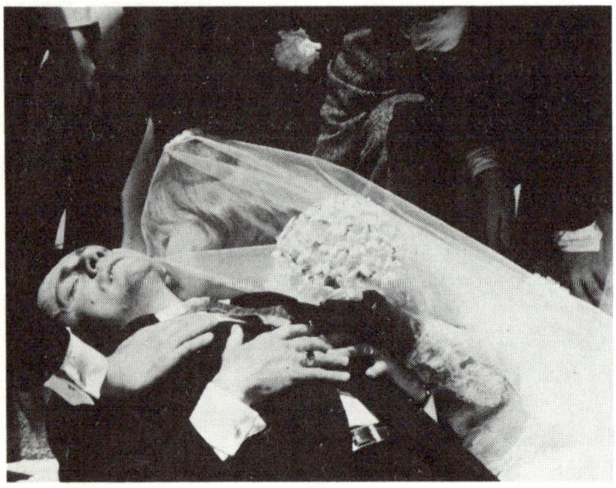
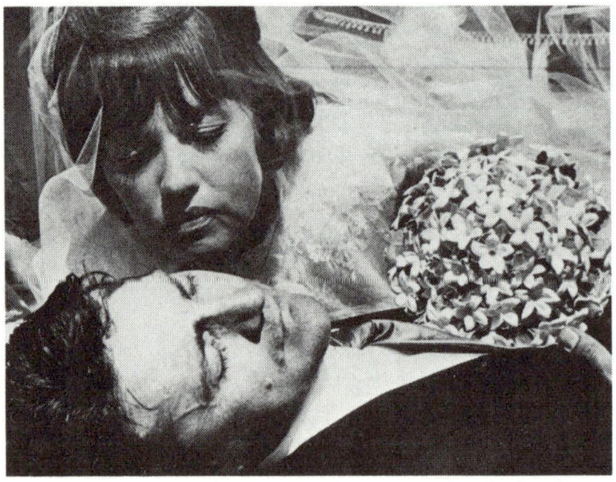

Es macht sie geheimnisvoll.

Schon, aber die Kamera, die Fotografie des Films, hat überhaupt nichts Geheimnisvolles, dieser Film hätte geheimnisvoller sein müssen. Ich weiß, daß ich ihn heute völlig anders machen würde, zumindest was die Kamera betrifft. Es würden viel mehr Sequenzen bei Nacht spielen, denn so, wie er jetzt ist, gibt es zu viele Szenen, in denen man einfach alles sieht. Doch, doch, was die Kamera angeht, fehlt es diesem Film einfach an Geheimnis.

Er ist zu hell?

Ja, viel zu hell.

Aber liegt das Geheimnis nicht woanders? Das Geheimnisvolle ist doch gerade das Verhalten dieser Frau.

Die Konstruktion des Drehbuchs ist, glaube ich, nicht zu beanstanden.

Das Verhalten dieser Frau, die Besessenheit, mit der sie ihre Rache betreibt, ist von einer unglaublichen Exzessivität.

Eine solche Besessenheit kommt häufiger in meinen Filmen vor, zum Beispiel auch in *L'Histoire d'Adèle H.*, und ich glaube, solche Themen braucht der europäische Film. Die großen Hollywoodfilme stellen immer Menschen in den Mittelpunkt, die ein bestimmtes Ziel verfolgen. Nehmen Sie irgendeinen Film von Raoul Walsh zum Beispiel, immer geht es darin um jemanden, der sich ein ganz bestimmtes Ziel gesetzt hat und dieses am Ende auch erreicht, oft sogar auf skrupellose Weise. Keine Ahnung, warum dieses Motiv im europäischen Kino so verpönt ist. Als Teil der amerikanischen Mentalität wird es offenbar akzeptiert, aber wenn man ihm in einem europäischen Film begegnet, läßt man kein gutes Haar daran.

Von daher fehlt unseren Filmen oft die nötige Triebfeder, die die Handlung voranbringen würde, und an diese Leerstelle setze ich gern die fixe Idee: Jedesmal, wenn es in einem meiner Filme – so wie hier in *La Mariée était en noir* oder wie in *L'Histoire d'Adèle H.* – um eine Person geht, die von einer fixen Idee besessen ist, funktioniert die Sache automatisch besser, denn ich weiß, daß jeder Tag, den ich an dem Film arbeite, in dieselbe Richtung weist, man erspart sich überflüssige Einstellungen, man fühlt sich entspannt, da man sicher sein kann, daß alles, was man dreht, das Drehbuch unterstützt und vorwärts bringt. Das ersetzt, wenn Sie so wollen, das Ziel, das der amerikanische Held zu erreichen versucht.

In Ihren Filmen hat man immer den Eindruck, es mit tragischen Figuren zu tun zu haben, und zwar tragisch in dem Sinne, daß sie ihr Schicksal nicht in der Hand haben. Sie legen ein Verhalten an den Tag, das ein Psychologe kaum als normal oder alltäglich bezeichnen würde. Ich denke zum Beispiel an Jeanne Moreau in diesem Film oder an Catherine Deneuve in La Sirène du Mississipi – *das sind Charaktere, die trotz ihres kriminellen Verhaltens sehr sympathisch wirken, denn man spürt, daß sie von irgend etwas geleitet werden, das man Schicksal nennen kann oder wie auch immer, und in diesem Sinne sind es tragische Menschen, in diesem Sinne sind Ihre Filme tragisch.*

Ja, zumindest meine, sagen wir, ernsten Filme. Denn es gibt ja auch noch die dramatischen Komödien, die Filme um Antoine Doinel. Aber auch die sind ein bißchen verrückt, die Hauptfigur ist ein bißchen verrückt, aber sie schafft es, daß sie uns zum Lachen bringt, ihre verrückte Art erheitert uns. In den ernsteren Filmen dagegen sollen uns die Neurosen fesseln und betroffen machen. Man muß dabei allerdings aufpassen, denn wenn jemand zu verrückt ist, kann es passieren, daß der Betrachter auf Distanz geht und die Figur ablehnt. Will man das Interesse aufrechterhalten, kommt es also auf die richtige Dosierung an. Im wirklichen Leben haben die Leute übrigens eher Angst vor Verrückten. Ich fühle mich von Charakteren angezogen, die einen gewissen Wahn in sich erahnen lassen, nicht den totalen, unkontrollierbaren Wahnsinn, sondern eine besondere Art von Wahn.

Aber diese Personen haben ihr Schicksal, ihr Leben nicht im Griff, und sie müssen einiges durchmachen. Selbst Doinel ist ja kein Aufrührer, man kann nicht sagen, daß er jemand ist, der gesellschaftlichen Erfolg hat . . .

Nein, er paßt sich an.

. . . er paßt sich an und muß einiges einstecken . . .

Ja, sicher.

. . . und in diesem Sinne gleichen Ihre Komödien wiederum Ihren ernsteren Filmen. Reflektiert das möglicherweise einen Aspekt Ihres Wesens?

[lacht] Ich weiß nicht . . . Damit ich Ihre Frage wirklich verstehe, müßten Sie meine Figuren erst einmal gegenüber Figuren aus anderen Filmen abgrenzen, die bei mir nie vorkommen, verstehen Sie? Wenn Sie mir sagen würden: Warum begegnet man in Ihren Filmen nie Figuren dieser und jener Art? Das wäre für mich ein Ansatzpunkt. Aber so . . . Jeder glaubt doch von sich selbst, er sei normal, oder nicht?

Nein, nein, das ist keine Frage der Normalität, ich will auf etwas anderes hinaus. Um es an einem konkreten Beispiel festzumachen: Nehmen wir Catherine Deneuve in La Sirène du Mississipi. *Das ist eine sympathische junge Frau, aber doch eine Hochstaplerin, und ihr Verhalten provoziert Widerspruch. Aber man weiß nicht, weshalb sie so ist, und sie gibt sich keinerlei Mühe, nicht mehr zu sein, wie sie ist.*

Sie steckt in einem Dilemma, als Folge einer Verkettung von Umständen.

Ja, genau, und diese Verkettung von Umständen könnte man Schicksal oder etwas Ähnliches nennen, und genau das findet man in fast allen Ihren Filmen, sogar in den Doinel-Komödien. Auch Antoine steckt in einer sozialen Klemme, auf die er keinerlei Einfluß hat. Er kämpft nicht. Selbst was die Besessenheit bei einigen Ihrer Figuren angeht: Sie verfolgen zwar ein Ziel, ob es nun Rache ist oder sonst etwas, aber man weiß nicht genau, warum sie es tun, warum sie es so exzessiv betreiben. Das soll keine Kritik sein, nur eine Feststellung.

Damit wir uns richtig verstehen: Wir reden von dem Material, das den Kern meiner Filme ausmacht, nicht wahr? Dieses Material habe ich mir mehr oder weniger bewußt ausgesucht, aber eher nach einem Ausschlußverfahren, regelrecht geplant ist so etwas nie. Man hat mir ja eine Menge Romane, Drehbücher und Filmstoffe angeboten, die ich abgelehnt habe, weil ich gespürt habe, daß sie nicht das Richtige für mich waren, oder weil ich mir gesagt habe: Nein, das würde ich nicht schaffen, ich habe keinen Zugang zu diesen Figuren, diese Geschichte bleibt mir verschlossen. Ich arbeite also mit dem, was übrigbleibt, allgemein gesagt mit Dingen, auf die ich selber gestoßen bin und die etwas in mir angesprochen haben. Aber es ist sehr diffizil, das zu definieren. Ich könnte nie sagen: Ich liebe vor allem diese und jene Art von Geschichte. Ich liebe es, Filme mit Kindern zu machen, wogegen es viele Regisseure gibt, die mit Kindern überhaupt nicht arbeiten mögen, und deshalb habe ich drei oder vier Filme mit Kindern gedreht. Und dann liebe ich natürlich Filme über die Gefühle zwischen Männern und Frauen.

Was die Figuren angeht, so ist es wichtig, daß sie mir am Anfang noch völlig normal erscheinen; ihre leicht verrückte Seite lege ich erst nach und nach im Verlauf der Arbeit frei, am Anfang darf das noch nicht so offensichtlich sein. Aber ich möchte sie nicht anderen Figuren gegenüberstellen, über die ich keinen Film machen könnte oder nie einen Film gemacht habe. Ich sage mir einfach: Es wäre bestimmt nicht sehr aufregend, einen Film über einen Industriemanager zu drehen, der ziemlich viel Macht hat und mit beiden Beinen im Leben steht – was gibt es über so einen Menschen schon groß zu erzählen? Überhaupt nichts, ich könnte keinen Film über ihn machen, ich kann keinen Film über Menschen machen, die ein langweiliges Leben führen! *[lacht]*

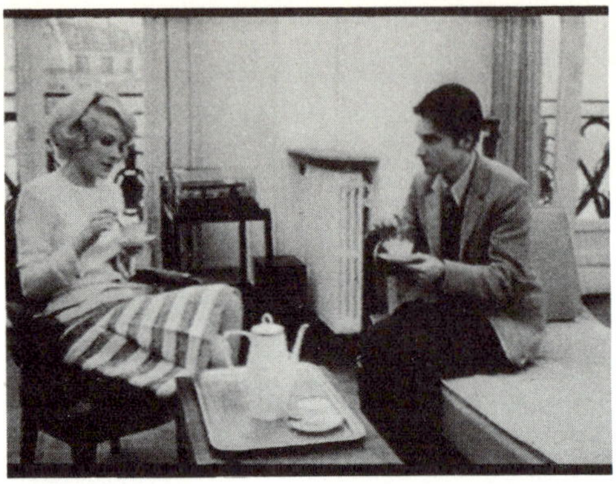

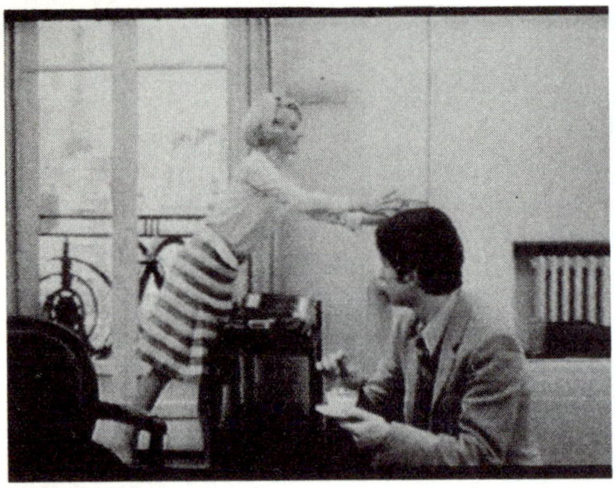

Fabienne: Lieben Sie Musik, Antoine?

Antoine: Ja, Monsieur!

In dieser Szene geht es um Schüchternheit, und sie kulminiert in einem Überraschungseffekt, in einer Explosion geradezu . . .

Die Sache wird nur verständlich durch das, was vorausgegangen ist, das Essen bei Antoines Chef, Monsieur Tabard. Dabei wurde deutlich, daß Antoine Doinel von Madame Tabard vollkommen fasziniert ist. In dieser Szene wird fast gar nichts gesprochen, und ohne die Vorinformation würde man kaum begreifen, worum es überhaupt geht.

So ein Bruch wie hier am Ende macht großen Spaß. Erst sprechen die beiden eine Ewigkeit kein Wort, und dann dieser Lapsus, gefolgt von einer überstürzten Flucht, wie man sie sonst nur aus Kriminalfilmen kennt: An diesem plötzlichen Wechsel hat man sein Vergnügen, ähnlich wie an verschiedenen Tempi bei einem Musikstück. Der Anfang dieser Szene ist wie ein See mit glatter Oberfläche, und da brauchte man am Ende einfach als Kontrast einen Sturm.

Der Zuschauer verfügt in dieser Szene über keinerlei Zusatzinformation, er weiß nicht mehr als die handelnden Personen. Ich glaube, man ist Antoine Doinel hier sehr nahe, man erlebt die Szene aus seiner Sicht, aus seinen Augen.

Das trifft aber auf die gesamte Doinel-Reihe zu: Es sind Filme, die ein sehr vertrautes Gefühl schaffen und einem Antoine sehr nahe bringen, denn er ist ungeschickt, er ist sympathisch, er ist Optimist, nicht unkompliziert, aber trotzdem direkt, und ich glaube, diese Filme funktionieren über die Vertrautheit, die Sympathie.

Baisers volés ist die Entsprechung zu dem, was man in der Literatur einen Initiationsroman nennen würde. Das schien mir die einzige Möglichkeit, diese Figur wieder aufzugreifen, die man in *Les 400 Coups* kennengelernt hatte und deren Entwicklung auf dem Prinzip der Kettenreaktion basierte, nach dem Motto: Wer ein Ei stiehlt, stiehlt bald das Huhn. Hier geht es jetzt um seine ersten Schritte hinaus ins Leben, man erlebt, wie er verschiedene Milieus durchläuft, wie er versucht, einen Platz in der Gesellschaft zu finden, wie er sich in verschiedenen Berufen probiert und wie er, was sein Liebesleben angeht, zwischen zwei Frauentypen schwankt: dem jungen Mädchen in seinem Alter und der verheirateten, reifen Frau.

Da haben wir wieder die fixe Idee, die so viele Ihrer Figuren leitet und über die wir vorhin gesprochen haben . . .

Oh, nein, das hier hat nichts mit fixer Idee zu tun.

Vielleicht funktionieren die Doinel-Filme eher über das Motiv des Lapsus, der Fehlleistung, wie wir es gerade in dem Ausschnitt sehen konnten.

Ja, richtig, seine Ungeschicklichkeit ist wichtig, er ist der Situation nicht gewachsen, er ist praktisch nie Herr der Lage, aber er ist sehr begeisterungsfähig, es gibt immer etwas, für das er sich begeistern kann.

Wie die Hauptfigur in einer Burleske, die ständig mit den äußeren Umständen hadert . . .

Aber es ist viel mehr zurückgenommen als in einer Burleske, denn ich stelle Antoine nie in völlig unwahrscheinliche Situationen, so weit kommt es nie. Ich versuche, das Ganze sehr nah an der Wirklichkeit zu lassen, zumal man dem Wahnsinn ja auch im Alltag begegnen kann, und ich versuche, Antoine unbeschadet hindurchsegeln zu lassen.

Sie denken zwar immer an das Kinopublikum, gehen aber dennoch erhebliche Risiken ein: Zum Beispiel ist doch gar nicht gesagt, daß der Zuschauer diese Szene wirklich komisch findet, sie ist doch auch sehr beklemmend . . .

Es handelt sich nicht unbedingt darum, die Leute zum Lachen zu bringen, wichtig ist, ihr Interesse wachzuhalten. Bei dieser Szene kommen verschiedene Dinge zusammen: Da ist einmal sein Beruf, den man nicht vergessen darf, sein Job als Privatdetektiv; und unmittelbar nach dieser Szene geht es ja mit der eigentlichen Handlung weiter. Aber ich riskiere hier im Grunde gar nichts: Ich weiß, daß die Szene interessant werden wird, denn es ist längst klar, daß er von dieser Frau fasziniert ist, und von daher wird selbst eine lange Szene wie diese, in der nichts gesprochen wird, für den Zuschauer spannend sein.

8

La Sirène du Mississipi (Das Geheimnis der falschen Braut) – Fürchterlich, gräßlich, schrecklich: so etwas würde ich heute nicht mehr machen – Vertrauen in die Akkumulation – Ein gewagtes Happy-End – Das Prinzip der Umkehrung – Die Zuschauer haben den Film gehaßt – Das Spielen mit den Klischees – Gibt es gewollten Kitsch? – Ein Film nur für meine Freunde und für Cineasten – Die Kriminalgeschichte bleibt Vorwand – Noch einmal: Thema „Wahrheit“ – Das Scope-Format ist ein Witz

Am Hafen: Louis Mahé (Jean-Paul Belmondo) steigt in sein Auto und will den Motor anlassen. Das laute Zwitschern eines Kanarienvogels läßt ihn innehalten und nach vorn blicken.

Marion (off): Sie erkennen mich wohl nicht, Monsieur Mahé?

Louis steigt wieder aus, wirft die Tür hinter sich zu.

Louis: Pardon, meinen Sie vielleicht mich?

Er geht nach links, die Kamera schwenkt mit und erfaßt Marion (Catherine Deneuve), die einen Vogelkäfig trägt. Louis bleibt stehen.

Marion: Ich bin Julie. Ich bin Julie Roussel.

Louis: Julie Roussel? Sie sind Julie Roussel?

Louis geht näher auf Marion zu.

Marion: Weil ich anders aussehe als auf dem Foto . . .

Louis: Ja, eben.

Marion: Das Bild in dem Brief war nicht von mir. Es war das Bild einer Bekannten. Es fällt eben schwer, sich jemanden in solchen Briefen anzuvertrauen. Ihre Briefe gefielen mir, aber ganz am Anfang hatte ich natürlich doch einige Bedenken. Das war der Grund. Später, als Sie mir dann vorschlugen . . . na ja, als Sie mir die Heirat vorschlugen, da wollte ich Ihnen schon mein eigenes Foto schicken, aber . . . aber meine Schwester meinte, wenn Monsieur Mahé dich sieht, wird er dir verzeihen.

Louis: Ihrer Schwester hatte völlig recht.

Marion: Jetzt sind Sie wohl enttäuscht?

Louis: Sehe ich etwa aus, als ob ich enttäuscht wäre? Wissen Sie, ich dachte, der erste Schritt wäre schon gemacht. Jetzt muß ich wieder von vorne anfangen. Jetzt muß ich mich erst an Sie gewöhnen, muß Sie erst kennenlernen.

Louis zieht ein Foto von Julie Roussel aus der Tasche, sieht es an und reicht es Marion.

Marion: Werden Sie mir meine Lüge verzeihen können?

Marion zerreißt das Foto in kleine Stücke.

Louis: Ihre Lüge war wunderbar.

Er wendet sich zum Auto. Sie folgt ihm und wirft das zerrissene Foto achtlos fort. Er hält ihr die Beifahrertür auf. Beim Einsteigen zögert sie und sieht ihn an.

Marion: Und Ihre Pläne? Haben Sie Ihre Meinung geändert?

Louis: Nein, und Sie?

Marion: Wäre ich sonst hier?

Sie steigt ein, Louis geht ums Auto herum auf seine Seite, steigt ebenfalls ein und fährt los.

Eine Sache fiel mir hier besonders auf, und zwar die Einführung Marions durch das Zwitschern des Kanarienvogels, das dem langen Schwenk vorausgeht, der am Ende Catherine Deneuve erfaßt. Mir scheint, häufig werden die Personen in Ihren Filmen entweder durch das Bild oder durch den Ton eingeführt, aber nie durch beides zusammen. In La Peau douce *zum Beispiel hören wir erst Françoise Dorléacs Stimme, bevor wir die Person sehen. Und in* Antoine et Colette *kennt man Colette schon lange vom Sehen, ehe man sie das erste Mal sprechen hört.*

Dem liegt aber keine Theorie zugrunde. Nein, nein, ich finde diesen Ausschnitt aus *La Sirène du Mississipi* fürchterlich, ich finde ihn wirklich gräßlich.

Aber warum denn? Den ganzen Film oder nur diese Szene?

Oh, besonders diese Szene. Nein, nein, wirklich, so etwas würde ich heute nicht mehr machen, nein, nein, ich kann das so nicht schlucken.

Was würden Sie heute anders machen?

Keine Ahnung, jedenfalls ist das eine schlechte Arbeit, eine sehr schlechte, wirklich. Ich kann diesen Ausschnitt nicht akzeptieren, er ist gräßlich.

Meinen Sie die Art, wie die Szene aufgebaut ist?

Ja, dem Ganzen mangelt es einfach an Inspiration, das ist schrecklich. Möglich, daß es in diesem Film Stellen gibt, die mir heute noch gefallen würden, keine Ahnung, aber diese Szene finde ich wirklich entsetzlich. Ich kann nichts dazu sagen, ich finde sie schlecht gefilmt, schlecht gespielt, der Drehort ist schlecht gewählt, einfach alles, nein, nein . . .

Möglicherweise wollten Sie hier mit einer Konvention spielen. Haben Sie vielleicht den Eindruck, daß Sie dieser Konvention in die Falle gegangen sind?

Ich weiß nicht, das war eine ziemlich große, anstrengende Produktion. Bei den Dreharbeiten merkte ich hin und wieder, daß etwas nicht besonders gelungen war, aber dann fehlte die Zeit, es noch einmal zu drehen. Wie auch immer, diese Szene hier ist absolut unmöglich, nein, nein, diese Arbeit kann ich nicht verteidigen. *[allgemeines Gelächter]* Der Ausschnitt davor, der aus *Baisers volés,* hat mir gut gefallen, das hat richtig Spaß gemacht. Aber nicht dieser, nein, nein, der ist fürchterlich.

Szene Seite 112/113

Mögen Sie diese Szene auch nicht? Was fühlen Sie denn beim Betrachten? Berührt es Sie? Beschämt es Sie? Sind Sie stolz darauf? Was ist Ihre Reaktion?

Sie sagt, „Ich schäme mich“, und da hat sie sicher recht. Aber man kann diese Dinge nicht für sich sehen, das ist wie bei Zitaten, es macht keinen Sinn, wenn man sie so aus dem Zusammenhang reißt. Der Film braucht zwei Stunden, um diese Szene vorzubereiten, verstehen Sie, was kann ich jetzt dazu sagen? Der Akkumulationseffekt spielt dabei eine Rolle. Ich habe ein großes Vertrauen in die Akkumulation. Zum Beispiel kann man eine bestimmte Menge von neutralen Szenen aneinanderreihen, und deren Summe bewirkt, daß man am Ende doch emotional berührt ist.

Das System, nach dem wir bei diesem Interview arbeiten, sagt mir eigentlich gar nicht zu, es sei denn, der Ausschnitt ist sehr gut und ohne Mängel. Aber an den letzten hatte ich immer etwas auszusetzen, und das macht mich unruhig. Dieser Ausschnitt zum Schluß gibt keinen Sinn ohne die eindreiviertel Stunde, die ihm vorausgeht.

Sicher, aber man kann doch davon ausgehen, daß der Zuschauer sich an die Filme erinnert.

Oh, nein, die erinnern sich bestimmt nicht mehr an die Filme!

Wir können ja auch schlecht die ganzen Filme zeigen.

Nein, aber ich glaube, es sollten solche Ausschnitte sein, die auch für sich betrachtet einen Sinn machen, aber das war bei den letzten einfach nicht der Fall.

Weshalb habe ich den Film mit dieser Ironie enden lassen? Eigentlich fällt der Film in folgende Kategorie: ein illegitimes Liebespaar auf der Flucht, die beiden begehen ein Verbrechen, um ihre Flucht nicht zu gefährden, und am Ende sterben sie. Ich habe mir aber gesagt: Man müßte genau das Gegenteil machen, ich werde diesen Menschen, die nicht nur Verbrechen begangen

In der Berghütte. Marion reicht dem kranken Louis ein Glas.

Marion: Hier, trink das, dann geht's dir wieder besser.

Louis: Ja, mach das Glas nur voll. Ich weiß, was du vorhast. Ich nehme es hin. Ich bedaure es nicht, dir begegnet zu sein. Ich bedaure es nicht, für dich getötet zu haben. Ich bedaure nicht, dich zu lieben. Ich bedaure gar nichts. Aber jetzt brennt es in mir wie ein Feuer, in meinem ganzen Körper. Es muß schnell vorübergehen. Mach ein Ende, mach das Glas voll!

Marion schleudert das Glas zu Boden.

Marion: Oh, du hast es gewußt und hast es geschehen lassen! Ich schäme mich so. Ich schäme mich so! Ich schäme mich so! Ich schäme mich! Keine Frau verdient es, so geliebt zu werden, ich bestimmt nicht! Aber es ist noch nicht zu spät. Ich will dich pflegen. Du mußt leben! Wir wollen weit weg von hier, du und ich. Ich will dir helfen. Du wirst leben. Hörst du mich? Du wirst leben! Jetzt wird uns niemand mehr trennen. *(Sie weint.)* Ich liebe dich. Ich liebe dich! Vielleicht glaubst du mir nicht. Es gibt viele Dinge, die unglaublich und doch wahr sind. Du darfst nicht verzweifeln. Wir wollen jetzt weit weg von hier, und dann bleiben wir immer zusammen. Wenn du mich noch willst . . .

Louis: Aber ich will ja nur dich. Dich allein. So, wie du bist. Wie du bist. Komm, wein doch nicht. Ich will doch dein Glück, nicht deine Tränen.

Marion: Jetzt gehör ich nur dir, Louis. Es tut weh, Louis, es tut weh. Ist das die Liebe? Tut Liebe so weh?

Louis: Ja, es tut weh.

Schnitt: Louis und Marion kommen einen verschneiten Abhang hoch. Im Hintergrund die Hütte. Es schneit.

Marion: Ich glaub, da geht's runter!

Louis (deutet nach rechts): Nein, wir müssen dahin.

Marion (sieht zurück): War nicht schlecht, unsere kleine Hütte.

Louis: Wie schön du bist! Ich sehe dich an, und es ist wie ein Schmerz.

Marion: Aber gestern sagtest du, es wäre eine Freude.

Louis: Eine Freude und ein Schmerz.

Marion: Ich liebe Sie.

Louis: Ich glaube dir.

Louis faßt Marion an der Hand, und beide gehen nach rechts (begleitender Schwenk). Während das Paar durch den Schnee stapft und sich langsam von der Kamera entfernt, schneit es immer heftiger.

haben, sondern von denen der eine sogar mindestens einmal versucht hat, den anderen umzubringen, ein glückliches Ende gestatten. Wenn dieses Happy-End etwas Gewagtes hat, dann nur in bezug auf das Ganze.

Das Konzept von *La Sirène du Mississipi,* der ein seltsamer und mißlungener Film geworden ist, beruhte auf einer Umkehrung, es war eine Geschichte, in der die Frau sich wie ein Mann und der Mann sich wie eine Frau verhält. Das habe ich den Schauspielern nicht auf die Nase gebunden, aber genau das war meine Theorie: Marion ist eine Gaunerin, die im Erziehungsheim war, und er ist immer noch Jungfrau und versucht, über Zeitungsannoncen eine Partnerin zu finden. In meiner Vorstellung hatte ich die Geschlechter der beiden Helden vertauscht, und ich sagte mir: So werde ich bei diesem Film vorgehen. Das hat die Leute dann später ungeheuer schokkiert, die Zuschauer haben den Film gehaßt, und ich muß ihnen fast recht geben, denn in der Tat ist es ein Film, der sehr eigenartig ist.

Aber immerhin ist er sehr schön fotografiert, die Kamera ist sehr gut. Belmondo ist in vielen Szenen ausgezeichnet, und auch die Musik ist interessant. Doch davon abgesehen halte ich den Film für nicht besonders gut konzipiert und realisiert.

Na, bravo! [allgemeines Gelächter] *Ich kann diese strenge Meinung gar nicht teilen, ich finde, es ist ein sehr provokanter Film, und ich sage das um so überzeugter, als ich ihn bei seiner Uraufführung gar nicht mochte, und jetzt mag ich ihn sehr.*

Sicher, es gibt Filme, mit denen man erst allmählich warm wird, an die man sich nach und nach gewöhnt. Ich finde das Ende nicht schlecht. Marions plötzlicher Sinneswandel wirkt in einer linear erzählten Geschichte wie dieser leicht zu abrupt; es wäre überzeugender gewesen, wenn man mehr Zeit hätte vergehen lassen. Hätte es noch eine Parallelhandlung gegeben, wäre es von Vorteil gewesen, auf diese umzuschneiden und nach einer Weile zu dem Paar in der Hütte zurückzukehren, dann wäre klar geworden, daß sie sehr lange geredet hat. Man hätte irgendwie suggerieren müssen, daß sie sehr lange spricht, denn so ist ihr Sinneswandel schwer zu akzeptieren, er kommt zu rasch, denke ich. Aber es gibt ja eine ganze Reihe von Szenen, die in der Hütte spielen und zusammengehören, und ich glaube, zusammen betrachtet sind sie gar nicht so übel.

Marion sagt immerhin Dinge, die sehr schön sind und die auch Ihnen gefallen haben müssen, denn dieselben Sätze tauchen Jahre später in Le Dernier métro *wieder auf.*[1]

[lacht] Ja, stimmt, mehr oder weniger, der Text ist sehr theatralisch. „Die Liebe tut weh", das Motiv der Dualität . . .

1. Siehe Seite 198.

Ich sehe das Ende durchaus ambivalent, denn ich finde, Marions Haltung muß nicht endgültig sein. Das Ende mag vielleicht aussehen wie ein Happy-End, aber ich glaube, das könnte sich sehr schnell auch wieder ändern.

Sie meinen, sein Akzeptieren ihrer Person wäre fast wichtiger als ihr Sinneswandel?

Ja, genau, ich will damit sagen, es ist doch nicht ausgeschlossen, daß diese Frau erneut versuchen wird, ihn zu töten.

Er akzeptiert sie so, wie sie ist, er akzeptiert sie.

Und gerade das finde ich so interessant an diesem Schluß: daß es zwar nach einem Happy-End aussieht, aber trotzdem noch der Rest eines Zweifels bleibt.

Die Figur des Mannes scheint mir überzeugender zu sein als die der Frau.

Ich finde, Sie sind zu streng: Marion ist mindestens so gelungen wie Louis.

Vielleicht haben Sie ja recht.

Was Sie, wie Sie ja schon selbst erläutert haben, immer sehr beschäftigt hat, ist das Vermeiden von Klischees. Spielt das heute immer noch eine wichtige Rolle für Sie?

Ja, sicher, wobei man natürlich auch mit den Klischees spielen kann. Manchmal benutze ich zum Beispiel sogar ein wenig Kitsch, wenn es dazu dient, Zeit zu gewinnen oder eine gewisse Ironie zu schaffen, die man in dem Augenblick braucht. Gegen gewollten Kitsch habe ich nichts. Ich bin mir aber gar nicht sicher, ob es überhaupt so etwas gibt wie gewollten Kitsch, vielleicht ist das schon ein Widerspruch in sich. Jedenfalls betrifft das Abläufe innerhalb der Geschichte, die man erzählt. Es gibt Momente, wo es darum geht, die Wahrheit auf den Punkt zu bringen, es gibt andere, wo es darum geht, die Geschichte voranzubringen oder das Publikum zu erheitern. Und manchmal kann es durch Wechsel dieser Art passieren, daß der Zuschauer aussteigt, zum Beispiel wenn in ein und derselben Szene ein bewußt reales Element und ein bewußt falsches Element nebeneinanderstehen; das kann die Leute regelrecht schockieren.

Ich glaube, so lief es bei *La Sirène du Mississipi* ab. Das ist ein Film, wo ich mir im nachhinein sage: Völlig klar, ich konnte mit so etwas ja nur von meinen Freunden oder von reinen Cineasten verstanden werden, denn man mußte sich auf ein geradezu perverses Spiel einlassen. Ich verlangte von den Leuten, an die Liebesgeschichte zu glauben, die das aufrichtigste Element in dem ganzen Film darstellte, aber gleichzeitig benutzte ich, um die Kriminalgeschichte voranzutreiben, die mich eigentlich nur als Vorwand interessierte, alle möglichen Klischees, Kitsch, Comic-Elemente und so weiter. Da muß man sich wirklich nicht wundern, wenn man nur von Leuten verstanden wird, die mit den gleichen Filmen und Vorlieben aufgewachsen sind wie man selbst. Genau das ist die Gefahr der Filme für Cineasten, man landet in einer Sackgasse. Irgendwann habe ich mir gesagt: Ich darf in dieser Richtung nicht weitermachen, denn das führt zu Ergebnissen, die ungesund sind oder jedenfalls nicht normal.

Auf der anderen Seite ist es sicher so, daß der Wunsch, den man vielleicht zu Beginn seiner Karriere haben mag, nämlich Einstellung für Einstellung und Szene für Szene die Wahrheit zu sagen, ebenfalls nicht sehr weit führt, weil man irgendwann erkennt, daß es auf die Wahrheit nur als Resultat ankommt, aber nicht als Mittel, und daß man auch auf sehr indirektem Wege und mit sehr künstlichen Mitteln zu einer Wahrheit gelangen kann. Die Wahrheit als Mittel genügt nicht, denn sonst würde man sein ganzes Leben nur Dokumentarfilme machen, es bliebe nichts weiter zu tun, als die Wirklichkeit abzufilmen in der Hoffnung, ein einigermaßen wahrhaftiges Ergebnis zu bekommen. Selbst dann wäre man natürlich noch gezwungen zu manipulieren, die toten Momente zu eliminieren und so weiter. Wer Filme macht, wird irgendwann erkennen, wie wichtig es ist und welchen Spaß es machen kann, mit Tricks zu arbeiten, und wie wichtig es ist, den Moment zu erkennen, wo man mit den Tricks, mit dieser Art von Spiel aufhören muß.

La Sirène du Mississipi *war der letzte Film, den Sie im Scope-Format gedreht haben.*

Heute würde ich nicht mehr im Scope-Format drehen. Es verursachte keine Probleme, aber es führt zu einer Stilisierung. Interessant ist, daß man die Schauspieler, wenn man im Normalformat dreht, mehr motivieren muß, man muß ihnen sagen: Hier legst du die Zigarette hin, dann machst du das Fenster auf und so weiter. Im Scope-Format ist das nicht nötig, denn man sieht zwar zum Beispiel noch den Arm, aber schon nicht mehr die Hand. Also werden viele begleitende Gesten überflüssig, und es reicht, dem Darsteller zu sagen, er möge von da nach dort gehen. Die Bewegungen der Schauspieler werden dadurch abstrakter.

Davon abgesehen ist das ganze Scope-Format sowieso nur ein Witz; es wurde erfunden, um dem Fernsehen Paroli zu bieten, und nun erleben wir die absurde Situation, daß diese Scope-Filme über den Bildschirm flimmern und links und rechts große Teile fehlen.

9

L'Enfant sauvage (Der Wolfsjunge): eine Art Wendepunkt – Mein Entschluß, die Hauptrolle selbst zu übernehmen – Der Bericht des Dr. Itard – Die Lust an historischen Stoffen – Ein Schritt in Richtung soziales Bewußtsein – Ich bin ein Autodidakt wider Willen – Was aus Victor wurde – *Domicile conjugal (Tisch und Bett)* – Die Anachronismen in meinen Filmen – Das Bedürfnis, sich von Film zu Film selbst zu widersprechen – Bei Leo McCarey funktionierten die Gags

Stimme Itard: Wenn Victor seine Aufgaben löst, belohne ich ihn, wenn er versagt, strafe ich ihn. Trotzdem habe ich keinen sicheren Beweis dafür, ob ich ihm ein echtes Gefühl für Gerechtigkeit gegeben habe.

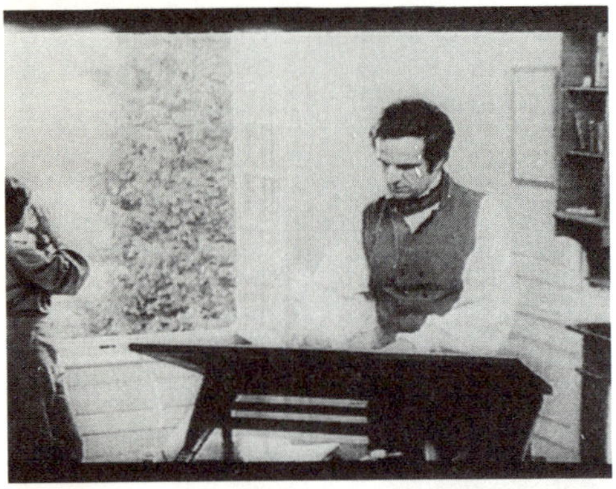

Stimme Itard: Gehorcht er mir und korrigiert er sich aus Angst und in der Hoffnung, belohnt zu werden, oder aus einem uneigennützigen Gefühl von moralischer Bedeutung? Um diesen Zweifel zu klären, muß ich etwas Abscheuliches tun: Ich muß Victor eine Ungerechtigkeit zufügen. Ich werde ihn grundlos bestrafen, unmittelbar nachdem er eine einfache Aufgabe gelöst hat. Ich werde ihm eine verhaßte und ihn empörende Strafe auferlegen und ihn in die Kammer sperren, um zu sehen, ob er mit Empörung reagiert.

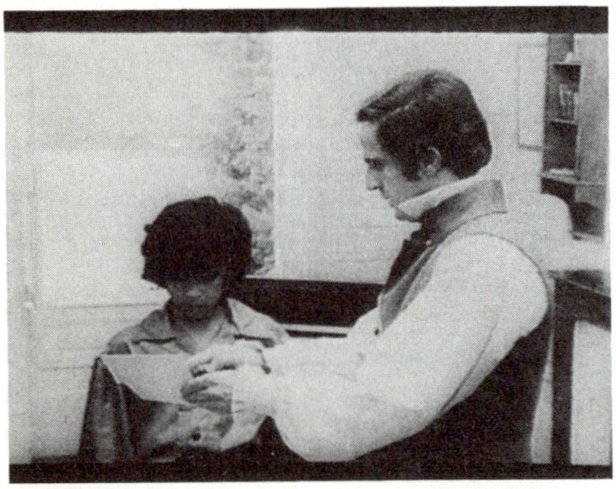

Itard kommt nach vorn und sucht zwei Kärtchen heraus.

Itard: Victor? *(Victor kommt zu ihm, Itard zeigt dem Jungen die beiden Kärtchen.)* Buch, Schlüssel. Buch, Schlüssel. Geh, ich warte.

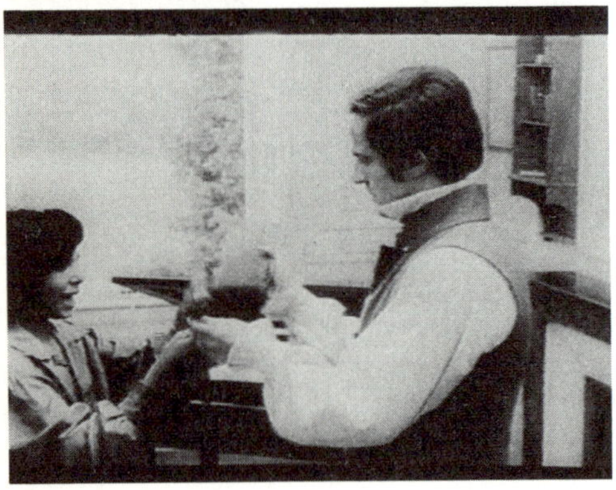

Victor verschwindet aus dem Bild, kommt mit dem Buch und dem Schlüssel zurück und erwartet lächelnd eine Belohnung.

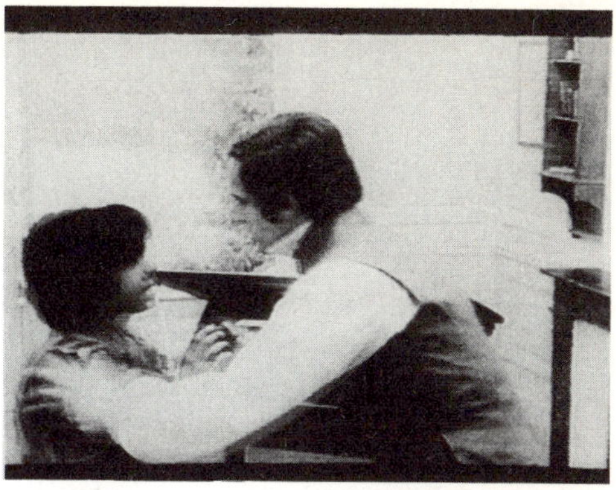

Itard: Was ist denn das, Victor? Was hast du gebracht? Das hab ich nicht gewollt. *(Er wirft Buch und Schlüssel fort, packt Victor und schüttelt ihn. Victor ist erschrocken.)* Geh, in die Kammer mit dir! Geh, Victor, geh!

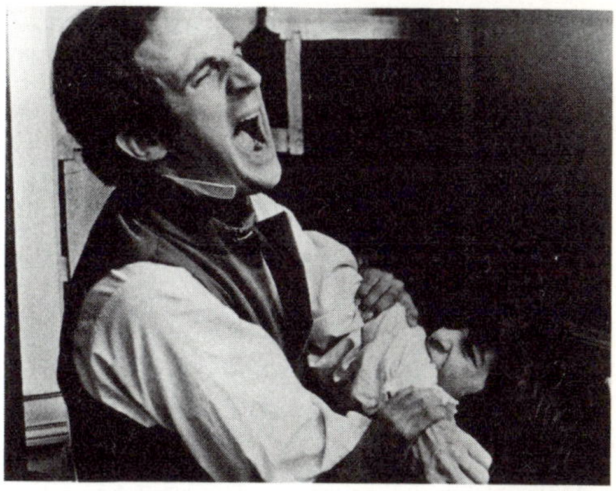

Itard schleppt den sich sträubenden Victor zur Treppe, öffnet das Kämmerchen und versucht, Victor hineinzuschieben. Victors Gegenwehr wird immer heftiger.

Itard: Geh, geh, Victor! Laß los, Victor! Laß das, geh! Au!

Victor hat Itard in den Arm gebissen. Itard ändert sein Verhalten, umarmt den Jungen und beruhigt ihn.

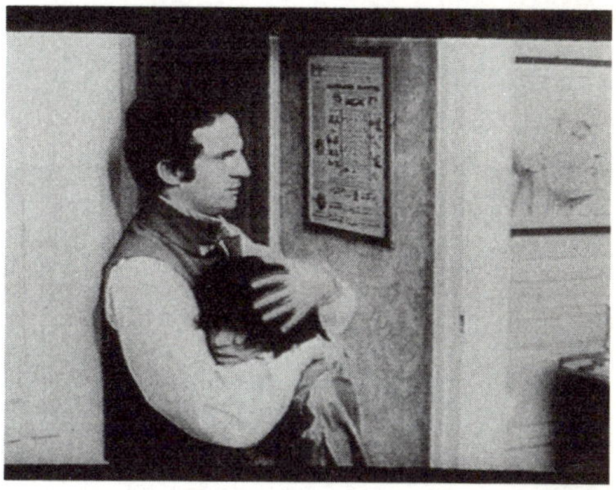

Itard: Jaja, ja . . . ja, es ist ja gut. Es war alles richtig. Du hast recht, dich zu empören.

Itard streicht Victor besänftigend übers Haar.

Stimme Itard: Wie schön wäre es gewesen, wenn ich mich in diesem Augenblick meinem Schüler hätte verständlich machen können, wenn ich ihm hätte sagen können, wie selbst der Schmerz von seinem Biß mich mit Genugtuung erfüllte! Hätte ich mich weniger freuen sollen?

Stimme Itard: Ich hatte den unwiderlegbaren Beweis, daß Victor das Gefühl für Gerechtigkeit und für Ungerechtigkeit nicht mehr fremd war. Weil ich in ihm dieses Gefühl provozierte, habe ich jetzt die Sicherheit, dieses wilde Kind auf das Niveau eines moralischen Menschen gebracht zu haben, mit seinen hervorstechendsten Merkmalen und seinen edelsten Eigenschaften.

Jemandem schaden, um ihm zu helfen . . .

Exakt: eine heroische Situation.

Als Sie sich dazu entschlossen, die Rolle des Dr. Itard selbst zu übernehmen, geschah dies sicher nicht nur aus Freude an der Schauspielerei, sondern auch aus einem praktischen Grund: Auf diese Weise war es Ihnen möglich, vor der Kamera Regie zu führen.

Ausschlaggebend war, daß ich mich so selbst um das Kind kümmern konnte, denn nach der Art des Drehbuchs war mir klar, daß ich immer einen Groll gegen den Schauspieler hegen würde, den ich für die Rolle des Dr. Itard verpflichten würde.

Weil Sie dachten, er würde dem Kind schaden?

Er hätte sich um seine eigenen Belange gekümmert, und das Kind wäre dabei in den Hintergrund geraten. Die Idee, die Rolle selbst zu übernehmen, kam mir eigenartigerweise während der Dreharbeiten zu *La Sirène du Mississipi.* Das Drehbuch zu *L'Enfant sauvage* war schon fertig, und ich hatte eigentlich vor, die Rolle des Itard mit einem unbekannten Darsteller zu besetzen. *La Sirène du Mississipi* war eine recht aufwendige Produktion, und die beiden Stars hatten jeweils ein Lichtdouble. Das Arbeiten mit den Doubles irritierte mich ein bißchen, denn während man das Licht einrichtete, blieben sie – jedenfalls war das früher so üblich – an einem Fleck stehen. Man richtete die Scheinwerfer also auf das Double von Catherine Deneuve und das Double von Belmondo, und wenn dann die Schauspieler kamen, bat ich Jean-Paul, der ein großartiger Darsteller ist, sich bei seinem Spiel auch zu bewegen, und im selben Moment mußte das ganze Licht natürlich noch einmal neu eingerichtet werden. Natürlich bat ich auch Jean-Paul Belmondos Double, ob es sich nicht bewegen könne, aber das widersprach seiner Gewohnheit als Lichtdouble. Das Ergebnis war, daß ich selbst häufig seinen Platz einnahm und sagte: Ich bin jetzt Jean-Paul, er wird gleich hierher gehen und dahin, dann bis ganz hinten ins Zimmer, dann wird er wieder auf die Kamera zugehen und anschließend zu Catherine, er wird dies machen und das. Und indem ich Belmondos Platz einnahm und mich an seine Stelle dachte, wurde mir bewußt, daß sich mir vor der Kamera die Szene ganz logisch erschloß, fast noch eindeutiger als hinter der Kamera, und daß es plötzlich überhaupt keinen Zweifel mehr daran gab, was zu tun war. So kam es zu meinem Entschluß, die Rolle in *L'Enfant sauvage* selbst zu übernehmen. Aber der wichtigere Grund war sicher der, mich auf diese Weise selbst um das Kind kümmern zu können. Ein Schauspieler wäre immer nur eine hinderliche, eigentlich auch eine völlig überflüssige Mittelsperson gewesen.

Man kann es im Film sogar spüren, daß Sie das Hauptaugenmerk immer auf den Jungen lenken.

Richtig, ich halte ihn auch dauernd fest, ich stelle ihn an seinen Platz, ich führe ihn. Das war sehr angenehm, es klappte einwandfrei.

Das Faszinierende ist, daß man Sie, den Regisseur, quasi bei der Arbeit beobachten kann. Sie werden für den Jungen zum Pygmalion. Dies ist der dokumentarischste unter Ihren Filmen, nicht wahr?

Ob es der dokumentarischste ist, kann ich nicht sagen, aber er stellt sicher eine Art Wendepunkt dar. Ich habe mich oft gegen den Dokumentarfilm ausgesprochen, ich bevorzuge eindeutig die Fiktion, aber mit der Arbeit an *L'Enfant sauvage* ist mir klargeworden, daß ich mich auch für Filme begeistern kann, die auf realen Stoffen basieren.

Ähnlich wie bei *Jules et Jim* lag auch diesem Film meine Liebe zu einem Buch zugrunde: Der Bericht des Dr. Itard über den Wilden von Aveyron, ein Buch, das seit etwa hundert Jahren nur sehr schwer zu bekommen war, wurde von Lucien Malson neu veröffentlicht, und wieder einmal schlug mich die besondere Sprache des Buches in ihren Bann. Gegen Ende heißt es über das wilde Kind: „Er hatte sich an die Annehmlichkeiten unserer Behausungen gewöhnt." Das war ein Stil, der mich einfach verzauberte. Itards Text besteht aus zwei Berichten, die er im Abstand von einigen Jahren verfaßte, vermutlich, um Regierungsgelder zu beantragen, die es ihm erlaubten, seine Forschungsarbeit mit dem wilden Kind fortzusetzen. Ich kam zu dem Schluß, daß eine Drehbuchadaption nur möglich wäre, wenn man diese zwei Berichte zu einer Art Tagebuch umarbeiten würde, und mit diesem Vorschlag bin ich an Jean Gruault herangetreten, der sich dann gemeinsam mit mir an die Adaption machte. Wir brauchten unsere Zeit, aber schließlich hat es nach diesem Prinzip funktioniert. Der Film enthält nun sehr viel Kommentar und entspricht dem, was wir vorhin im Zusammenhang mit dieser Mischung aus Kommentar und direkter Handlung sagten.

Sicherlich lag es an der Erfahrung mit *L'Enfant sauvage,* daß ich ein paar Jahre später Lust bekam, *L'Histoire d'Adèle H.* zu machen, das heißt, *L'Enfant sauvage* hatte mir gezeigt, daß ich sehr wohl mit einem historischen, realen Stoff etwas anfangen kann.

Aber unabhängig davon ist der Film doch schon deshalb Ihr dokumentarischster, weil man Sie im Bild sieht, weil man sieht, wie Sie den Jungen vor der Kamera führen.

Nun, er arbeitete mit mir, wir arbeiteten zusammen, wir haben die Szenen gemeinsam geprobt und waren ständig zusammen. Es handelte sich aber nie um Improvisation, wir haben immer erst geprobt und dann gedreht.

Das Spiel dieses Jungen ist aber doch dank Ihrer Präsenz ungeheuer kontrolliert . . .

Das war recht schwierig, denn er mußte ja den ganzen Film über kleine Schreie ausstoßen und andere seltsame Laute von sich geben. Es war schwierig, auch da wieder das richtige Maß zwischen dem Normalen und dem Anormalen zu finden. Vor allem die ersten zwanzig Minuten des Films, die ganzen Szenen im Wald, waren nicht leicht auf den Punkt zu bringen.

Jedenfalls habe ich gespürt, daß ich mit diesem Film einen Schritt in Richtung eines sozialen Bewußtseins getan hatte, denn im Vergleich zu meinen früheren Arbeiten, vor allem zu einem Film wie *La Mariée était en noir,* der vielleicht nicht anarchisch, auch nicht zynisch, aber doch sehr individualistisch war, beruhte dieser Film auf dem Gedanken, daß ein Mensch nichts ist ohne die anderen.

L'Enfant sauvage wirkte übrigens zu einem Zeitpunkt, als humanistische Theorien nicht mehr viel galten, überraschend humanistisch. Die 68er-Bewegung war gerade erst ein Jahr alt, und als der Film herauskam, lauteten die Parolen: nieder mit der Universität, alle Professoren sind Schweine, ins Feuer mit den Lehrbüchern, und da kam nun mein Film, der diesem wilden Kind ein Denkmal setzt, der sich alle Mühe gibt, lesen zu lernen, oder der jedenfalls dazu angehalten wird.

Der Film setzt ja auch dem Lehrer ein Denkmal!

Ja, und deshalb glaube ich, daß der Film bei seiner Uraufführung äußerst seltsam gewirkt haben muß. Gleichzeitig entsprach *L'Enfant sauvage* aber meinen Ansichten, vermutlich weil ich ein Autodidakt bin – ein Autodidakt wider Willen, ich hätte sehr gern eine fundiertere Schulbildung genossen –, und ich bin mit allem einverstanden, was in dem Film gesagt wird, auch wenn Itards Experiment wenig Allgemeingültigkeit hat.

Wie spielte sich das weitere Leben dieses Kindes ab?

Es beherrschte schließlich etwa vierzig Wörter. Itard verlor das Interesse an ihm, als er Gelegenheit bekam, nach Rußland an den Hof Katharinas der Großen zu gehen. Das Kind, Victor, wurde in die Obhut der Haushälterin, Madame Guérin, gegeben. Er wohnte in der Rue des Feuillantines, hinter dem Jardin de Luxembourg, machte sich im Haus nützlich und führte ein friedliches Leben. Aber mehr als diese vierzig Wörter hat er nie sprechen oder schreiben gelernt. Da nie herauskam, was mit ihm geschehen war, bevor man ihn im Wald aussetzte, kann man daraus wenig Rückschlüsse auf den Erfolg oder den Mißerfolg der Methoden Itards ziehen.

L'Enfant sauvage markiert übrigens den Beginn meiner Zusammenarbeit mit dem Kameramann Nestor Almendros. Für mich ist das ganz wichtig, denn ich liebe die Schwarzweißkamera dieses Films sehr.

Antoine Doinel (Jean-Pierre Léaud) kommt mit einem Fläschchen roter Farbe in den Hof, holt aus einem Verschlag eine Sprühflasche. Er nimmt einen Eimer mit weißen Nelken von einem Tisch an der Hauswand und stellt ihn auf eine umgedrehte Holzkiste. Ginette (Danièle Girard), die Kellnerin, kommt dazu.

Ginette: Tag, Antoine, wie geht's? Die sollen wohl rot werden, was? Ich weiß, das ist ein alter Trick, wir haben's in der Schule auch so gemacht. Als Kinder haben wir Blumen mit in die Schule genommen und sie ins Tintenfaß gesteckt, da wurden sie schwarz oder blau. Und dann haben wir sie in die Hefte gelegt. Es war abscheulich und schmutzig, und man schimpfte uns aus.

Antoine gießt die rote Farbe in den Eimer.

Antoine: Sehen Sie? Sie werden schon langsam rosa . . .

Schwenk auf ein Fenster im ersten Stock, aus dem Monsieur Desbois (Jacques Rispal) herausschaut.

Monsieur Desbois: He, es sieht so aus, als würden sie verbieten, all dieses Zeug da in Zukunft weiter in den Ausguß zu schütten! Sie haben's im Fernsehen gesagt.

Antoine (off): Ich möcht wissen, was denen das ausmacht!

Monsieur Desbois: Doch, doch, es handelt sich um den Kampf gegen die Wasserverschmutzung. Die verbieten sogar die Rasierseife, die wollen, daß sich alle elektrisch rasieren.

Schwenk zurück auf Antoine und Ginette. Die Blumen sind inzwischen alle gefärbt, nur eine in der Mitte bleibt weiß.

Antoine (zu Ginette): Sehen Sie nur, wie hübsch rot die schon geworden sind!

Ginette: Die sind aber rasch rot geworden!

Antoine: Wissen Sie, das macht der Tauchsieder.

Ginette: Schon komisch, immer bleibt eine übrig, die ihre ursprüngliche Farbe behält.

Antoine: Ja, es ist seltsam, das ist immer so, ich hab keine Ahnung, warum.

Césarin (Jacques Jouanneau), der Wirt, kommt in den Hof.

Césarin: Salut, Antoine, was gibt's? Bist du immer noch beim Aquarellieren? He, sag mal, Ginette, was machst du denn hier? Glaubst du vielleicht, daß ich dich für dein Nichtstun bezahle?

Césarin geht nach rechts aus dem Bild.

Ginette (mit gesenkter Stimme): Antoine, wissen Sie, was ich gemacht habe? Ich hab mir einen neuen Pyjama gekauft, aber die Hose hab ich weggeworfen und nur die Jacke behalten. Was sagen Sie dazu?

Antoine: Oh, ich sag nichts, ich sag gar nichts.

Antoine hat eine weiße Nelke in einen anderen Eimer getaucht und zieht sie gelb wieder heraus.

Césarin (off): Na los, Ginette, wird's bald, kommst du heute noch?

Ginette zieht ein Gesicht und geht nach rechts (Schwenk mit ihr). Ein kleiner Mann (Ernest Menzer) kommt ihr entgegen (Schwenk zurück).

Kleiner Mann: Guten Tag, Madame! Guten Tag! Schau, schau, die Blumen sind angekommen, und die blauen sind rot geworden!

Antoine sprüht dem kleinen Mann etwas Wasser ins Gesicht, Schnitt auf den Rentner am Fenster.

Monsieur Desbois: Aber woher denn, die roten sind blau geworden!

Kleiner Mann (off): Aber nein, wenn ich es Ihnen doch sage!

Der Hinterhof mit den zahlreichen Personen und Nebenhandlungen wirkt fast wie eine Theaterbühne . . .

Ja, dieser Schauplatz basiert auf einer Kindheitserinnerung, allerdings nicht auf dem Haus, wo ich selbst aufgewachsen bin, sondern auf dem, wo mein bester Freund lebte, in der Rue de Douai. Und in dem Hinterhof dort gab es wirklich einen Mann, der Blumen färbte. Ich glaube, so etwas gibt es heute gar nicht mehr. Meine Filme weisen oft Anachronismen auf, in dieser Hinsicht bin ich recht beharrlich, es sind oft gar keine zeitgenössischen Filme, auch wenn sie so tun und nicht zugeben wollen, daß sie eigentlich in der Vergangenheit spielen. Sie sind voll von Elementen, die ich deshalb einbaue, weil sie mich so stark beeindruckten, als ich klein war.

Und Sie verbergen diese anachronistische Seite, indem Sie auch ganz moderne Dinge erwähnen, wie in dieser Szene Umweltverschmutzung und Elektrorasierer.

Ja, im Zusammenhang mit diesem Pensionär, der sich weigert, seine Wohnung zu verlassen . . .

Da gibt es später eine politische Anspielung an Pétain. Normalerweise findet man in Ihren Filmen kaum politische Randbemerkungen.

Nein, weil sie so schnell wieder aus der Mode kommen. Hier ist das etwas anderes, denn dieser Rentner hat geschworen, erst dann wieder seine Wohnung zu verlassen, wenn Pétains Sarg nach Verdun überführt worden ist.

Was ich so frappierend finde, wenn man sich Ihre Filme hintereinander ansieht, ist, daß es zwar Verbindungen zwischen den einzelnen Werken gibt, daß sich aber jeder neue Film vollkommen von seinem Vorgänger unterscheidet: Bei Ihnen gibt es niemals zwei aufeinanderfolgende Filme der gleichen Art.

Das stimmt, und es wäre ja auch sehr ermüdend, so zu arbeiten. Das könnte zwar durchaus einmal passieren, aber das wäre ein Zufall. Ja, es gibt dieses Bedürfnis, sich von Film zu Film selbst zu widersprechen, um dann, nach einer Pause, alte Dinge erneut aufzugreifen. Und dann gibt es noch die Möglichkeit, daß man versucht, eine Synthese zu schaffen, zwei Filme miteinander zu vermischen, die man eigentlich für völlig disparat hält.

La Femme d'à côté ist in meinen Augen – kann sein, daß ich mich irre – eine Mischung aus *La Peau douce* und *L'Histoire d'Adèle H.*, aus zwei Filmen also, die völlig gegensätzlich scheinen, denn *La Peau douce* ist sehr realistisch, klinisch, fast kalt, während *Adèle* sehr lyrisch und leidenschaftlich wirkt. In *La Femme d'à côté* habe ich nun versucht, eine ähnliche Ehebruchgeschichte wie in *La Peau douce* mit der leidenschaftlichen Seite der Adèle Hugo zu verbinden. Noch weiß ich nicht, ob es funktionieren wird.[1]

Hier in Domicile conjugal *begegnet man auch wieder der märchenhaften Seite, die alle Ihre Filme aufweisen: Sie ignorieren bestimmte Aspekte der Realität, selbst solche, die im normalen Leben eine große Bedeutung haben. Gesellschaftliche Vorurteile zum Beispiel: Obwohl Antoine aus einem ganz anderen Milieu stammt als seine Frau, führt das zu keinerlei Konflikten. In dem ganzen Film macht niemand eine abfällige Bemerkung über Antoines seltsame Gelegenheitsjobs, seine Situation wird als absolut normal akzeptiert. Das ist soziologisch falsch und wirkt regelrecht märchenhaft, aber Ihnen gelingt es trotzdem, solche Situationen glaubwürdig zu präsentieren. Diese Geschichte mit den Blumen hat etwas Zauberhaftes, wie eigentlich Antoine Doinels ganzes Leben...*

Ja. Aber ich weiß nicht, ob *Domicile conjugal* ähnlich gelungen ist wie *Baisers volés. Baisers volés* ist sehr lebendig, sehr einfach, im Vergleich dazu wirkt *Domicile conjugal* viel konstruierter. Es gab bei *Domicile conjugal* den Wunsch, sich an den Methoden klassischer Hollywood-Komödien zu orientieren, das heißt, komische Szenen auf mechanischen Gags aufzubauen, zum Beispiel durch die Metamorphose bestimmter Objekte. So zieht sich das Blumenmotiv, glaube ich, durch den ganzen Film, am Ende gibt es die japanischen Blumen. Aber manchmal merkt man, daß es nicht so funktioniert, wie man es sich vorgestellt hat, denn Antoine Doinel braucht Situationen, die nah an der Wirklichkeit sind; solche, die zu künstlich sind, schaden der Figur. Ich habe das Gefühl, daß *Domicile conjugal,* bei dem wir uns mit

1. Truffaut hatte zum Zeitpunkt dieses Interviews *La Femme d'à côté* gerade abgedreht und arbeitete am Schnitt. Der Film kam im Oktober 1981, vier Monate nach dem Gespräch, in die Kinos.

dem Drehbuch viel mehr Mühe gegeben haben als bei *Baisers volés,* trotzdem weniger gelungen ist.

Die interessanten Szenen in *Domicil conjugal* sind die, in denen es eindeutig um die Charaktere, um die Figuren geht, der Krach zwischen den Jungverheirateten zum Beispiel. Wir haben uns große Mühe gegeben, Gags einzubauen, die fast wie aus einem Zeichentrickfilm wirken, und gerade solche Szenen scheinen mir aus dem Rahmen zu fallen, denn sie passen einfach nicht zu dem Rest, sie gehören zu einem ganz anderen Genre. Ich habe versucht, es den amerikanischen Regisseuren nachzumachen, die eine wunderbare Hand für solche komplizierten Dinge haben. Ich denke vor allem an Leo McCarey, der in seinen Filmen häufig Gags mit Automaten oder anderen Apparaten einbaut, sehr aufwendig konzipierte und präzise ausgearbeitete Szenen, die auf der Leinwand aber völlig einfach und spielerisch wirken.

10

Les Deux Anglaises et le Continent (Zwei Mädchen aus Wales und die Liebe zum Kontinent): ein Gegenentwurf zu *Jules et Jim* – Der Blutfleck auf dem Bettuch – Der Kommentar schafft Distanz – Wenn das Sentimentale ins Physische übergeht – Kann man im Kino alles zeigen? – „Monsieur Henri ist soeben gestorben“ – Innere Gewalt – *Une belle fille comme moi (Ein schönes Mädchen wie ich):* der Film, den alle verdrängen – Was hätte Raymond Queneau davon gehalten? – Ein Mißverständnis moralischer Art

Ein Hotel in Calais: Muriel (Stacey Tendeter) betritt Claudes Zimmer und verriegelt die Tür. Claude (Jean-Pierre Léaud) kommt und küßt sie auf den Mund. Dann stellt er sich hinter sie, beginnt, sie auszuziehen, und küßt ihren Nacken.

Schnitt: Claude und Muriel liegen nackt im Bett und küssen sich.

Erzählerstimme: Endlich empfing er Muriel, nach sieben Jahren. Er ließ sie deutlich seine Absicht merken, damit Muriel sich ihm entziehen konnte, falls sie wollte. Nein, sie entzog sich ihm nicht, sie war bereit. Muriel war jetzt dreißig Jahre alt, wirkte aber wie zwanzig. Sie war völlig unberührt. Sie war wie Schnee unter seinen Händen. *(Muriel stöhnt.)* Wieder wartete er darauf, daß sie sich wehre, aber sie wehrte sich nicht. Sie kämpfte, aber im gleichen Sinne wie er. Claude bog ihr den Kopf zurück, zwang sie mit seinen Händen, den Mund zu öffnen. Trotz ihrer Angst, trotz ihrer Schreie wußte Muriel, was sie wollte. Ein unbekannter Magnet wirkte in ihnen und zog sie heftig aufeinander zu. Das Band zerriß nach sehr viel härterem Widerstand als bei Anne. Hier handelte es sich nicht um Glück noch um Rührung. Für Claude ging es darum, Muriel, die Frau, gegen ihn zu wappnen. Es war geschehen. Auf seinem Wappengold war Rot.

Die Kamera schwenkt von Muriels nackten Beinen auf das Bettuch, das mit Blut befleckt ist. Zoom auf das Blut, bis das ganze Bild vom Rot gefüllt ist.

Haben Sie den Off-Kommentar hier eingesetzt, um die Kühnheit der Szene ein wenig abzumildern?

Nein, ich glaube nicht. Die Off-Stimme schafft aber sicher eine Distanz, das ist richtig. Wir haben es hier praktisch mit demselben Phänomen zu tun wie in *Jules et Jim:* Die Szene wäre einfach nur sentimental, wenn man sie nicht konsequent bis zum Ende durchspielen würde. Damit sind wir wieder beim Stichwort Schonungslosigkeit, über das wir schon im Zusammenhang mit dem Ende von *Jules et Jim* gesprochen haben. Dieser Blutfleck hat übrigens damals, im Herbst 1971, zu zahlreichen Protesten an der Kinokasse geführt, wir hatten eine Menge Probleme damit, und wenn man den Film heute im Fernsehen zeigen kann, bedeutet das wohl, daß wir einen Schritt weitergekommen sind! *[lacht]*

Nein, der Kommentar hier sollte verhindern, daß die Szene zu gefällig wirkt, und er sollte Distanz schaffen, denn was wir hier sehen, geschieht ja nicht im Präsens, sondern in der Vergangenheit, vor langer Zeit. Auch hier führt der Kommentar nicht zu einem Pleonasmus, denn er spricht Dinge an, die das Bild nicht zeigen kann.

Der Kommentar erleichtert es einem auch, diese doch sehr harte Szene zu verarbeiten, die in Ihrem Werk fast eine Sonderstellung einnimmt.

Ja, da haben Sie recht, aber das gilt eigentlich für den ganzen Film. Ich habe *Les Deux Anglaises et le Continent* auch ein wenig als Gegenentwurf zu *Jules et Jim* gemacht. *Jules et Jim* erschien mir irgendwann ein bißchen zu beschönigend, nicht physisch genug, denn ich war einfach zu jung, als ich ihn drehte. *Les Deux Anglaises* sollte jedenfalls viel physischer werden.

In der Mitte des Films gibt es zwei Akte, in denen es um das geht, was ich bei den Dreharbeiten eine „altmodische Nervenkrise“ nannte: Muriel bricht zusammen, weint, kann sich nicht beruhigen, muß sich übergeben und ich weiß nicht was noch, und das zu inszenieren, hat mir großen Spaß gemacht, das waren physische Dinge. In *La Femme d'à côté* wird es übrigens ähnliche Szenen geben. Von dem Moment an, wo das Sentimentale ins Physische übergeht, finde ich es spannend.

Gibt es für Sie etwas, das man in einem Film nicht zeigen kann?

Sicher gibt es Dinge, die ich nicht auf die Leinwand bringen würde, aber ich kann Ihnen nicht sagen, welche, ich weiß es selbst nicht.

Ist das nicht eher eine Frage des Stils als des Inhalts?

Wenn man sagt, man kann alles zeigen oder man sollte alles zeigen, wer ist damit gemeint, der Filmemacher oder das Kino? Mit dem, was der eine Regisseur nicht zeigen kann, hat ein anderer womöglich keinerlei Schwierigkeiten. Es ist nicht nur eine Frage des Stils, es geht auch um ein Gespür für das, was man filmt. Außerdem weiß ich gar nicht, ob es interessant wäre, alles zu zeigen, denn eine Mischung aus Verbergen und Zeigen ist doch viel spannender. Die Frage stellt sich mir so also gar nicht. Natürlich gibt es Dinge, bei denen es mich erst einmal Überwindung kostet, sie auf die Leinwand zu bringen. Anfangs fiel es mir sogar schwer, den Tod zu zeigen. Das war sicher auch ein Grund, weshalb ich einen Film wie *Tirez sur le pianiste* gemacht habe: Die Romanvorlage lieferte mir Extremsituationen, die mich zwar filmisch reizten, die ich aber nie selbst zu erfinden gewagt hätte. Zum Beispiel gibt es in dem Film die Szene, in der die Ehefrau kurzerhand das Fenster öffnet und sich in den Tod stürzt. Das waren im Buch ein oder zwei Seiten, und das gefiel mir sehr, ich sagte mir: Es steht im Roman, also kann ich es machen. Ich hätte nie gewagt, eine solche Szene in ein Originaldrehbuch einzubauen.

Ich erinnere mich noch gut, wann ich das erstemal in einem Originalstoff jemanden habe sterben lassen: Das war in *Baisers volés*, die Szene, wenn der alte Detektiv stirbt, aber es ist bezeichnenderweise ein natürlicher Tod, niemand tut ihm etwas, er ist mitten in einem Telefongespräch. Den Moment selbst sieht man nicht, man hört nur den Sturz, alle laufen zu ihm und stellen fest, der Mann ist tot. Sein Chef nimmt den Telefonhörer (der Typ am anderen Ende redet immer noch) und sagt: Sie können auflegen, Monsieur Henri ist soeben gestorben. Aber auch das habe ich mir nicht ausgedacht, denn ein berühmter russischer Regisseur ist auf diese Weise gestorben, mitten in einem Telefongespräch!

Jedenfalls weiß ich noch, daß ich am Abend dieses Drehtages von *Baisers volés* sehr glücklich war, denn ich sagte mir: Es ist vollbracht, ich habe den Tod gefilmt! Ich hatte das Gefühl, einen Schritt nach vorn getan zu haben.

Es gibt also bestimmte Hindernisse, die man überwinden muß, ganz sicher. Ich habe kein Interesse daran, physische Gewalt zu filmen, aber ich liebe es, innere Gewalt auf die Leinwand zu bringen, so wie hier in *Les Deux Anglaises*. Anne und Muriel, auch Adèle Hugo in *L'Histoire d'Adèle H.* – das sind Figuren, die ein großes Potential an innerer Gewalt besitzen.

Camille Bliss (Bernadette Lafont) sitzt Stanislas (André Dussolier) an einem Tisch gegenüber und spricht in das Mikrophon des Tonbandgerätes. In Rückblenden sieht man, was sie erzählt.

Camille: Nach so ereignisreichen Tagen wollte ich mal wieder allein sein. Ich mußt'n bißchen nachdenken und meine nächsten Schritte überlegen. Ich hatte ja vier Kerle auf'm Hals, von denen ich keinen vernachlässigen durfte.

Stanislas: Aber einer unter diesen vier Männern hat sich immerhin Ihnen gegenüber korrekt verhalten: Ich meine Monsieur Arthur.

Camille: Der katholische Rattenbekämpfer? Der war genau wie die anderen, auch der wollte dasselbe, bloß, der Unterschied war: Er hat nicht gewußt, daß er das gewollt hat.

Blick aus Arthurs fahrendem Kleinlaster auf ein altes Haus; Abenddämmerung.

Arthur: Manche kleine Jungen wissen nicht, was sie später einmal werden wollen, aber ich wußte bereits mit neun Jahren, daß ich Rattenbekämpfer werden wollte. Und ich bin es geworden!

Arthur (Charles Denner) betritt mit Camille den Dachboden des Hauses.

Arthur: Sehen Sie, Mademoiselle Camille, das einzige, was bei diesem Haus befallen ist, ist der Dachboden. Aber wenn ich nicht eingreife, dann wird das Haus bis zum Keller vermorschen. Sie müssen sich einen Krebs im Kopf vorstellen. *(Sein Blick fällt auf ein Spinnennetz.)* Sehen Sie sich diese Grausamkeiten der Tierwelt an: Die beiden kleinen Fliegen sind Gefangene im Netz der Spinne. Na ja, morgen bereite ich allen das gleiche Schicksal. Sehen Sie sich das an!

Camille: Ich bin also auf Arthur los. Bloß, auf dem Boden lagen aufgerollte Teppiche rum, und plautz! fiel ich auch schon auf die Fresse. Da fing mein Rattenbekämpfer gleich an zu lamentieren, als ob ich unter 'ne Lokomotive gekommen wär.

Arthur: Oh, warum habe ich nicht aufgepaßt, das ist ganz allein meine Schuld! Können Sie mir jemals verzeihen? Warten Sie, Püppchen, ich werde Ihnen helfen!

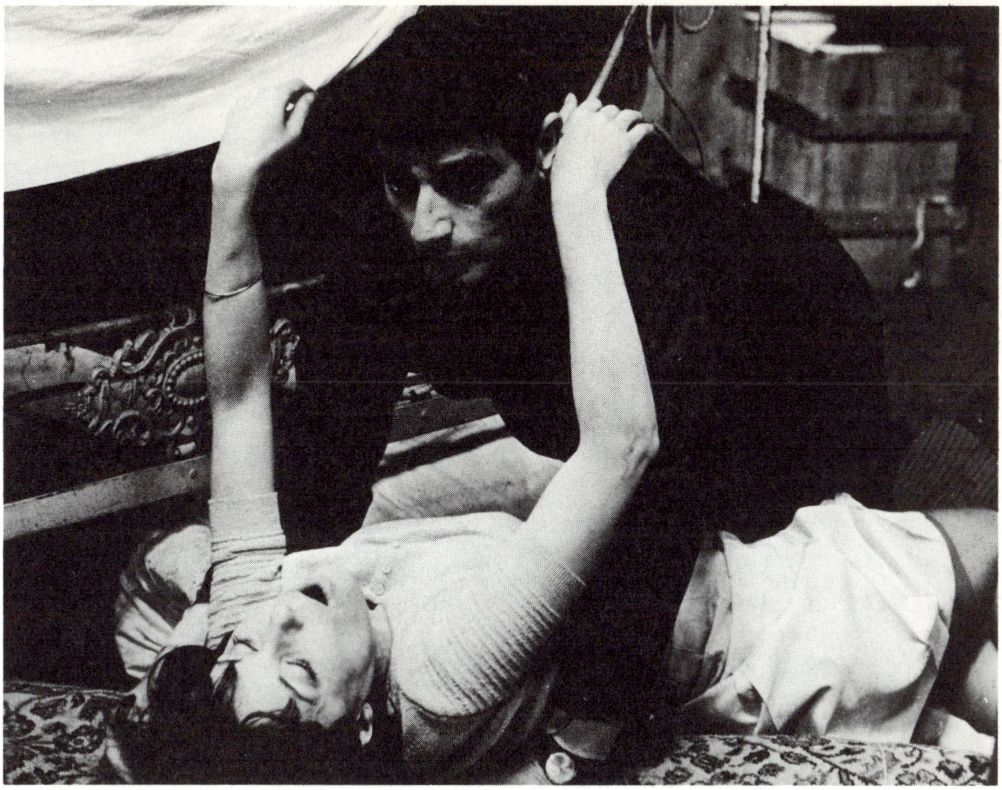

Camille: Dann ist er über mich hergefallen, als ob er zwei Dutzend Hände gehabt hätte. Zuerst versuchte er wirklich, mir beim Aufstehen zu helfen, aber zufällig faßte er dahin und dorthin. Da hab ich gedacht, das Schicksal will's so, verdammt noch mal, und daß ich nun die Dinge langsam in die Hand nehmen müßte. Ich hab dann hinten auf'm Dachboden 'n Sofa angepeilt. Und dann hab ich mir Arthur geschnappt, als würd ich nicht allein auf die Beine kommen. Und dann hab ich's so gedreht, daß mein Gesicht ganz nah an seins kam.

Camille: Ach, Arthur, ich konnte einfach nicht anders, ich denke schon so lange daran!

Arthur: Oh ja! Oh ja!

Camille: Ich weiß nicht, wie's geschah, aber bevor wir noch beim Sofa ankamen, war's schon nicht mehr platonisch. Ich weiß nicht, ob Sie's mir glauben, aber ich war die erste für ihn, das war das erste Mal, daß Arthur mit jemandem geschlafen hat. An diesem Abend hab ich ein ungeheures Ventil aufgemacht. Und dann ging's los: Was hat er mich in Häuser geschleppt, die er desinfizieren mußte! Der Witz dabei war, daß die Sache immer wie beim ersten Mal anfangen mußte: Damit er in Schwung kam, mußte es wie ein Unfall aussehen. Ich stolpere mal eben, schlittere übers Parkett oder bleib mit den Füßen am Teppich hängen. Wenn wir mit der Gymnastik fertig waren, fing er wieder mit seinem katholischen Zirkus an.

Arthur: Vergeben Sie mir! Ich versteh nicht, wie das passieren konnte! Ich versteh nicht, wie das passieren konnte, ich bin der Versuchung . . . ich bin ihr erlegen. Das Fleisch, das Fleisch, das Fleisch! Es hat dem Geist nicht gehorcht. Ich habe mich betragen wie ein . . . wie ein bösartiges Tier. Aber – ich will Buße tun, ich will es wiedergutmachen, lehnen Sie es nicht ab. Sie lehnen es nicht ab? Sagen Sie nicht nein. Da, nimm!

Camille: Zwar nahm der Anwalt mir jeden Sou ab, aber Arthur gab's mir wieder, ein Fünfzigtausender nach dem anderen. Ich spürte, daß ich nicht ablehnen konnte, das hätte ihm zu weh getan.

Une belle fille comme moi *wurde von der Kritik nicht sehr geliebt. Man warf ihm seine Unverblümtheit vor, er war vielen Leuten zu vulgär. Mir scheint aber, daß es Ihnen einen Mordsspaß machte, Ihre Protagonistin so reden zu lassen, oder?*

Selbstverständlich, *Une belle fille comme moi* war überhaupt ein Film, der mir sehr großen Spaß gemacht hat. Auch in diesem Fall war es wieder die Freude beim Lesen eines Romans, die mich dazu brachte, einen Film daraus zu machen. Der Autor, Henry Farrell, ist kaum bekannt, und das Buch war sehr gut übersetzt, vermutlich auch wieder eine dieser sehr rasch angefertigten Übersetzungen, über die wir ja schon sprachen. Ich fand die Sache äußerst witzig, vor allem die Sprache, und die energiegeladene Protagonistin gefiel mir sehr.

An der Kinokasse war der Film übrigens recht erfolgreich, aber, wie soll ich sagen . . . sein Prestige ist gleich null. Ich glaube sogar, wenn man einen Filmkenner bitten würde, eine Liste meiner Filme aufzuschreiben, würde *Une belle fille comme moi* gar nicht darauf auftauchen, er würde vergessen oder unterschlagen werden, weil er nicht dazuzugehören scheint, ich weiß nicht warum. Ich nehme den Film aber trotzdem immer in Schutz, ich stehe wirklich dazu, denn es war ein großes Vergnügen, ihn zu machen, und mit dem Ergebnis bin ich nicht unzufrieden. Nicht, daß ich glaube, er sei vom ersten bis zum letzten Meter gelungen (das gibt es sowieso nur ganz selten), aber er funktioniert über weite Strecken sehr gut, und Bernadette Lafont ist phantastisch.

Es gab da jemanden, dem ich diesen Film sehr gerne gezeigt hätte: Raymond Queneau. Er hatte *Jules et Jim* sehr gemocht, und möglicherweise hätte ihm *Une belle fille comme moi* auf seine Weise auch gefallen. Denn ich konzentrierte mich bei diesem Film besonders auf die Argot-Ausdrücke, je deftiger, um so besser.

Auch hier haben wir wieder, ähnlich wie in *La Mariée était en noir,* eine Frau, die es mit den verschiedensten Männertypen zu tun bekommt, denen man im Leben begegnen kann. Was die Kritiker angeht, glaube ich, daß es da quasi ein Mißverständnis moralischer Art gab: Man unterstellte dem Film eine verächtliche Haltung, was natürlich Unsinn war, denn ich hege eine große Sympathie für die Hauptfigur. Auch über die Intellektuellen mache sich der Film lustig, hieß es, aber da ist es das gleiche: Ich mag auch den Soziologen sehr gern, er meint es gut, er hat ein offenes Lächeln, und man spürt, wie er sich mehr und mehr in Camille verliebt, je länger das Interview dauert. Ich fand André Dussolier in dieser Rolle ausgezeichnet. Und Charles Denner, der katholische Kammerjäger, spielte einen herrlich verrückten Charakter und war trotzdem voller Charme.

11

La Nuit américaine (Die amerikanische Nacht):
ein Film gegen den Mythos des
allmächtigen Regisseurs – Produzent und Regisseur
sind aufeinander angewiesen –
Etliche wahre Dinge über das Filmemachen –
Die Sache mit dem Kätzchen
– Der Extremfall: der Tod eines Hauptdarstellers –
Ein Egoismus, der alles beherrscht –
Ein Erfolg zum richtigen Zeitpunkt – Demokratie
und Gleichgewicht – Jeder Regisseur
sollte seine eigene *Nuit américaine* drehen – „Warum
machen Sie keine politischen Filme?" –
Ich arbeite ungern allein – Aznavour und der Diktator

Die Kulisse des Pariser Platzes im Studio de la Victorine bei Nizza. Regisseur Ferrand (François Truffaut) ist dabei, den Platz zu überqueren.

Ferrands Stimme: Einen Film drehen, das ist wie eine Kutschenfahrt durch den Wilden Westen: Zu Beginn hofft man auf eine schöne Reise, und sehr bald fragt man sich dann nur noch, ob man wohl am Ziel ankommen wird.

Lajoie (Gaston Joly) kommt ins Bild und spricht Ferrand an.

Lajoie: Guten Tag, Sie erkennen mich nicht wieder: Ich bin Lajoie, der neue Aufnahmeleiter.

Ferrand: Ah ja, selbstverständlich, ja.

Lajoie: Es geht um die Autos für den Unfall von Paméla. Sie müssen sich einen aussuchen von den zweien da.

Lajoie führt ihn zu einem roten und einem weißen Cabriolet.

Ferrand: Die zwei da?

Lajoie: Ja.

Ferrand: Der weiße wäre gut, wenn man ihn blau spritzt. Wäre das möglich?

Lajoie: Möglich wäre das schon, aber . . . zweitausend Francs.

Ferrand: Zweitausend Francs für den in Blau? Nein, nein, da lassen wir ihn so, wie er ist. Aber er ist doch ein bißchen zu hell . . . *(Er deutet auf ein drittes Auto.)* Warum nehmen wir nicht den, den dunklen da?

Lajoie: Nein, das geht nicht, der gehört dem Assistenten, Jean-François!

Ferrand: Ach, Jean-François? Vielleicht gibt er ihn uns.

Lajoie: Oh, ich kann ihn fragen.

Ferrand: Ja, reden Sie mit ihm.

Ferrand setzt seinen Weg fort.

Ferrands Stimme: Was ist ein Regisseur? Ein Regisseur ist jemand, dem man unaufhörlich Fragen stellt, Fragen über alles. Manchmal weiß er die Antwort, aber nicht immer.

Der Ausstatter (Damien Lanfranchi) kommt auf Ferrand zu.

Ausstatter: Waren Sie zufrieden mit dem Platz, so wie wir ihn gemacht haben?

Ferrand: Das war sehr gut, Sie hatten vollkommen recht, ausgezeichnet, und wir hatten viel Glück mit dem Wetter, es war sehr gut.

Ausstatter: Ja, das stimmt. Ich möchte Ihnen gern den Bungalow zeigen.

Ferrand: Oh ja, gehen wir gleich mal hin!

Ausstatter: Nein, mit dem Bau haben wir noch nicht begonnen, ich hab nur den Plan da.

Ferrand: Ach ja, der Plan . . .

Ausstatter: Hier. *(Er zeigt Ferrand die Skizzen.)* Das ganze Interieur wird natürlich komplett möbliert, das heißt Bett, zwei Tischchen, Sessel, ein Couchtisch . . .

Ferrand: Warten Sie, Moment, ich kann Ihnen garantieren, die Kamera kommt nie in den Bungalow. Die Kamera bleibt immer draußen, wir drehen den Bungalow durchs Fenster, so sieht man nur das Bett, das ist alles. Das einzige, was wichtig ist, ist das Bett, ja?

Ausstatter: Gut, einverstanden.

Ferrand: Okay, in Ordnung.

Wieder setzt Ferrand seinen Gang über den Platz fort. Jetzt ist es Bertrand (Jean Champion), der Produzent, der angelaufen kommt und etwas von ihm will.

Bertrand: Ferrand, salut, ich wollte Sie damit eigentlich nicht stören, aber ich hab noch mal mit den Amerikanern gesprochen. Wir müssen nun auskommen mit dem Geld.

Ferrand: Ja, und das heißt?

Bertrand: Wir haben für den Film nur sieben Wochen.

Ferrand: Sieben Wochen . . .

Bertrand: Ja. Glauben Sie, daß Sie das schaffen?

Ferrand: Tja, ich fürchte, das wird nicht ganz einfach sein, in sieben Wochen.

Bertrand: Natürlich, wenn Sie drei oder vier Tage mit einem kleinen Team nachdrehen, dann ist das kein Weltuntergang. Aber die Schauspieler müssen bis zum 31. Oktober fertig sein.

Ferrand: 31. Oktober . . . Na gut, dann werde ich den Drehplan noch mal ändern mit Jean-François. Einverstanden?

Bertrand: Gut, bis bald!

Ferrand: Also, Wiedersehen.

Ferrand geht allein weiter.

Ferrands Stimme: Sieben Wochen, fünf Tage pro Woche, macht 35 Tage – ich werd' das nie schaffen, einen solchen Film in 35 Tagen zu drehen.

Odile (Nike Arrighi), die Maskenbildnerin, kommt Ferrand entgegen, einen Kunststoffkopf mit einer Perücke in den Händen.

Odile: Ich möchte Ihnen das zeigen. Das ist die Perücke von Séverine. Sie sieht ein bißchen zu hell aus, nicht?

Ferrand: Ein bißchen zu hell? Ich weiß nicht, ehrlich, ich weiß wirklich nicht. Bringen Sie das Joëlle, und Joëlle soll es Walter zeigen, Sie wissen, Walter, dem Kameramann. Die sollen das zusammen besprechen. Verstanden?

Odile: Ja, in Ordnung.

Der Regieassistent (Jean-François Stévenin) hindert Ferrand am Weitergehen.

Jean-François: Der Requisiteur wollte Sie etwas fragen. Bernard, komm her!

Der Requisiteur (Bernard Menez) kommt mit einem aufgeklappten Köfferchen, in dem sich verschiedene Schußwaffen befinden.

Bernard: Hier, das sind fünf Stück für den Revolver am Ende. Welchen wollen Sie?

Ferrand: Ah ja, der Revolver am Ende. Warten Sie, der ist für Alphonse, der hat keine sehr großen Hände, aber da nehmen wir nicht den kleinen, da nehmen wir den mittelgroßen, den da . . .

In dieser Szene ist die Handlung in viele kleine Teile gegliedert, es laufen eine Menge Dinge gleichzeitig oder kurz nacheinander ab. Dennoch besteht die gesamte Sequenz aus extrem wenigen Einstellungen, Sie haben sie mit einer sehr beweglichen Kamera gefilmt.

Ja, ich folge einfach den Personen. Wenn ich mir diese Sequenz heute anschaue, empfinde ich sie als sehr ehrlich, denn sie wendet sich gegen den Mythos des allmächtigen Regisseurs. Ich kann natürlich nicht für andere sprechen, aber dieser Film hat jedenfalls sehr viel mit mir selbst zu tun. Viele Leute haben gemeint, das sei ja alles gar nicht wahr, man hat gesagt: Das kann nicht richtig sein, in *La Nuit américaine* sieht man Sie nie wütend werden. Nun ist es aber so, daß ich bei Dreharbeiten wirklich nie wütend werde. Natürlich läuft mir öfter etwas heftig gegen den Strich, aber das behalte ich dann für mich, ich rege mich während eines Drehs jedenfalls nicht auf.

Die Szene mit den verschiedenfarbigen Autos zeigt, daß der Regisseur sich über finanzielle Probleme nicht hinwegsetzt, er muß abwägen, ob sich die Kosten für den Mehraufwand lohnen, und er entscheidet sich in diesem Fall dagegen, hat aber eine Idee, wie er doch noch an sein blaues Auto kommt.

Dann kommt die Sache mit dem Ausstatter und dem Bungalow, und man merkt, daß auch der Regisseur nicht immer Bescheid weiß: Er denkt, es gehe schon um die fertigen Bauten, dabei handelt es sich erst noch um die Entwürfe. Aber auch hier kommt er gleich auf das Wesentliche: In dieser Szene wird man nur das Bett sehen, um die übrige Einrichtung braucht man sich gar nicht zu kümmern. Als nächstes begegnet ihm der Produzent, der ihm von seinen Problemen erzählt. Ich bin zwar immer auch mein eigener Produzent, aber ich kann auch unabhängig davon sagen, daß ich ein Regisseur bin, der die Produzenten mag. Ich halte nichts von dem prinzipiellen Antagonismus zwischen diesen beiden Berufen, ich glaube nicht an den Regisseur als Künstler und Poeten und an den Produzenten als das Schwein.

Ich finde, beide sind aufeinander angewiesen, denn man fertigt gemeinsam ein Produkt an, das seinen Preis kostet, und daher sollte man tunlichst versuchen, auch einen Gewinn zu erzielen oder zumindest die Unkosten zu decken, damit man später einen neuen Film machen kann. Deshalb also in *La Nuit américaine* die Verständigung zwischen Regisseur und Produzent.

Übrigens trifft diese Stelle die Wahrheit, denn Warner Bros. hatte sich an *La Nuit américaine* mit 800 000 Dollar beteiligt, was damals genau vier Millionen Francs entsprach. Dann fiel aber der Dollarkurs um zehn Prozent, so daß wir plötzlich nur noch 3,6 Millionen Francs zur Verfügung hatten und die Drehzeit um eine Woche gekürzt werden mußte, das heißt, es standen für den Film nur noch sieben Drehwochen zur Verfügung anstatt acht. Da stand ich also plötzlich auf dem Studiogelände mit all diesen Stars – Jean-Pierre Aumont, Jacqueline Bisset, Jean-Pierre Léaud, Dany, Alexandra Stewart – und sagte mir: Also gut, ich habe nicht mehr acht, sondern nur noch sieben Wochen mit je fünf Arbeitstagen, um diesen Film in den Kasten zu bekommen; kann ich das schaffen? Und diese Situation habe ich dann einfach im Dialog des Films verarbeitet, habe daraus eine kleine Szene gemacht.

Danach kommt die Maskenbildnerin mit der Perücke. Das ist zum Beispiel eine Frage, die der Regisseur nicht beantworten kann, er weiß einfach nicht, ob die Farbe zu hell ist oder nicht; also schickt er sie zu denen aus dem Team, die es wissen müssen. Der Regisseur muß das Recht haben, über bestimmte Dinge nicht Bescheid zu wissen.

Zum Schluß dann der Requisiteur, der ihm verschiedene Pistolen zeigt: Je größer das Angebot, um so richtiger die Wahl; nur weil man dem Regisseur mehrere Pistolen zeigt, kann er seine Auswahl treffen. Da die Waffe für Jean-Pierre Léauds relativ kleine Hand gedacht ist, würde eine zu große Pistole grotesk wirken und eine zu kleine wie ein Spielzeug, also wählt er eine mittlere Größe, eine klassische, schwarze Pistole, die sich gut vom weißen Hintergrund abheben wird.

Sie sehen also, das ist eine Sequenz, mit der ich mich sehr identifiziere, und ich würde sie heute sicher nicht anders machen. Ich weiß nicht genau, ob man hier überhaupt mit moralischen Begriffen operieren kann, aber ich sage es noch einmal: Für mich ist es eine ehrliche Szene, eine ehrliche Szene in einem Film, der den Anspruch erhebt, nicht die ganze Wahrheit, aber zumindest etliche wahre Dinge über das Filmemachen zu sagen.

Und über Ihre Art von Kino.

Diese Schlußfolgerung überlasse ich Ihnen!

Sie arbeiten in diesem Film – und nicht nur in diesem – mit Suspense und Überraschung, zwei ganz verschiedenen dramaturgischen Motoren. Ein Beispiel für Suspense wäre die Szene mit dem Kätzchen, das sich an die vor die Tür gestellten Frühstücksreste heranmachen soll, aber immer wieder wegläuft. Suspense ergibt sich hier aus einer ganz banalen Handlung: Wird die Katze aus der Milchschüssel trinken oder nicht?

Die Sache mit dem Kätzchen illustriert den Reiz jener Aufnahmen, die vom Zufall abhängen. Bei jedem Film gibt es Szenen, deren Gelingen nicht von der Fähigkeit des technischen Stabes abhängt, nicht nur, wenn man mit Tieren dreht, sondern auch bei Kindern unter fünf Jahren: Da weiß niemand, wie die zu drehende Szene verlaufen wird.

Bei der Episode mit dem Kätzchen hätte auch das, was uns beim Drehen passiert, wiederum eine Geschichte für sich ergeben: Damit die Katze nicht an den Teller geht, haben wir den Boden ringsum mit einem Mittel besprüht, das Katzen abstößt. Das führte zu Takes, die jetzt gar nicht im Film sind; einmal zum Beispiel machte das Kätzchen nicht etwa an der Geruchsschranke kehrt, sondern sprang einfach darüber hinweg! *[lacht]* So war auch das Entstehen dieser Szene wieder völlig unvorhersehbar. Eingefügt habe ich sie, weil ich mich an ähnliche Katzenszenen bei früheren Dreharbeiten erinnern konnte.[1]

Ein Beispiel für Überraschung wäre die Szene, in der das Team vom Unfalltod Alexandres erfährt. Aber auch da arbeiten Sie nicht nur mit dem Überraschungseffekt, auch da gibt es Suspense . . .

Man errät bereits vor dem Ende der Szene, daß etwas sehr Folgenschweres passiert ist.

Genau. Sie liefern dem Zuschauer einen Informationsvorsprung, indem Sie im Hintergrund den Produzenten mit ernstem Gesicht auftauchen lassen, da ahnt man bereits etwas, die Überraschung ist nicht vollkommen.

Die Überraschung ist vorbereitet, ja. Meine Absicht mit *La Nuit américaine* war, in Form eines Unterhaltungsfilms ein Maximum an authentischen Informationen darüber zu präsentieren, wie die Dreharbeiten zu einem Film ablaufen. Deshalb gibt es eine Art Nomenklatur, ein fast systematisches Aufzählen all jener Probleme, die bei Dreharbeiten auftauchen können, inklusive des Extremfalles, mit dem ich es noch nie zu tun hatte: dem Tod eines Hauptdarstellers. Man steckt mitten in einer Sache und kann sich nicht vorstellen, daß einen etwas zwingen kann, sie vorzeitig abzubrechen. Das ist ein Instinkt, der sehr stark bei mir ausgeprägt ist: Man stirbt einfach nicht, ehe man nicht seine Arbeit beendet hat.

Ich erinnere mich, daß ich vor zehn, elf Jahren nach Finnland reiste, und als ich aus dem Flugzeug stieg, sagte man mir, de Gaulle sei gestorben. Ich wollte das nicht glauben und rief: Unmöglich, er schreibt doch noch an seinem Buch! Ich konnte mir einfach nicht vorstellen, daß er gestorben sein sollte, bevor er seine Memoiren abgeschlossen hatte, das konnte nur ein schlechter Scherz sein.

Natürlich ist da auch bei Dreharbeiten immer die Angst, daß so etwas

1. In *Tirez sur le pianiste* taucht dieses Motiv zum ersten Mal auf. Claude Miller baute eine ähnliche Szene in seinen Film *La Petite voleuse,* Frankreich 1988, ein, der nach einem Drehbuch Truffauts entstand.

passieren könnte, und das führt zu einem Egoismus, der alles beherrscht. Zum Beispiel würde man es nie zulassen, daß die Schauspieler, bevor sie abgedreht sind, zu ihrem Vergnügen ein Flugzeug besteigen oder, falls man in den Bergen dreht, am Sonntag Ski fahren. Und dabei gilt die Sorge natürlich mehr dem Film als den Schauspielern, denn man befindet sich in einer Situation, die ich schon öfter – vielleicht etwas leichtfertig, aber, wie ich meine, doch zutreffend – mit der einer schwangeren Frau oder jungen Mutter verglichen habe: Es gibt nur noch Dinge, die gut sind fürs Baby, und solche, die schlecht sind fürs Baby, nur streng nach diesen Kriterien wird die Welt eingeteilt, und man ist wild entschlossen, das Baby vor jedem Schaden zu bewahren.

Deshalb hat es mich interessiert, so einen Fall einmal zu zeigen: Dreharbeiten, die trotz des Todes eines Hauptdarstellers beendet werden können, da der Regisseur und sein treues Scriptgirl *[lacht]* das Drehbuch so umschreiben, daß weitergedreht werden kann.

La Nuit américaine ist ein Film, der für mich mit sehr angenehmen Erinnerungen verbunden ist, denn wenn Sie zu Beginn sagten, ich hätte es leicht gehabt mit meiner Karriere und könnte mich des Erfolges beim Publikum ebenso erfreuen wie des Erfolges bei der Kritik, dann ist das ja eigentlich gar nicht wahr. Ich habe jetzt zwanzig Spielfilme gedreht, und dabei hat es wahrhaftig Höhen und Tiefen gegeben. Der Erfolg von *La Nuit américaine* kam zum richtigen Zeitpunkt, denn damals hatte ich gerade mehrere Fehlschläge hintereinander zu verarbeiten, darunter vor allem *Les Deux Anglaises*, über den wir vorhin sprachen, und es war wirklich höchste Zeit, daß es wieder aufwärtsging.

Dabei hatte ich ein Riesenglück, daß es uns gelang, für *La Nuit américaine* Warner Bros. als Koproduzent zu gewinnen, denn United Artists, die Firma, die sich davor meistens an meinen Filmen beteiligt hatte, konnte mit dem Drehbuch nichts anfangen. *La Nuit américaine* war also für mich eine Art Comeback, das mir enorm geholfen hat, auch für die Jahre danach: Es sicherte mir mindestens für die folgenden fünf oder sechs Produktionen die Freiheit. Der Film ist sehr gut gelaufen, er wurde in Cannes gezeigt, außer Konkurrenz, aber mit großem Erfolg, allein in den USA hat er zehn Auszeichnungen bekommen[1], und ihm hatte ich es zu verdanken, daß ich meinen Platz in der Branche wieder zurückerobern konnte.

Die Tatsache, daß es sich um einen Film mit einer Unzahl von Charakteren handelte, gab mir außerdem die willkommene Gelegenheit, so interessanten Darstellern wie Jean-François Stévenin oder der jungen Nathalie Baye, deren erster Film dies war, zum Durchbruch zu verhelfen, auch Jacqueline Bisset übrigens, die damals noch nicht sehr bekannt war. Es war auch ein sehr, wie soll ich sagen . . . demokratischer Film, gemessen an dem, was man auf der Leinwand sieht: Der Regisseur ist ganz und gar nicht die Hauptfigur, und sogar die Stars sind nicht die Hauptfiguren, denn das Scriptgirl, der Requisiteur und so weiter sind ebenso interessant wie sie. Es gibt in diesem Film eine Art von Gleichheit, die mir sehr gefällt, eine

1. Darunter den Oscar als bester ausländischer Film.

Gleichheit des Blicks. Es ist gar nicht so einfach, einen Film mit acht wichtigen Charakteren auszustatten, ohne einen davon zu vernachlässigen. Unter diesem Aspekt, scheint mir, besitzt der Film ein großes Gleichgewicht.

Selbstverständlich gäbe es noch viel mehr Filme über das Filmemachen zu drehen, und ich bin vor allem der Meinung, daß jeder Regisseur seinen eigenen drehen sollte. Ich kann die Regisseure, die *La Nuit américaine* kritisieren, durchaus verstehen, nur finde ich, sie sollten nun ihre eigene Version abliefern. Ich zeige in *La Nuit américaine* einen Regisseur, der bei seiner Arbeit sehr glücklich ist, aber es gibt Regisseure, die mindestens ebenso interessant oder noch interessanter sind, weil sie unter großen Schmerzen niederkommen. Deren Standpunkt möchte ich kennenlernen, denn dabei könnten sehr dramatische Geschichten entstehen, Dreharbeiten mit Tränen und Intrigen und Zank, das wären wunderbare Filmstoffe. Ich kenne etliche Kollegen, die unbedingt ihre eigene *La Nuit américaine* machen sollten.

La Nuit américaine *erzählt ja eigentlich nicht von der Entstehungsgeschichte eines Films, sondern nur von einer Phase des Filmemachens, nämlich den Dreharbeiten, und es gibt Filmemacher, von denen man weiß, daß sie sich in jener Phase am meisten langweilen. In* La Nuit américaine *spürt man, daß es für Sie die spannendste Phase ist . . .*

Eine Phase, bei der jeder in Höchstform ist, nicht nur der Regisseur, sondern auch alle anderen, da bin ich sicher.

Mehr noch als später im Schneideraum?

Oh, ja, absolut.

Ich finde, das ist nicht nur ein Film übers Filmemachen: Jeder kann sich darin wiederfinden, denn es ist ganz allgemein auch ein Film über Menschen, die gemeinsam arbeiten.

Ein Film über eine Gruppe von Leuten, die an derselben Sache arbeiten und eine Zeitlang zusammenleben, ja, ganz sicher.

Es ist aber auch ein Film, bei dem Sie hohe Risiken eingegangen sind, denn er beugt sich keiner Mode: Als Sie ihn Anfang der siebziger Jahre drehten, war das die große Zeit des politisch engagierten Kinos, und da erlaubten Sie sich einen Film übers Filmemachen . . .

Oh, es gab damals sicher nicht nur politische Filme, im selben Jahr kam zum Beispiel *La Grande bouffe*[1] ins Kino. Über dieses Thema macht sich der Film übrigens in einer Szene sogar lustig. Man sieht den Regisseur

1. *Das große Fressen,* Frankreich 1973, Regie: Marco Ferreri.

nachts in seinem Bett, wie er gerade einen Alptraum hat; ein kleiner Mann steht vor ihm und fragt ihn: Warum machen Sie keine erotischen Filme? Warum machen Sie keine politischen Filme? Die Antwort ist natürlich ganz einfach: Er macht die Filme, die er wirklich Lust hat zu drehen! *[lacht]*

Wie arbeiten Sie zu Beginn eines Projekts? Von Rohmer weiß man, daß er seine Drehbücher allein und in völliger Abgeschiedenheit schreibt . . .

Ich arbeite nicht so isoliert wie Rohmer, bei mir gibt es immer Co-Autoren: Claude de Givray, Bernard Revon, Suzanne Schiffman, Jean Gruault – ich brauche ihre Mitarbeit, denn ich arbeite ungern allein. Wenn ich allein bin, mache ich mir Notizen, im Flugzeug, beim Lesen, überall. Aber danach muß ich mich mit jemandem zusammensetzen und diskutieren, das habe ich schon immer so praktiziert.

Nimmt diese Vorbereitung viel Zeit in Anspruch?

Ja, es sei denn, ich erzähle meinen Co-Autoren von einer Sache, die mir schon lange im Kopf herumspukt, und frage sie, ob wir daraus nicht etwas machen könnten. *La Nuit américaine* zum Beispiel ist auf sehr merkwürdige Weise entstanden. Ich hatte das Bedürfnis, wieder einmal mit meinem Freund Jean-Louis Richard zusammenzuarbeiten; es war Sommer, und so mieteten wir uns ein Haus in der Nähe von Antibes. Am ersten Tag sagte ich ihm: Ich schwanke zwischen zwei Projekten, das eine ist die Geschichte eines Filmteams bei der Arbeit, das andere wäre ein Film über einen Diktator mit Charles Aznavour. Und er antwortete: Der Film mit Aznavour und dem Diktator macht mir Angst, laß uns also lieber die Geschichte über die Dreharbeiten machen! *[lacht]* Daraufhin haben wir erst einmal eine Liste der Personen erarbeitet, denn natürlich sollte es nicht nur um Dreharbeiten gehen, sondern auch um das Privatleben der Leute. Davon ausgehend haben wir dann unser Drehbuch zu *La Nuit américaine* geschrieben, und in zwei Monaten war es fertig. Hätte sich Jean-Louis jedoch für das andere Projekt entschieden, hätten wir eben das gemacht!

Oft sind es Ideen, die ich schon lange im Kopf habe, und es kann sein, daß die Sache ganz rasch Gestalt annimmt, weil plötzlich ein neues Element hinzugekommen ist, das zum entscheidenden Faktor wird, oder weil man einen Schauspieler kennengelernt hat, der für diesen Stoff ideal ist, wie es beispielsweise bei Fanny Ardant und *La Femme d'à côté* der Fall war. Da ging alles so schnell, daß wir nur mit einem sehr grob skizzierten Drehbuch ohne Dialoge an den Drehort fuhren. In anderen Fällen sind die Drehbücher wiederum sehr detailliert ausgearbeitet. Bei *L'Histoire d'Adèle H.* gab es acht oder zehn Drehbücher von unterschiedlicher Länge, denn in dem Fall bestand die Arbeit darin, ständig weiter zu reduzieren und zu vereinfachen.

Es gibt also keine feste Methode, keine Regel, nach der Sie vorgehen?

Nein, zumal es auch sein kann, daß ich an drei Filmprojekten zugleich arbeite, bis ich irgendwann sage: Also gut, laßt uns zuerst diesen Stoff, als zweiten den und als dritten jenen realisieren.

12

L'Histoire d'Adèle H. (Die Geschichte der Adele H.)
– Warum lügt diese Person? – Eine Liebe
ohne Hoffnung – Wie weit wird Adèle gehen? –
Die Geschichte eines Gesichts –
Mittel des Musicals für einen ernsten Film –
L'Argent de poche (Taschengeld):
das dicke Fell der Kinder – „Grégory hat bautz
gemacht" – Ein Mosaik der Kindheit –
Was Kinder und Hubschrauber gemeinsam haben –
L'Homme qui aimait les femmes
(Der Mann, der die Frauen liebte) –
„Die Geheimnisse der Post sind unerforschlich" –
Charles Denner hinter der Schreibmaschine
– Die harmlose Macht des Geschichtenerzählers –
Die Stimme der Dame vom Weckdienst –
Drehbucharbeit in Alabama und Wyoming

Adèle betritt die Pension.

Adèle: Guten Abend, Madame Saunders.

Mrs. Saunders: Miss Lewly, möchten Sie mir beim Essen Gesellschaft leisten? Mein Mann geht aus dem Hause, er macht heute Aushilfe bei einem Bankett des Offizierskorps.

Adèle: Sind auch . . . die englischen Offiziere anwesend?

Mr. Saunders (off): Jaja, das Bankett findet für sie statt. Es wird die Ankunft der 16. Husaren gefeiert.

Adèle: Dann müßte mein Cousin auch da sein!

Mrs. Saunders (off): Ihr Cousin? Sie haben einen Cousin in Halifax?

Adèle: Ja, den Leutnant Pinson. Für mich ist er wie ein Cousin, aber wir sind nicht miteinander verwandt. Wir sind zusammen aufgewachsen. Der Pfarrer in unserem Dorf war sein Vater. Offen gesagt, er ist von klein auf in mich verliebt gewesen. Obwohl, ich hab ihn niemals ermuntert. Übrigens, ich hab ihn seit Jahren nicht mehr gesehen. Das wär eine Möglichkeit, ihn wiederzusehen. Ich könnte Ihnen vielleicht einen Brief für ihn mitgeben, Monsieur Saunders, den Sie ihm überreichen.

Mr. Saunders (off): Ja, nichts einfacher als das.

Adèle: Gut, ich geh rauf und schreib ihn. Bitte, warten Sie ein paar Minuten.

Schnitt: Adèle schreibend in ihrem Zimmer.

Adèles Stimme: „Albert, mein Liebster. Unsere Trennung hat mich zerbrochen. Ich habe seit Deiner Abreise jeden Tag an Dich denken müssen, und ich weiß, daß auch Du gelitten hast. Mich hat keiner Deiner Briefe, die Du mir geschickt hast, erreicht, und ich fürchte, daß auch die meinen niemals in Deine Hände gekommen sind. Aber ich bin gegenwärtig hier, Albert, ich bin auf derselben Seite des Ozeans wie Du. Alles wird wieder sein wie früher. Ich weiß, daß Du mich bald mit Deinen Armen umschließen wirst. Ich bin in derselben Stadt wie Du, Albert. Ich erwarte Dich. Deine Adèle."

Wie in dem Ausschnitt aus Les 400 Coups *wird der Zuschauer auch hier Zeuge, wie jemand dabei ist zu lügen, und man ist regelrecht sprachlos ...*

Das war das Prinzip bei *L'Histoire d'Adèle H.*, einer wahren Geschichte, auf die ich durch die Arbeit einer amerikanischen Literaturwissenschaftlerin stieß, Miss Guille, die Adèle Hugos Lebensgeschichte aufgrund eigener Recherchen in Halifax und anderswo rekonstruierte; sie stieß in den verschiedensten Bibliotheken auf Dokumente und trug ihre Funde zusammen. So stellte sich heraus, daß Mademoiselle Hugo in Neuschottland unter verschiedenen Namen, unter verschiedenen Identitäten gelebt hatte, da der Name Hugo damals auf der ganzen Welt bekannt und berühmt war. Vielleicht wollte sie mit dem Namen auch einfach nichts mehr zu tun haben.

Das ist der Kern des Films, und es ist eigentlich eine sehr kleine Geschichte, denn man sieht praktisch während des ganzen Films nur Adèle auf der Leinwand. Es gibt ein paar Nebenfiguren, die kurze Auftritte haben, aber selbst der Geliebte, Lieutenant Pinson, ist eigentlich nicht sehr wichtig, ich glaube, er hat insgesamt nur zwei größere Szenen und drei oder vier kürzere. Das Problem war nun, das Interesse des Zuschauers trotzdem zu wecken und wachzuhalten, und auf diese Herausforderung haben mein Co-Drehbuchautor Jean Gruault und ich uns eingelassen. Wir haben zahlreiche Entwürfe angefertigt und wieder verworfen, bis wir das endgültige Treatment vorliegen hatten, das sehr dicht, sehr straff angelegt war, und das Prinzip war eben, daß man im ersten Teil spüren sollte, diese junge Frau lügt, aber man weiß nicht, warum sie lügt, man weiß nicht, wer sie ist. In einem zweiten Teil weiß man, wer sie ist, und man begreift, daß sie ohne Hoffnung auf Gegenliebe einen Mann liebt. Wir wollten im Zuschauer keinerlei Hoffnung wecken, daß er sich ändern, sich besinnen oder daß es ihr gelingen könnte, ihn zu überzeugen, nichts von alledem; wir zeigen von Anfang an, daß die Sache aussichtslos ist, und wir setzen statt dessen den Akzent auf die Progression ihrer Anstrengungen, seine Aufmerksamkeit zu erregen und zu versuchen, ihn wieder zurückzuerlangen. Die Frage ist also eher: Wie weit wird sie gehen? Darauf baut der ganze Film auf, das ist sein Prinzip.

Der Film besitzt eine sehr reine, sehr nackte Form. Das war eine Reaktion gegen *Les Deux Anglaises,* einen Film, der mir im nachhinein zu viele und zu verschiedenartige Motive miteinander zu vermischen schien: Es gab Cafés und Gartenlokale, man sah Pferdekutschen, es gab Szenen am Meer, eine Menge Statisten und so weiter. Ich sagte mir, nein, ich will all das vermeiden und diesmal einen Kostümfilm machen, der sich die ganze Zeit nur auf ein Gesicht konzentriert. Es gab also von Anfang an den klaren Entschluß und eindeutigen Vorsatz, in *Adèle H.* alles Pittoreske auszuklammern.

Um zu verdeutlichen, wie streng wir uns an dieses Prinzip hielten, ein Beispiel: Es gibt eine Szene, in der Lieutenant Pinson zu seinem Colonel zitiert wird, denn in der Zeitung stand die Falschmeldung, er habe sich mit Adèle Hugo vermählt. Auf diese Szene konnte ich beim besten Willen nicht verzichten, aber sie bereitete mir Kopfzerbrechen, denn plötzlich mußte ich in dieser Geschichte, die sich ja ganz konsequent nur um Adèle drehen sollte, nicht nur einen Moment auf Pinson gehen, sondern außerdem auch noch eine neue Person einführen, eben diesen Colonel.

Ich habe mir also die größte Mühe gegeben, diese Szene so zu arrangieren, daß man den Colonel gar nicht sieht: Die Kamera bleibt auf dem Flur, man sieht Pinson durch den Spalt der geöffneten Tür, wie er strammsteht und die Strafpredigt seines Vorgesetzten über sich ergehen läßt.

Ein- oder zweimal kommt der Colonel zwar kurz ins Bild, weil er im Zimmer auf und ab geht, aber zumindest brauchte er nicht mehr als eigenständige Figur definiert zu werden. Nach diesem Muster haben wir das Drehbuch zu *Adèle H.* aufgebaut.

Der Film wirkt auch wie ein Gegenentwurf zu La Nuit américaine, *denn darin gab es ja eine enorme Fülle an handelnden Personen . . .*

Stimmt, unser Grundsatz lautete, immer nur dem einen Faden zu folgen, das hieß auch, die Geschichte eines Gesichts zu erzählen. Die Frage lautete: Ist es möglich, einen ganzen Film nur auf einem einzigen Gesicht aufzu-

bauen? Darauf lief alles hinaus: eine Liebesgeschichte zu machen, in der der Partner nicht zählt, die Geschichte einer Vereinsamung also. Und wenn es funktioniert hat, dann dank der Fakten, dank Isabelle Adjani, die eine hochinteressante Schauspielerin ist, und sicher auch dank der Musik Maurice Jauberts.

Das war eine eigenartige Sache: Wir machten uns auf die Suche nach einer Musik, die nicht für unseren Film geschrieben, aber auch nicht klassisch, sondern modern sein sollte, für die Leinwand komponiert, aber für einen anderen Film. Es war Musik, die Jaubert für Arbeiten des belgischen Dokumentarfilmers Henri Storck geschrieben hatte. Wir haben sie vor Beginn der Dreharbeiten neu aufgenommen und beim Drehen wie eine Art Playback eingespielt, so daß die Schauspielerin schon bei den Proben ihre Bewegungen mit dem Rhythmus der Musik koordinieren konnte. Das bedeutet, bei diesem sehr schweren, sehr ernsten Film wurde mit Mitteln gearbeitet, die man normalerweise bei Musicals anwendet! *[lacht]*

Ich hatte bereits bei *Les Deux Anglaises* mit einem ähnlichen Verfahren gearbeitet, allerdings war es da der Kommentar, den wir vor Beginn der Dreharbeiten aufgenommen hatten, und auch das half den Darstellerinnen, sich vor der Kamera zu bewegen.

Vielleicht rührt daher auch diese liturgische, fast opernhafte Wirkung . . .

Ganz bestimmt, die Schauspieler fühlen sich getragen, es hilft ihnen bei ihrer Arbeit.

Man sieht die Anwendung dieses Verfahrens ja auch in La Nuit américaine, *in der Szene, über die wir vorhin gesprochen haben, wenn der Produzent hereinplatzt.*

So ist es.

→

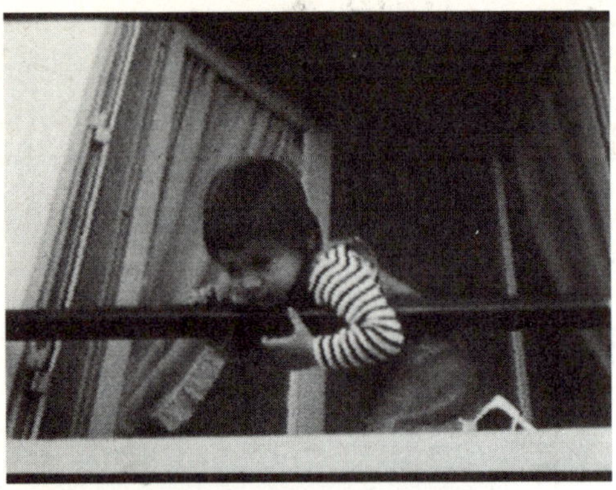

Grégorys Mutter: Es ist ärgerlich, ich finde mein Portemonnaie nicht mehr.

Nachbarin: Vielleicht haben Sie es bei mir gelassen.

Grégorys Mutter: Nein, wohl nicht, bei Ihnen hatte ich es schon nicht mehr. Es ist eher unten geblieben oder im Laden, ich bin mir nicht sicher.

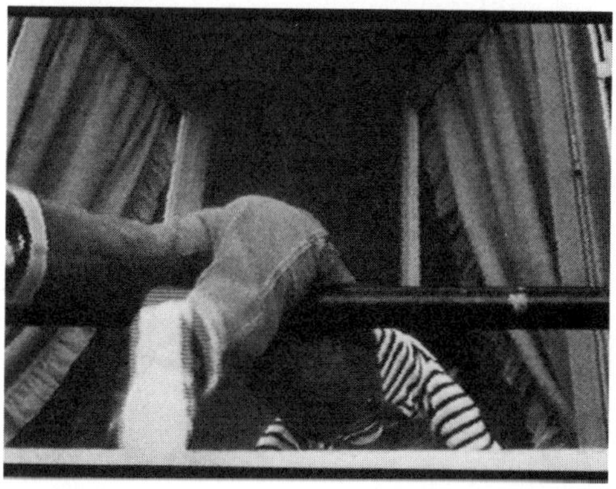

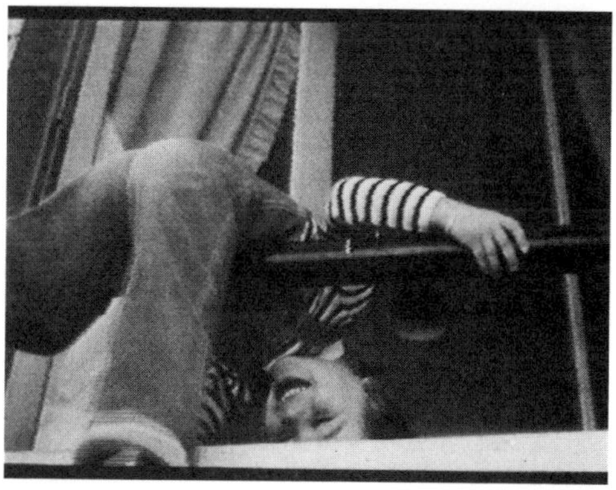

→

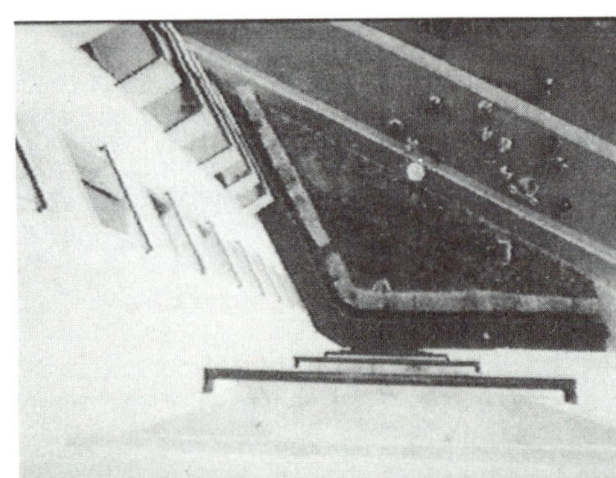

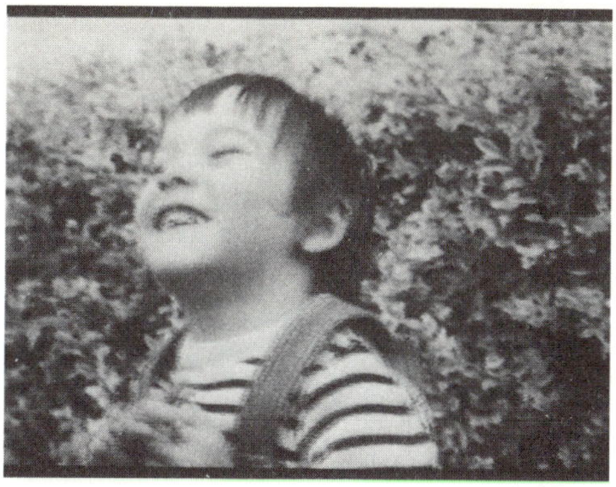

Grégory: Grégory hat „bautz!" gemacht!

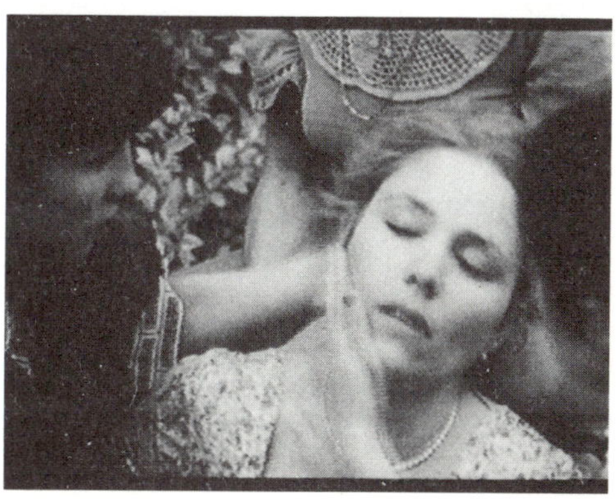

Später wird diese Szene von dem Lehrer und seiner Frau diskutiert. In ihrer Unterhaltung geht es um die Widerstandsfähigkeit der Kinder, um den Gedanken, daß Kinder zwar ständig in Gefahr sind, gleichzeitig aber auch sehr robust.

Ist diese Szene nicht trotzdem auch ein wenig märchenhaft?

Vielleicht, aber sie steht auch im Zusammenhang mit dem, was Sie vorhin ansprachen: Kann man alles filmen? Ich weiß, daß ich mit dieser Sequenz die Macht des Kinos, dem Zuschauer Angst einzujagen, fast schon ein wenig mißbraucht habe, denn ich breche zu diesem Zweck nahezu ein Tabu: Ich spiele hier mit dem Tod eines Kindes, und der Tod eines Kindes ist das Schlimmste, das man sich vorstellen kann. Aber ich habe mich dazu entschlossen, so eine Szene in den Film einzubauen, weil man genau diese Meldung regelmäßig in der Zeitung liest: „Kind aus dem fünften Stock gefallen – unverletzt!" So märchenhaft ist die Sache also nicht, zumal der Sturz des Kindes ja auch von einem Busch aufgefangen wird. In der Zeitungsmeldung, die dieser Szene zugrunde liegt, hieß das Kind Mimile, es stand auf und sagte, wie der kleine Grégory in unserem Film: „Mimile hat bautz gemacht!" Diese Szene war notwendig, weil sie stellvertretend für den ganzen Film stehen kann, dessen Untertitel für mich immer „La Peau dure", das dicke Fell, war. Jetzt heißt er *L'Argent de poche,* aber irgendwann sollte er einmal „La Peau dure" heißen, um damit die Widerstandsfähigkeit der Kinder zu verdeutlichen.

Ähnlich wie *Une belle fille comme moi* ist auch dies im übrigen ein Film, der von den Cineasten und Ästheten etwas geringschätzig betrachtet wird, ich weiß nicht genau, weshalb. Ich glaube, man muß sich mehr für Kinder als fürs Kino interessieren, um mit diesem Film etwas anfangen zu können, und eigenartigerweise ist es oft so, daß sich ein Cineast nicht sonderlich für Kinder interessiert.

In L'Argent de poche *gibt es eine Szene, in der Patrick (Geory Desmouceaux) bei einem Schulfreund zum Essen eingeladen ist, dessen Mutter (Tania Torrens) ihn völlig fasziniert. Sie zeigen in einer rasant montierten Sequenz die Freude und Hochstimmung des Jungen während der Mahlzeit, um dann die Szene in dem sprachlichen Lapsus kulminieren zu lassen, mit dem Patrick sich von der Mutter seines Freundes verabschiedet: „Vielen Dank für dieses frugale Mahl!" Die Parallele zwischen dieser Szene und dem „Ja, Monsieur" in* Baisers volés *ist verblüffend, auch wenn es hier eigentlich gar kein Lapsus ist, sondern nur Unwissenheit: Er selbst ist ja davon überzeugt, ein besonders treffendes Wort zu benutzen.*

Diese Anekdote beruht auch wieder auf einer Erinnerung, es ist eine Geschichte, die mir Freunde erzählt haben, und sie ist wirklich passiert.

Kinder spielen, wie man weiß, in Ihrem Werk eine große Rolle, und die Art, wie Sie Kinder im Film zeigen, ist sicher auch eine Reaktion gegen die klischeehafte Darstellung von Kindern im Kino.

Das Ungewohnte bei *L'Argent de poche* war, daß viele der Kinder hier jünger waren als die, mit denen ich früher gearbeitet hatte. Praktisch war jedem Kind einer bestimmten Altersstufe eine Episode gewidmet. Ich erinnere mich nicht mehr allzu gut an den Film, denn ich habe ihn seit damals nicht mehr wiedergesehen. Aber es waren sehr angenehme Dreharbeiten: Es gab die Einheit des Ortes, da wir ausschließlich in der Stadt Thiers gedreht haben, und durch die Ferien im Juli und August auch die Einheit der Zeit. Zwei der jungen Darsteller hatte ich aus Paris mitgebracht, alle anderen haben wir an Ort und Stelle engagiert. Es machte Spaß, die vielen kleinen Episoden eine nach der anderen zu realisieren, und dabei wurde mehr oder weniger improvisiert. Auch hier tauchen, ebenso wie in *Les 400 Coups,* die Erwachsenen allenfalls am Rande auf. Aber es ist ein ziemlich optimistischer Film, denn im Gegensatz zu *Les 400 Coups,* der für ein Erwachsenenpublikum gedacht war, wollte ich mit *L'Argent de poche* auch die Kinder interessieren, der Film sollte von Kindern gesehen werden. Es herrscht deshalb zwar ein heiterer Ton vor, aber mir lag dennoch daran, auch die Geschichte eines mißhandelten Kindes einzubauen, ein Thema, das meines Wissens nach zuvor noch nie im Film behandelt worden war.

Auch das lag für mich im Grenzbereich des Statthaften: Wie soll man im Kino ein mißhandeltes Kind präsentieren? Die Antwort, die ich auf diese Frage fand, war, das Thema sehr indirekt, sehr elliptisch zu behandeln, jedenfalls habe ich es gedreht, denn für mich wäre der Film ohne diesen Aspekt unvollständig gewesen. Auch andere der Kinder in dem Film leben in nicht gerade idealen Familienverhältnissen, und mir war es wichtig zu zeigen, wie gut diese Kinder mit allen möglichen Situationen fertig werden, mit welcher Kraft sie schon im Leben stehen. Das Spektrum reichte von den Problemen eines Neugeborenen bis zum ersten Kuß im Ferienlager; diese Art von Mosaik zu schaffen, war das Prinzip des Films.

Hatten Sie denn keine Schwierigkeiten beim Drehen mit den Kindern?

Nein, keine besonderen. Allenfalls bei den Kindern, die jünger waren als fünf Jahre, denn die fallen in die gleiche Kategorie wie die Katze in *La Nuit américaine*. Aber im allgemeinen nicht, nein.

Es heißt ja normalerweise, die Arbeit mit Kindern vor der Kamera sei sehr hart und äußerst schwierig.

Nein, man muß sich nur darüber klar sein, daß sich die Zeit beim Arbeiten mit Kindern ein wenig anders einteilt. Mit Kindern zu arbeiten ist ähnlich, als drehe man mit einem Hubschrauber. Wenn man Aufnahmen aus einem Hubschrauber vorbereitet, hat man anfangs den Eindruck, es würde nie klappen, denn man verliert enorm viel Zeit, um die Kamera zu installieren, sie am Hubschrauber zu befestigen und so weiter, aber ist man einmal in der Luft, geht alles plötzlich wie geschmiert, und man gewinnt unterm Strich eine Menge Zeit. Genauso ist es auch mit Kindern: Man muß sich sehr viel Zeit mit ihnen lassen, aber diese Zeit holt man später wieder auf.

Außerdem: Wenn ein Kind eine Szene gut hinkriegt, hat es sie im Vergleich zu dem, was im Drehbuch stand, fast immer erheblich verbessert, und zwar in stärkerem Maße, als ein Erwachsener dies schafft. Bei erwachsenen Schauspielern ist es immer ein wenig besser oder ein wenig schlechter als im Drehbuch, es verändert sich eigentlich wenig im Vergleich zum Drehbuch; bei Kindern dagegen kann man entweder die vier Seiten, die man da geschrieben hatte, gleich ganz vergessen und muß sich etwas anderes ausdenken, oder das, was sie liefern, ist viel besser als das, was man erwartet hatte. Man muß die Kinder immer als Mitarbeiter, als Co-Autoren des Films betrachten.

Stimme Bertrand: Diese hübsche Rothaarige war meine Nachbarin. Sie hieß Maïté. Jetzt, da ich dieses Buch schreibe, wird mir klar, was mich an ihr anzog: Es war die Tatsache, daß sie las. Sicher verdanke ich es meiner Mutter, daß ich so früh Bücher mochte und gern las.

Stimme Bertrand: Sie hatte mir ausdrücklich verboten zu spielen, mich zu bewegen, ja sogar zu niesen. Ich durfte den Stuhl, den sie mir zugewiesen hatte, nicht verlassen. Dafür durfte ich lesen, soviel ich wollte, allerdings unter der Bedingung, die Seiten geräuschlos umzublättern. Sie hatte die Angewohnheit, halbnackt vor mir herumzulaufen. Nicht, wie ich annehmen will, um mich zu provozieren, sondern um sich selbst zu bestätigen, daß ich gar nicht existiere.

Stimme Bertrand: Indem sie mir ihre Liebesbriefe gab, damit ich sie einsteckte, schenkte sie mir ein Vertrauen, das ich keineswegs verdiente, denn diese Briefe kamen nur höchst selten an.

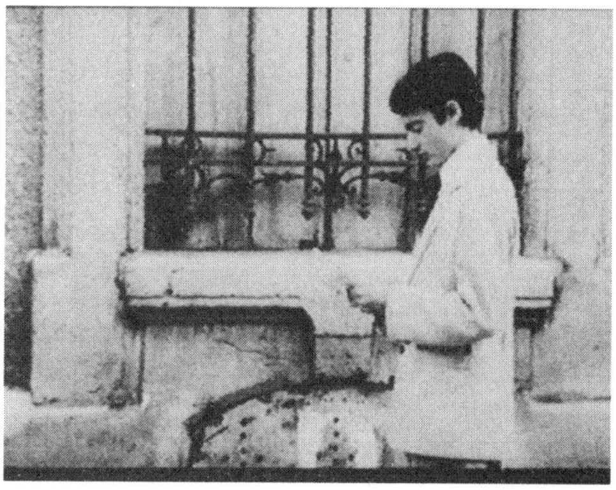

Stimme Bertrand: „Mein Geliebter. Ich kann Dein Schweigen nicht verstehen. Seit mehr als zwei Wochen habe ich keinen Brief mehr von Dir erhalten. Ich frage mich, ob Dich meine erreichen. Offensichtlich sind die Geheimnisse der Post unerforschlich." Unerforschlich!

Der junge Bertrand knüllt den Brief zusammen und wirft ihn in einen Bordsteingulli.

Und wieder die Literatur ... In dieser Szene, dieser Rückblende in Schwarzweiß, hat man den Eindruck, dem Moment beizuwohnen, in dem jemand seine Lust am Bücherlesen entdeckt. Wie haben Sie den Darsteller gefunden, der den jungen Charles Denner spielt? Die Ähnlichkeit ist verblüffend, man könnte meinen, es sei sein Sohn.

Den haben wir an Ort und Stelle entdeckt, in Montpellier, wo der Film gedreht wurde. Jemand kam zu mir und fragte: Sie suchen einen Jungen, der Charles Denner als Kind spielen soll? Ich bejahte, und er meinte: Hier, wir haben jemanden gefunden. Und es war wirklich genau der richtige! *[lacht]*

Was mir an dieser Szene besonders gefällt, ist das Wort „unerforschlich". Ich weiß nicht, warum, aber es ist oft so, daß es in einer Szene ein Schlüsselwort gibt. Wie vorhin in der Szene aus *L'Argent de poche* – da war es das Wort „frugal", hier ist es „unerforschlich": Erst begegnet man diesem erstaunlichen Ausdruck in dem Brief, und der Junge wiederholt ihn: „unerforschlich" . . .

Wollen Sie damit sagen, daß Sie manchmal eine Szene auf einem bestimmten Wort aufbauen?

Das nicht gerade, aber es ist ein Schlüsselwort, es wird wiederholt, es ist ungewöhnlich, es hebt sich ab vom Rest, es verleiht einer Szene seine Farbe. Jedenfalls ist diese Szene für mich die des Wortes „unerforschlich". Das verleiht dem Ganzen natürlich etwas Ironisches, zumindest verstehe ich es so: Der Junge hat die Angewohnheit, die Briefe seiner Mutter zu öffnen. Er geht also los, um einen Liebesbrief einzuwerfen, den seine Mutter jemandem geschrieben hat, und in dem Brief steht: „Die Geheimnisse der Post sind unerforschlich" *[lacht]*, und dann sieht man, wie er den Brief in den Gully wirft! *[lacht]* Ich finde, das ist die totale Ironie, dank dieses Wortes „unerforschlich". In meinen Augen ist die Szene äußerst komisch.

Was mir auffällt, ist, daß Sie keine Angst davor haben, Figuren zu schaffen, die eine Tätigkeit ausüben, die man normalerweise nicht im Kino sieht. Ich denke an den Maler in La Mariée était en noir *oder an den Schriftsteller hier in* L'Homme qui aimait les femmes. *Solche Protagonisten sind nicht leicht zu zeigen . . .*

An einem bestimmten Punkt des Films entschließt sich Bertrand zu schreiben. Dadurch bekommen wir eine zweite Geschichte, denn sein eigentlicher Beruf ist zwar amüsant, aber uninteressant. Neben seiner Jagd nach den Frauen und seinen komplizierten Beziehungen zu Frauen brauchten wir also noch eine zweite Geschichte, die ein wenig im Kontrast zu der anderen stehen sollte. Deshalb also dieses Buch, dessen Entstehung man miterlebt und dessen Geschichte sich am Ende mit der anderen kreuzt.

Sind nicht gerade diese schöpferisch tätigen Menschen – der Maler, der Filmemacher oder der Schriftsteller – am schwierigsten auf die Leinwand zu bringen?

Ja, und es ist sicher kein Zufall, daß Charles Denner gleich zweimal eine solche Rolle spielt, denn ich glaube nicht, daß es viele Schauspieler gibt, die ähnlich überzeugend einen Maler darstellen können wie Denner in *La Mariée était en noir,* und für das Schreiben eines Buches gilt Ähnliches. Daran denke ich sehr oft: Es gibt viele Schauspieler, die man nicht hinter eine Schreibmaschine setzen darf, weil alle Welt sich totlachen würde. Charles Denner kann man hinter eine Schreibmaschine setzen.

Szene Seite 170

Eine sehr schöne Szene, ein wunderbarer Moment. Man wartet auf eine Anspielung auf seine Besessenheit, man wartet, daß etwas in dieser Richtung passiert, aber statt dessen nur dieser kurze Blick in die Zukunft.

Gegen Ende der Geschichte sieht man, wie Charles Denner in der Druckerei die Fahnen seines Romans korrigiert. Man erfährt, daß dieses kleine Mädchen in seinem Buch vorkommt, und er erkundigt sich, ob es noch möglich wäre, etwas am Text zu verändern. Und dann ändert er die Farbe des Kleides, das rote Kleid wird zu einem blauen Kleid.

Man sollte nie eine Szene nur deshalb drehen, um irgend etwas zu beweisen, aber was ich hier zeigen wollte, war vermutlich der Gedanke, daß jemand, der eine Fiktion entwirft, eine Geschichte erzählt, eine gewisse Macht ausübt, eine harmlose, ungefährliche Macht, die mir wesentlich sympathischer ist als die der Politiker, aber dennoch eine Macht. Man sollte auch diese Macht nicht mißbrauchen, aber immerhin kann man sie dazu benutzen, nachträglich eine Farbe zu verändern, wie Antoine Doinel in *Domicile conjugal,* der seine weißen Blüten rot färbte.

Bertrand: Was ist denn, was ist passiert? Warum weinst du? Wenn ich so ein schönes rotes Kleid wie du hätte, würde ich bestimmt nicht weinen.

Juliette: Meine Schwester will mich nicht mit ihren Rollschuhen fahren lassen.

Bertrand: Vielleicht hat sie Angst, daß du sie kaputtmachst oder dir damit weh tust.

Juliette: Nein, ich hasse sie! Manchmal will ich nicht, daß sie meine Schwester ist.

Bertrand: Oh, es ist schlimm, daß du so weinst. Ich bin sicher, du bist sehr unglücklich. Aber ich hab ein bißchen den Eindruck – ich weiß nicht, ob ich recht habe –, daß du manchmal zum Spaß ein bißchen weinst. Na?

Juliette: Nein, das ist nicht wahr!

Bertrand: Denk mal darüber nach, was in dir vorgeht: Du weinst. Du bist furchtbar unglücklich. Aber du hast auch ein klein wenig Freude daran. Na? Hab ich recht?

Juliette (nach einer Pause): Ja, stimmt, es macht auch ein bißchen Spaß.

Bertrand: Was ist das für ein Buch, das du liest, kann ich's mal sehen? *(Juliette reicht ihm das Buch, das sie in der Hand hatte. Bertrand betrachtet es.)* „Das kleine Phantom und die Insel der Hexen"! Gefällt es dir? *(Juliette nickt.)* War das deine Idee, das Buch einzuschlagen, damit es nicht beschädigt wird? Das war gut. Du tust recht, Bücher zu lieben. Sag, wie alt bist du?

Juliette: Neun Jahre.

Bertrand: Und du kannst es gar nicht abwarten, älter zu werden, nicht? *(Juliette nickt.)* Wie alt möchtest du sein?

Juliette: Ich möchte am liebsten . . . siebzehn sein.

Bertrand: Siebzehn Jahre . . . *(Er blickt sinnierend an Juliette vorbei.)* Jetzt bist du neun. In acht Jahren wirst du siebzehn sein. Das ist 1985.

Dann gibt es in L'Homme qui aimait les femmes *die Szene, in der Nathalie Baye als Fräulein vom Weckdienst den Helden anruft . . .*

Oh, das ist nicht Nathalie Baye.

Nicht, wenn man sie schließlich auf der Straße sieht, aber die Stimme am Telefon ist doch die von Nathalie Baye. Oder habe ich mich verhört?

Ah, ich verstehe, ja, ja. Die Frau mit den zwei Kindern, die man um die Ecke verschwinden sieht, ist nicht Nathalie Baye, aber sie hat ihr die Stimme geliehen, ja, stimmt.

Ich wollte nämlich auf den Ton in Ihren Filmen zu sprechen kommen. Mir scheint, daß viele Regisseure regelrecht Skrupel haben, sich der Tonspur zu bedienen, und daß es Ihnen dagegen sehr viel Spaß macht, mit dem Ton und gerade auch mit den Stimmen in Ihren Filmen zu spielen. Die Szene mit Aurore, der Dame vom Weckdienst, ist gerade deshalb so stark und vor allem auch so erotisch, weil man die Person nicht sieht und sie sich vorstellen muß.

Natürlich, denn gerade bei einer Geschichte um einen Frauenhelden kommt natürlich all dem, was nur stimmlich und nicht zu sehen ist, eine ganz besondere Bedeutung zu. Schon ganz zu Beginn habe ich Michel Fermaud, mit dem ich das Drehbuch schrieb, gesagt: Wir brauchen unbedingt eine Telefonepisode. Wir haben ein paar verschiedene Varianten ausprobiert, mit denen wir mehr oder weniger zufrieden waren, bis wir dann auf diese Geschichte mit der Dame vom Weckdienst kamen. Obwohl uns eigentlich eine zufriedenstellende Pointe fehlte, ließ sie sich dann doch recht gut in den Film integrieren. Sie weckt ihn zwei, drei Mal in der Nacht, und einmal ist es eine andere Stimme, ich weiß nicht mehr genau, jedenfalls funktionierte es recht gut, und in der Tat wurde diese Frau plötzlich zu einem Gesicht in der Nacht. Ich bat Nestor Almendros, das Bild sehr dunkel zu halten, so daß es praktisch nichts anderes gibt als die Silhouette und den Atem Denners und dann diese ferne, mysteriöse Stimme. Das war eine interessante Sache.

Oft haben Sie sich von Büchern anregen lassen, Filme zu drehen. Aber gab es auch Filme, die den Anstoß gaben?

Oh, ganz sicher. Die Idee zu *L'Homme qui aimait les femmes* zum Beispiel geht zurück auf einen Film, den ich in meiner Jugend unzählige Male gesehen habe und der mir nicht nur sehr gut gefallen, sondern der mich auch sehr geprägt hat. Ich spreche von Sacha Guitrys *Le Roman d'un tricheur*[1]. Das war ein sehr individualistischer, sehr anarchistischer Film, sehr frech, sehr komisch. Weitere Beispiele fallen mir auf Anhieb nicht ein, möglicherweise war der Einfluß in anderen Fällen nicht so direkt wie hier.

1. Frankreich 1936.

Bei *L'Homme qui aimait les femmes* war es so, daß ich während der Montage von *L'Argent de poche* Michel Fermaud anrief und ihn fragte: Hätten Sie Interesse, mit mir an diesem Thema zusammenzuarbeiten? Wir haben also mit der Arbeit begonnen, aber dann bat mich Steven Spielberg, in seinem Film über die fliegenden Untertassen[1] mitzuspielen. Da habe ich gesagt: Gut, arbeiten wir also getrennt weiter, ich werde in den USA am Drehbuch arbeiten, Sie in Frankreich, und wir schicken uns die fertigen Szenen per Post. Also hat er seine Entwürfe in Paris getippt und ich meine in Alabama und Wyoming. Ein paar der Postsendungen sind unterwegs verlorengegangen, aber am Ende hatten wir immerhin ein Drehbuch vorliegen, das ich bei meiner Rückkehr nach Frankreich dann auch verfilmt habe.

1. *Close Encounters of the Third Kind (Unheimliche Begegnungen der dritten Art),* USA 1977.

13

La Chambre verte (Das grüne Zimmer):
ein Altar für die Toten – Buñuels Archibaldo und Gogols Frau – Gegen technischen Fortschritt im Kino – Lebendige Gefühle für verstorbene Menschen – Noch einmal: der Regisseur als sein eigener Hauptdarsteller – Das uneitle Spiel der Amateure – Für einen Film über den Tod rennt niemand ins Kino – Der Zuschauer, den ich mir wünsche – Historische Fotos aus der Rue Bonaparte – Eine paradoxer Totenkult – Die Bücher in *Fahrenheit 451* – Cocteau, Queneau, Audiberti und die anderen

Julien Davenne (François Truffaut) betritt die Werkstatt des Puppenmachers (Guy d'Ablon).

Davenne: Guten Tag, Monsieur.

Puppenmacher: Guten Tag, Monsieur.

Davenne: Ich weiß nicht, ob Sie sich daran erinnern: Ich war vor zwei Wochen da. Ich wollte fragen, ob die bestellte Arbeit fertig ist.

Puppenmacher: Ja, die Arbeit ist fertig. *(Er geht nach hinten zu einem Vorhang und zieht ihn auf.)* Ich hoffe, Sie sind zufrieden. *(Schnitt auf den chinesischen Lehrling des Puppenmachers.)*

Auf einem Sockel sitzt eine Wachspuppe von Julie Davenne, wie man sie von den Fotos im grünen Zimmer kennt. Der Puppenmacher bewegt sie hin und her, so daß man sie im Profil und von vorn sehen kann.

Davenne (entsetzt): Nein, das ist es ganz und gar nicht, ich bin sehr enttäuscht.

Puppenmacher: Aber es entspricht ganz dem Bild, das Sie mir gegeben haben.

Davenne: Nein, das ist nicht möglich, das ist sie nicht! Ich kann Ihnen dieses Ding nicht abnehmen.

Puppenmacher: Aber das geht doch nicht, Monsieur . . . Eine solche Arbeit!

Davenne (hält ihm etliche Geldscheine hin): Hier, Ihr Geld sollen Sie bekommen.

Puppenmacher: Aber das will ich nicht!

Davenne: Nehmen Sie das Geld, Monsieur.

Puppenmacher: Nein, Monsieur, nein, nein, das kommt nicht in Frage.

Davenne: Nehmen Sie dieses Geld und zerstören Sie dieses Ding, sofort, vor meinen Augen!

Puppenmacher: Das kommt nicht in Frage.

Schnitt: Totale von außen auf die Werkstatt. Durchs Fenster kann man die Umrisse der Personen undeutlich erkennen.

Davenne: Zerstören Sie auf der Stelle dieses Ding!

Der Puppenmacher nimmt die Wachsfigur, legt sie auf einen Tisch und zerstört sie mit einigen Axthieben.

Ich glaube, diese Sequenz faßt den Film La Chambre verte *recht gut zusammen: Es ist ein Film, der eine ähnliche Struktur wie* L'Histoire d'Adèle H. *aufweist, denn beide kreisen um eine abwesende Person.*

Ja, es ist die Geschichte eines Mannes, der sein Leben der Verehrung seiner verstorbenen Frau gewidmet hat, und wenn er auch nicht versucht, sie wieder zum Leben zu erwecken, tut er doch alles, um die Erinnerung an sie, ihre Präsenz zu bewahren. Einer dieser Versuche besteht darin, sich an diesen Mann zu wenden, der Schaufensterpuppen anfertigt.

Manchmal vergeht sehr viel Zeit zwischen der ersten Idee zu einem Film und der Realisierung. Ich hatte ja schon von meinem Flug nach Finnland erzählt, wo ich bei meiner Ankunft von de Gaulles Tod erfuhr; ich weiß noch genau, daß ich auf diesem Flug die *Tagebücher* von Henry James las und darin auf Hinweise auf seine Geschichte *The Altar of the Dead* fand. Sie war damals auf Französisch noch nicht zu haben, und deshalb habe ich sie mir nach meiner Rückkehr aus dem Englischen übersetzen lassen. Ich habe sie aus verschiedenen Blickwinkeln betrachtet, und schon damals, 1970 also, begannen die ersten Gespräche mit Jean Gruault über eine mögliche Drehbuchadaption. Gedreht wurde der Film aber erst 1977, das heißt sieben Jahre später. Dazwischen lagen fünf oder sechs Drehbuchfassungen unterschiedlicher Länge, die sich nach und nach verändert haben.

The Altar of the Dead ist allerdings eine sehr kurze Geschichte, und der Stoff hätte allenfalls für einen mittellangen Film gereicht. Um auf einen Film von normaler Länge zu kommen, mußten wir also eine Menge zusätzlicher Episoden erfinden, so zum Beispiel diese Szene mit der Wachspuppe. Dabei handelt es sich auch um eine Reminiszenz an ein Werk von Luis Buñuel, das mir von allen Filmen dieses Regisseurs wohl am besten gefällt: *Ensayo de un crimen*[1]. Wir ließen uns dabei aber auch noch von einem italienischen Schriftsteller inspirieren, dessen Name mir momentan leider entfallen ist.

1. *Das verbrecherische Leben des Archibaldo de la Cruz,* Mexiko 1955.

Von diesem Autor gibt es einen Text mit dem Titel *Gogols Frau*, und der hat mir sehr gefallen. Auf mehreren Seiten werden darin sämtliche Vorzüge von Gogols Frau aufgezählt: Gogols Frau geriet niemals in Rage, Gogols Frau war immer charmant und so weiter, und am Ende begreift man plötzlich, daß Gogols Frau eine Wachsfigur ist. So entstand also diese Episode, die sicher sehr schön den Geist des Films widerspiegelt.

Aber während die Puppe in Buñuels Film Mittel für eine Ersatzhandlung war, wollten Sie doch wohl eher die Unmöglichkeit verdeutlichen, das Ideal durch einen Künstler oder durch wen auch immer reproduzieren zu lassen, oder nicht?

Oh, ich wollte an dieser Stelle gar nichts verallgemeinern, nein, daran habe ich nicht gedacht. Dieser Mann ist kein Betrüger, aber er bekommt die Puppe einfach nicht hin. Sie ist Juliens Frau und ist es doch nicht. Sicher, man könnte sich durch diese Szene dazu bringen lassen zu sagen, daß zum Beispiel für das Kino jeder scheinbare Fortschritt eigentlich ein Rückschritt ist: Ob 3-D oder Dolby-Stereoton, im Prinzip wird nur geblufft. Man lenkt die Aufmerksamkeit der Zuschauer auf die Mitte der Leinwand, aber der Ton kommt von der Seite! All das sind Dummheiten, lächerliche Versuche, ein Übermaß an Realität zu schaffen, wobei diese Realität ja doch nur durch eine möglichst gut organisierte Künstlichkeit entstehen kann. Von daher würde sich diese Szene gegen einen falschen technischen Fortschritt im Kino wenden, der in Wahrheit zu einer Armut der filmischen Ausdrucksmittel führt.

Die Brutalität dieser Szene beruht auf dem Versagen des Künstlers. Es entsteht eine große Erwartungshaltung, die Szene besitzt Suspense. Die Enttäuschung entspricht in ihrem Ausmaß vollkommen der aufgebauten Erwartung.

Interessant ist noch, daß wir zunächst Probeaufnahmen mit einer Puppe gemacht hatten, mit denen wir aber nicht zufrieden waren. Deshalb baten wir die Schauspielerin, die wir schon für die Fotos von Julien Davennes verstorbener Frau engagiert hatten, sich einer über zwei Stunden dauernden Schminkprozedur zu unterziehen, wobei sie weder lächeln noch sich bewegen durfte.

Das ist ein Mensch? Das habe ich nicht gemerkt, ich habe gedacht, es sei wirklich eine Puppe.

Sie dachten, es sei eine Wachsfigur? Nein, eine solche Puppe hätte mindestens 30 000 Dollar gekostet. Und selbst dann hätte man sie noch nicht so überzeugend hingekriegt wie mit unserer Methode.

Und die Augen sind auf die geschlossenen Lider aufgemalt?

Ja, genau. *[lacht]*

Es geht in dem Film, wie wir gesagt haben, um eine abwesende Person, und obwohl wir wissen, daß die Hauptfigur, Julien Davenne, diese Person nie wiederfinden wird, funktioniert der Film weiter in diesem Sinne.

Obwohl er noch nicht so alt ist, habe ich den Film schon ein bißchen vergessen, da ich ihn mir seit seiner Uraufführung nicht mehr angesehen habe. Aber ich glaube, ich habe Julien Davenne immer als einen Zwillingsbruder von Adèle Hugo und die beiden Filme als zusammengehörig betrachtet, da sie beide auf dem Prinzip der fixen Idee und auf Variationen zu diesem Thema aufgebaut sind. Außerdem hat es mir Spaß gemacht, einen Film zu machen, in dem zur Sprache kommt, daß man für Verstorbene, die man geliebt hat oder die einen interessiert haben, noch sehr lebendige Gefühle hegen kann.

Ich glaube, es gibt Umstände, unter denen so etwas ganz zwangsläufig ist, da braucht man nur mit Menschen zu sprechen, die ihren Ehepartner verloren haben. Da kann es vorkommen, daß man Krach mit der verstorbenen Person hat, dann wiederum liebt man sie sehr. Dem gleichen Phänomen begegnet man, wenn man Aufzeichnungen von Nonnen, von Ordensschwestern liest; sie unterhalten zu Gott eine Beziehung, die äußerst schwankend ist und an die Beziehung unter Eheleuten denken läßt: „Momentan verstehen wir uns gut, wir haben uns schon lange nicht mehr gestritten . . .“ Das sind Phänomene, die ich sehr mag.

Ich möchte Sie zu Ihrer Arbeitsweise befragen, wenn Sie in Ihren eigenen Filmen als Darsteller auftreten: Geben Sie sich eigentlich selbst Regieanweisungen, oder bitten Sie jemand, Ihre Arbeit als Schauspieler beim Drehen kritisch zu kommentieren?

Oh, es wird laufend kritisch kommentiert! *[lacht]* Der Toningenieur kritisiert meine Stimme, und dann ist da natürlich Suzanne Schiffman, meine engste Mitarbeiterin. Wenn ich selbst in einem Film mitspiele, mache ich es natürlich wie die Schauspieler auf der ganzen Welt: Sobald eine Aufnahme beendet ist, suche ich den Blick einer Bezugsperson, es muß jemand da sein, den ich ansehen kann. In meinem Fall ist das Suzanne Schiffman, ich suche ihren Blick, um zu sehen, ob sie zufrieden war oder ob sie doch eher der Ansicht ist, daß wir die Sache noch einmal drehen. Wenn es Zweifel gibt, gehen wir hinüber zum Tonmann und hören uns die Sprachaufnahme an.

Ein Regisseur, der sein eigener Schauspieler ist, hat natürlich die Tendenz, die Szene zu früh abzubrechen, was man gerade nicht tun sollte. Ganz zu Anfang, bei *L'Enfant sauvage*, hatte ich kaum den letzten Satz beendet, da drehte ich mich schon zur Kamera und sagte „Cut“, und das geht nicht, denn am Schneidetisch braucht man am Anfang und am Ende einer Aufnahme immer ein bißchen Luft. Deswegen habe ich es recht bald Suzanne Schiffman überlassen, „Cut“ zu rufen, und bei dieser Methode ist es dann geblieben. Was sich aber vor allem ändert, ist die Art, wie man Regie führt, denn normalerweise, wenn man hinter der Kamera steht, hat man eine genaue Vorstellung davon, wie sich die Schauspieler zu bewegen haben. Und da gibt es verschiedene Kategorien von Schauspielern, es gibt solche, die sich nicht gern von der Stelle bewegen; oft sind es solche, die vom Theater kommen, die ihre Dialoge am liebsten in einem Sessel sitzend oder an einem Fleck stehend sprechen und sich danach erst in Bewegung setzen. Nehmen Sie zum Beispiel den Darsteller des Kunsthandwerkers in der Szene vorhin: Er schaffte es einfach nicht, seinen Satz aufzusagen und gleichzeitig den Vorhang zur Seite zu ziehen, er mußte beides trennen. Ich hatte nichts dagegen, ich habe seinen Rhythmus respektiert, denn er war kein professioneller Schauspieler, sondern Pferdefachmann. Einen Berufsschauspieler hätte ich vielleicht gebeten, die beiden Vorgänge mehr zu vermischen. Für mich selbst kann ich sagen, daß ich es vorziehe, gleichzeitig zu gehen und zu sprechen. Mir ist es lieber, wenn beides miteinander verbunden ist, wozu ich übrigens auch Jean-Pierre Léaud in den Doinel-Filmen immer anhalte. Und in diesen Momenten findet das Regieführen plötzlich *vor* der Kamera statt, das heißt, man richtet sich danach, was die Person, die man spielt, machen wird: Ich gehe von da nach da, Sie folgen mir und so weiter. Ich bespreche die Sache mit Nestor Almendros und sehe noch nicht einmal durch die Kamera; ich verlasse mich ganz auf ihn, auch was die Länge einer Aufnahme betrifft.

Es ist auch insofern eine andere Art zu arbeiten, da man eher geneigt ist, lange Sequenzeinstellungen, also ganze Szenen in einer einzigen Aufnahme, zu drehen. Nicht in der Szene mit der Wachsfigur, da brauchten wir kurze Einstellungen von den Reaktionen und so weiter, aber die meisten anderen Szenen des Films sind Sequenzeinstellungen. Ich glaube, kaum einer meiner Filme ist in kürzerer Zeit abgedreht worden. Ich schätze, wir hatten fünf Wochen zu je fünf Drehtagen, das wären also fünfundzwanzig Tage für *La Chambre verte.*

Wenn man gleichzeitig Regie führt und vor der Kamera steht, verschwindet man auch öfter aus dem Bild, das ist fast unvermeidlich, denn man hat ja trotzdem noch das Bedürfnis, den Überblick zu behalten, zu sehen, wie es läuft. Man spielt also seine Rolle und muß gleichzeitig seine Augen überall haben; man spielt für die Kamera, aber wenn man keinen Dialog hat, beobachtet man die Mitspieler. Nathalie Baye sagte mir manchmal: „Ihr Blick bleibt immer der eines Regisseurs.“ Sie fühlte, daß ich sie kontrollierte, während sie sprach. Das führte bei den Dreharbeiten übrigens zu einigen denkwürdigen Lachanfällen. Manchmal, wenn ich meine Sätze aufgesagt habe, verschwinde ich aus dem Bild und kehre auf die andere Seite der Kamera zurück; würde dagegen ein Schauspieler meine Rolle spielen, würde ich ihm einen Platz zuweisen, den er einnimmt, wenn er mit seinem Dialog fertig ist, er bliebe also weiter im Bild. Da liegt also ein Unterschied. Vor allem in *L'Enfant sauvage* waren meine Abgänge häufig sehr lustig: Es gibt Einstellungen, in denen sieht man mich spielen, das Bild verlassen, zurückkommen, die Dinge kontrollieren, die Aufnahme geht weiter, und dann bin ich plötzlich wieder hinter der Kamera und rufe „Cut".

Das Spiel der Darsteller in Ihren Filmen ist oft sehr zurückgenommen, aber bei Ihrer eigenen Art zu spielen fällt das ganz besonders auf. Haben Sie dabei an Bresson gedacht?

Spiele ich denn anders, als ich hier mit Ihnen rede?

Auf jeden Fall, Sie sind bei diesem Gespräch viel expressiver und extrovertierter als in dem Film. [Lachen von Truffaut] *Wirklich, im Film erinnert Ihr Spiel an Bresson. Die einzige Stelle, an der Sie etwas lauter werden, ist der Wutanfall in der Szene vorhin.*

Oh, nein, ich glaube, es gibt mehrere Wutausbrüche in dem Film . . .

Aber selbst hier lassen Sie sich ja doch nur ein bißchen gehen, der Wutausbruch ist immer noch sehr kontrolliert. Sie tragen Ihren Text mit einer sehr monotonen Stimme vor, was eben ein sehr spezielles Klima schafft, das an Bresson denken läßt. Natürlich weiß ich nicht, ob Sie das genauso empfinden.

Man hat mich schon mehrfach darauf aufmerksam gemacht . . .

Ihnen selbst war das nicht bewußt?

Nein.

Kann es sein, daß Sie die Art, wie Bresson seine Darsteller führt, sehr mögen?

Nicht immer. Die Schauspielerinnen bei Bresson gefallen mir ausnahmslos, aber das Spiel der Männer nicht immer. Aber ich weiß, was Sie meinen, es ist das, was ich das Spiel der Amateure nenne, es ist das Spiel derjenigen, die völlig uneitel und uneigennützig vor die Kamera treten, sie spielen ihre Rolle, um damit dem Film zu dienen.

Wenn ich in der Provinz drehe, was ja recht häufig vorkommt, bringe ich die Hauptdarsteller aus Paris mit, aber viele der Nebenrollen werden erst vor Ort besetzt, und sehr oft mit Laien. Manchmal schadet es einer Szene, wenn man einen professionellen Schauspieler neben einem Amateur auftreten läßt, denn der Unterschied kann sich störend bemerkbar machen: Ein Laiendarsteller hat sich seine Unschuld noch bewahrt, er ist noch unverdorben und legt eine Sorglosigkeit an den Tag, wie man sie auch bei Kindern beobachten kann, die spielen, weil es ihnen Freude macht und weil sie es einem recht machen wollen. Sie müssen nicht an eine mögliche Karriere denken, sie brauchen sich nicht dauernd zu sagen: Ich muß jetzt besonders vorteilhaft wirken, damit ich nächstes Jahr auch noch Arbeit bekomme. Ich will damit nicht sagen, daß Berufsschauspieler ständig diese Dinge mit in ihr Spiel bringen, aber es steht außer Zweifel, daß sie an die Interessen ihres Berufes denken und daran, welche Auswirkungen die Rolle, die sie gerade spielen, für ihre weitere Laufbahn haben wird, das läßt sich ja gar nicht unterdrücken.

Das heißt aber doch auch, daß ein Amateur sich kaum Gedanken darüber macht, wie er seine Rolle anlegen könnte.

Nein, er nimmt sich selbst ja gar nicht wichtig. Ein Laiendarsteller ist äußerst bescheiden, er glaubt grundsätzlich, er spiele sehr schlecht, und sagt sich: Na schön, wenn es dem Regisseur gefällt, um so besser. Eine vollkommen uneitle Einstellung.

Die oft zu wunderbaren Ergebnissen führt.

Ganz genau! *[lacht]*

Bei allen Nebenrollendarstellern in La Chambre verte *handelt es sich also um Laien?*

Aber ja, den falschen Chinesen in der Puppenwerkstatt zum Beispiel spielt unsere vietnamesische Maskenbildnerin Thi Loan N'Guyen. Wenn man genau hinsieht, kann man sie in fast allen meinen Filmen entdecken.[1] Normalerweise geben wir ihr natürlich Frauenrollen, aber hier sieht sie fast aus wie ein Mann, wie ein Junge.

Was hat Sie denn in diesem Fall veranlaßt, die Hauptrolle selbst zu übernehmen?

Ich wußte, daß der Film kein kommerzieller Erfolg werden konnte, also glaube ich nicht, daß ich einem Schauspieler mit dieser Rolle einen Gefallen getan hätte. Außerdem wäre dafür in meinen Augen sowieso nur ein einziger Darsteller in Frage gekommen: Charles Denner. Unmittelbar nach *L'Homme qui aimait les femmes* wäre das allerdings ein bißchen unpassend gewesen. Aber ich bin davon überzeugt, daß Charles Denner diese Rolle wesentlich professioneller und intensiver hätte spielen können als ich.

Sie glaubten also von Anfang an nicht an einen Erfolg dieses Films?

Es war eine Wette, auf die ich mich eingelassen hatte, ohne zu wissen, ob ich sie gewinnen oder verlieren würde. Auch *L'Enfant sauvage* war schon so eine Wette gewesen, und *L'Histoire d'Adèle H.* ebenfalls. Aber diesmal hatten wir keine Chance und verloren wirklich.

1. Von *Une belle fille comme moi* bis *La Chambre verte* ist Thi Loan N'Guyen in allen Filmen zu sehen, und auch in *Vivement Dimanche!* taucht sie wieder auf.

Sie sind ja nicht nur der Regisseur, sondern immer auch der Produzent Ihrer Filme; war es für den Produzenten Truffaut nicht waghalsig, den Film überhaupt zu machen?

Es war sicher eine waghalsige Angelegenheit, aber das Risiko war kalkulierbar: Die Dreharbeiten dauerten nicht lange, und es wurde für den Film kein einziger Franc unnötig ausgegeben. Und inzwischen haben wir *La Chambre verte* dank des Erfolges von *Le Dernier métro* nachträglich noch in Länder verkaufen können, die den Film zunächst abgelehnt hatten, nach Holland zum Beispiel. Er wird also nicht ganz in der Versenkung verschwinden, aber viel einspielen wird er trotz allem sicher nicht.

Worauf führen Sie den Mißerfolg denn zurück?

Das liegt eindeutig am Thema. Das Thema wird abgelehnt. Ich glaube, selbst wenn die Leute eine gute Kritik zu dem Film lesen: sobald sie merken, daß es um den Tod geht, daß dieser Typ einen Totenkult pflegt, hat es niemand besonders eilig, sich das im Kino anzusehen! *[lacht]* Filme mit so einem heiklen Thema erwarten die Leute eher im Fernsehprogramm, da scheinen sie ihnen besser aufgehoben. „Darf man die Toten vergessen? Zu diesem Thema bringen wir morgen abend . . .", sehen Sie, das geht, das ist kein Problem.

Das gewaltsame Sterben in Kriminalfilmen wird dagegen akzeptiert, denn da ist der Tod abstrakt, so stirbt eigentlich niemand, wogegen man über den natürlichen Tod lieber nichts hören möchte. Eine erstaunliche Ausnahme gibt es allerdings, und das ist Viskningar och rop[1] *von Ingmar Bergman: Auch da ging es ums Sterben, und trotzdem war der Film ein großer Erfolg. Wie erklären Sie sich das?*

Der Erfolg war eindeutig verdient, das ist ein wunderschöner Film mit vier großartigen Schauspielerinnen. *Viskningar och rop* ist wie ein Stück von Tschechow. Vielleicht spielt auch die Frage des Timing eine Rolle. *La Chambre verte* gab mir zumindest die Gelegenheit, Nathalie Baye etwas bekannter zu machen, die bei mir in *La Nuit américaine* angefangen hatte, aber immer noch auf ihren Durchbruch wartete. Ich glaube, nach *La Chambre verte* ging es mit ihr wirklich aufwärts; sie bekommt jetzt sowohl in Komödien als auch in ernsten Filmen Rollen angeboten, denn sie hat bewiesen, daß sie eine großartige Schauspielerin ist.

Szene Seite 183–185

Warum schließen Sie die Eisenpforte, bevor Sie ihr die Frage stellen? Das ist ein eigenartiger Moment. Wenn es eine feste Tür wäre, könnte man es als Geste der Diskretion begreifen, aber diese Gitterpforte . . .

1. *Schreie und Flüstern*, Schweden 1972.

Julien Davenne und Cécilia (Nathalie Baye) auf der Schwelle zur Kapelle.

Davenne: Noch einen Augenblick, bitte. *(Er geht kurz vor, sieht sich prüfend um und kommt zu ihr zurück.)* Jetzt können wir.

Beide betreten die von unzähligen Kerzen erleuchtete Kapelle. Die feierliche Musik von Maurice Jaubert schwillt langsam an. An prominenter Stelle über dem Altar ein gerahmtes Porträt von Davennes verstorbener Frau Julie. Darum herum zahlreiche kleinere Fotos und Porträts, und vor jedem eine brennende Kerze. Davenne und Cécilia kommen langsam nach vorn, er öffnet für sie eine Eisenpforte vor dem Altar und tritt mit ihr hindurch.

Davenne: Meine Toten haben jetzt einen Platz, der ihnen für immer gehören wird. Diese alte Kapelle wird auch keine Stätte des Todes sein, kein Platz zum Ausruhen, vielmehr ein Ort des Lebens. Selbst wenn wir nicht da sind, wir beide, werden diese Flammen nicht aufhören zu strahlen, zu atmen im Rhythmus des Herzens. Keine von ihnen sollte erlöschen.

Cécilia: Aber diese Porträts, all diese Menschen, haben Sie die gekannt?

Davenne: Ja, das sind meine Freunde, die verstorben sind. Sie sind jung, aber Sie werden sehen, daß man von einem bestimmten Zeitpunkt an mehr tote als lebende Menschen kennt.

Cécilia geht an den Porträts entlang und betrachtet sie aufmerksam. Vor einem ovalen Bild eines grauhaarigen Mannes (Oscar Lewenstein) bleibt sie stehen.

Cécilia: Dieser Mann zum Beispiel, wer ist das gewesen?

Davenne: Er hieß Simon Jardine, er kam aus Irland. In den dreißig Jahren, die er in unserer Gegend gelebt hat, hatten die Polizei und die Justizbehörden kaum etwas zu tun. Er war für seine Gewissenhaftigkeit und für seine Logik so bekannt, daß die Leute, die einen Streit auszutragen hatten, lieber zu ihm gingen, um ihre Konflikte zu schlichten.

Cécilia: Und dieses Paar? *(Gemeint ist ein Foto des jungen Raymond Queneau und seiner Frau.)*

Davenne: Sie hatten 1911 geheiratet. Sie haben sich drei Jahre lang nicht einmal getrennt, nicht mal einen Tag, nicht mal eine

Stunde. Als er zu Kriegsbeginn eingezogen wurde, wollte sie aus dem Fenster springen, die Nachbarn haben sie daran gehindert. Später ist er desertiert, um zu ihr zurückzukehren, weil er ohne sie so wenig leben konnte wie sie ohne ihn. Sie schafften es, nach Holland zu flüchten. Dort sind sie vor nicht langer Zeit, vor ein paar Jahren, gestorben, innerhalb weniger Tage, wie siamesische Zwillinge. *(Sie gehen etwas weiter und bleiben vor einem Foto des jungen Jacques Audiberti stehen.)* Sehen Sie sich diesen Mann an: Was für ein schönes Gesicht! Sein Leben lang hat er an Schüchternheit gelitten, an unglaublicher Schüchternheit. Ich würde Ihnen gern von ihm erzählen, aber das ist schwierig, man müßte den Klang seiner wundervollen Stimme wiedergeben können. *(Sie kommen an ein Porträt von Henry James.)* Das hier ist ein Amerikaner. Er liebte Europa so sehr, daß er die englische Staatsangehörigkeit annahm. Ich habe ihn leider sehr wenig gekannt. Trotzdem ist er es, von dem ich gelernt habe, wie wichtig die Totenverehrung ist.

Cécilia: Und dieser kleine Junge?

Davenne: Der kleine Junge . . . Als ich noch ein junger Mann war, hab ich ihn, es war während der Sommerferien, sterben sehen. Eine Blutvergiftung hat ihm das Leben gekostet. *(Er steht vor dem Bild einer jungen Frau.)* Auch diese Frau ist sehr jung gestorben, aber so, wie sich jeder Mensch zu sterben wünscht: während des Schlafes, im Bett. Ihr Leben erlosch wie die Flamme einer dieser Kerzen. Wie Sie sehen, ließ die Familie aufdrucken: „Gedenket ihrer im Gebet." In Wahrheit aber war diese Frau die Unehrerbietigkeit in Person. Ich weiß noch, wie sie eine sehr erregte Diskussion damit abschloß, daß sie sagte: „Wenn Gott wirklich existieren würde, würde ich's als erste erfahren."

Cécilia lächelt und wendet sich dem Foto eines Soldaten (Oskar Werner) zu.

Cécilia: Und dieser Soldat?

Davenne: Ja, Sie haben es erraten, das ist ein deutscher Soldat. Ich bin einer seiner Mörder, weil ich zu der Batterie gehörte, die sein Flugzeug abgeschossen hat.

Cécilia: Er scheint zu schlafen.

Davenne: Ja, das stimmt. Es ist das einzige Bild, das man von ihm gefunden hat. Sie müssen zugeben, daß man, wenn man das Bild betrachtet, in diesem Mann kaum einen Feind erblicken kann.

Cécilia: Und der Musiker da? *(Sie gehen an einem Foto Jean Cocteaus vorbei und bleiben vor einem Bild stehen, daß Maurice Jaubert mit erhobenem Taktstock zeigt. Man hört wieder Jauberts Musik.)* Haben Sie ihn gekannt?

Davenne: Ja. Ich hatte ihn fast völlig vergessen. Aber als ich dann eines Tages im Radio ein Stück, das er komponiert hat, gehört hatte, habe ich gemerkt, daß seine Musik voller Klarheit und Sonne die beste ist, die Erinnerung an all diese verstorbenen Freunde zu begleiten. *(Jauberts Porträt füllt das ganze Bild. Die Musik schwillt an.)*

Cécilia: Und so sind sie alle da. *(Die Musik endet.)* Alle, die Sie gekannt haben. Alle, die wichtig waren.

Davenne: Ja, sie sind alle da. *(Nach einer Pause:)* Und jetzt möchte ich Sie etwas fragen. Darf ich?

Cécilia: Ja.

Davenne schließt die Eisenpforte vor dem Altar, bevor er sich wieder zu ihr wendet.

Davenne: Cécilia, wären Sie bereit, gemeinsam mit mir Wächter dieses Tempels zu sein, gleichgestellt in Rechten und Pflichten? Wären Sie bereit, auf sie zu achten, zusammen mit mir, auf sie alle? Antworten Sie nicht gleich, wenn Sie es sich überlegen wollen, aber lassen Sie mich Ihnen sagen, daß ich lange auf diesen Augenblick gewartet habe, schon seit sehr langem. Sehen Sie, ich möchte, daß meine Toten Ihre werden und daß wiederum Ihre die meinen werden. Glauben Sie nicht, es sei alles schon vollendet. Hier ist Platz für alle Ihre Toten. Ihre Kerzen werden einfach zu diesen hinzukommen. Sagen Sie mir, was Sie wünschen, sagen Sie's mir!

Cécilia: Was ich wünsche?

Davenne: Ja.

Cécilia: Sie wollen es wissen? Ich wünsche, daß all diese Flammen sich mischen, verschmelzen, bis sie einen einzigen Berg aus Licht bilden, ein einziges Aufflammen.

Davenne: Wollen Sie damit sagen, daß in Ihrem Leben nur Platz für eine einzige Feier ist?

Cécilia: Ja, eine einzige Feier.

Davenne: Nein. Habe ich Sie auch ganz richtig verstanden: Alle Ihre Toten wären nur ein einziger?

Cécilia: Ein einziger. Ja.

Wir befinden uns in einer Kapelle. Ich erinnere mich, daß ich als Kind in Kirchen war, die auf der Seite solche kleinen Kapellen hatten. Ich weiß nicht, das kam ganz instinktiv, das ist so, als würde man zu jemandem sagen: Sie können diesen Satz hier nicht aussprechen, gehen wir hinter diese Säule, bevor Sie ihn sagen. Ich denke, wir brauchten in diesem Moment auch eine Maske zwischen der Kamera und den Schauspielern, und dann steckt in dieser Geste natürlich auch eine gewisse Ironie, denn er benimmt sich an dieser Stelle ja so, als würde er um ihre Hand anhalten: „Wären Sie bereit, gemeinsam mit mir . . ." Das ist sehr ironisch. Es ist seltsam: Ich weiß nicht, ob diese Filme – ich meine damit *La Chambre verte, Adèle H.*, *Les Deux Anglaises* und so weiter – wirklich meiner Art entsprechen, denn mein bevorzugtes Genre ist die dramatische Komödie, ein Film wie *La Nuit américaine* beispielsweise, wo sich grausame und lustige, amüsante und traurige Szenen abwechseln. In diesen Filmen dagegen gibt es für den Zuschauer normalerweise nichts zu lachen, und wenn er es doch tut, dann richtet sich das Lachen gegen den Film. Und trotzdem läßt sich so etwas wie schwarzer Humor in ihnen aufspüren. Ich glaube, das begann mit *La Peau douce,* da gab es erstmals diesen schwarzen Humor.

Ich weiß gar nicht genau, welchen Zuschauer ich mir für einen Film wie *La Chambre verte* wünschen würde. Vermutlich einen Zuschauer, der auf meiner Seite steht, der den Film mag, aber ich denke, daß ich es mir sehr wünschen würde, daß er sich tief in seinem Innern an bestimmten Stellen auch amüsiert, daß er schmunzelt. Ich möchte nicht, daß er lacht, denn ein Lachen käme hier einem Auspfeifen gleich, aber ich glaube, ich würde mich über eine Art inneres Lächeln freuen. Ich weiß nicht, wie man das sonst nennen soll . . . ja, das ist vielleicht eine Art schwarzer Humor.

Als ich mir den Film in einem normalen Kino ansah, wurde tatsächlich gelacht, aber das war eindeutig ein defensives Lachen . . .

Ja, wahrscheinlich auch ein nervöses Lachen.

. . . aus einer Schutzhaltung heraus, denn dieser Umgang mit dem Tod ist ja nicht gerade alltäglich.

Was mich an *La Chambre verte* auch noch reizte, war die Zeit, in der ich die Handlung spielen ließ, die natürlich nicht dieselbe ist wie bei Henry James. Ich habe den Film in die Zeit nach dem Ersten Weltkrieg verlegt, aber weshalb? Ich weiß, daß der Film voll ist von Themen des 19. Jahrhunderts, aber ich hätte es weniger interessant gefunden, ihn vor der Erfindung des elektrischen Lichts spielen zu lassen, denn dann hätte man diese Kerzen um ihre Wirkung gebracht, da man ja schon in den Wohnräumen mit Kerzenleuchtern oder zumindest mit Gasflammen hätte arbeiten müssen. Ich wollte also, daß es in den Häusern und im „zivilen" Leben schon Elektrizität gab, damit in der Kultstätte die Kerzen erst richtig zur Geltung kommen. Auch der Kult selbst enthält natürlich ein zeitliches Paradox, denn einerseits gibt es die mit ältesten Ritualen verknüpften Kerzen und andererseits die Fotos, also das recht moderne Verfahren der Fotografie. Von daher finden sich übrigens Fotos aus allen möglichen Perioden in dem Film, und viele sind ganz zufällig ausgesucht worden, man sollte der Auswahl also nicht zuviel Bedeutung beimessen.

So gibt es zum Beispiel einige Fotos von Politikern aus der Dritten Republik, aber das will nichts besagen: Ich bin in die Rue Bonaparte gegangen, wo es ein Antiquariat gibt, das historische Fotos verkauft, und dort habe ich die Leute zum Teil nur nach ihrem Aussehen ausgesucht, sie sollten einfach interessant wirken. Dieser Totenkult ist jedenfalls ziemlich paradox mit all den Kerzen, den Fotografien, der säkularisierten Kapelle und so weiter.

Aber das hat Ihnen doch sicher Spaß gemacht, sich so ein esoterisches Ritual auszudenken . . .

Zu Beginn hat es mir ein bißchen Angst gemacht, aber dann habe ich gesagt: Wir machen das jetzt einfach, ohne uns groß den Kopf darüber zu zerbrechen. Und so geschah es dann auch.

Das Ganze erinnert an eine Art Hochamt.

Ja, sicher, es ist ein wenig wie eine Messe. Das eigenartige ist ja, daß ich nicht sehr religiös bin, eigentlich überhaupt nicht, aber ich mag trotzdem eine gewisse Religiosität, so etwas verträgt sich gut mit dem Kino.

Vor allem die Liturgie.

Ja, vermutlich.

Sie haben gerade von der Zufälligkeit der Fotoauswahl gesprochen, aber man erkennt ja ganz deutlich, daß Sie auch einige Tote ins Bild rücken, die Sie geliebt haben; Cocteau beispielsweise sieht man sogar zweimal.

Das lag nur daran, daß ich so viele schöne Fotos von ihm besitze. Andererseits gibt es sicher Leute, deren Fotos nicht zu sehen sind, weil die Aufnahmen zu schlecht waren oder vielleicht auch nur zu sehr glänzten. Das Endergebnis, das, was man auf der Leinwand sieht, ist wirklich sehr vom Zufall abhängig gewesen. Es verhält sich hier so ähnlich wie mit den Büchern in *Fahrenheit 451:* Da glaubten die Leute auch, die Auswahl der Buchtitel sei sehr bewußt gewesen, aber das stimmte gar nicht: Wenn man ein Buch verbrennen sah, war mir natürlich daran gelegen, daß es den Namen einer Person trug, denn dadurch bekam das Buch etwas Menschliches; wenn Sie ein Exemplar von *Madame Bovary* verbrennen sehen, dann ist das eben nicht nur ein Buch, das verbrennt, sondern auch eine Frau. Am Ende von *Fahrenheit 451* dagegen, wenn man den Menschen begegnet, die zu Büchern geworden sind, war mir an abstrakten Titeln gelegen, denn wenn eine unscheinbare Frau im Wald auf einen zukommt und sich als

Madame Bovary vorstellt, wäre die Reaktion: Das kann sie aber einem anderen erzählen, Madame Bovary stelle ich mir anders vor! Deshalb war es notwendig, daß sich die Personen im Wald als *Judenfrage* von Jean-Paul Sartre oder als *Das Kapital* vorstellten.

Sie sehen, bei solchen Entscheidungen spielen auch ganz nüchterne Überlegungen eine Rolle. In *La Chambre verte* ist es das gleiche: In den Einstellungen, in denen man nicht die Darsteller, sondern bildfüllend die Porträts sieht, mußte sich trotzdem noch etwas bewegen, denn wenn sich in einem Film nichts bewegt, ist das tödlich; deshalb brauchten wir eine Flamme, eine brennende Kerze, die sich in dem Foto spiegelt. Wenn sich die Kerzen zu schwach spiegelten, habe ich das Foto aussortiert und es durch ein anderes ersetzt. Außerdem wollten wir vermeiden, zwei Porträts nebeneinander im Bild zu haben, und deshalb hängt nun immer eine Ganzaufnahme – beispielsweise von Proust – neben einer Porträtaufnahme.

Wer ist der Komponist auf dem Foto?

Das ist Maurice Jaubert. Er hat irgendwann in einem Film sich selbst als Dirigent gespielt, mir ist allerdings der Titel entfallen. Ich habe Marthe Jaubert, seine Witwe, gebeten, mir dieses Foto zu leihen, und natürlich wollten wir, daß man im selben Moment auch seine Musik hört. Insofern gibt es natürlich schon ein paar Fotos, die wir mit Absicht in die Szene aufgenommen haben. Einmal sieht man den jungen Raymond Queneau und seine Frau. Dieses Foto liebe ich wirklich sehr. Ich bin Queneau ein oder zwei Mal begegnet, und es stimmt wirklich, die beiden machten den Eindruck eines sehr innigen Paares. In seinem autobiographischen Roman *Odile* beschreibt er sehr schön, wie er zur Zeit des Surrealismus seine Frau kennenlernte. Was den begleitenden Text über das Paar betrifft, das sich nie getrennt hat, habe ich mich also ein wenig von den Queneaus inspirieren lassen, aber nicht direkt von ihrer Geschichte, sondern von dem, was ich von ihrer Geschichte zu kennen glaube, und das muß nicht unbedingt mit den Fakten übereinstimmen. Es diente mir als Vorwand.

Entscheidungen dieser Art sind ja unabhängig von einer dramaturgischen Notwendigkeit. So etwas findet man häufig in Ihren Filmen: Sie benutzen einen Film gern als Gelegenheit, alles mögliche hineinzupacken, so daß man wie in einem Album darin herumblättern kann.

In dieser Szene kam es auf die richtige Mischung von Fotos und dazugehörigen Anekdoten an. Ein Foto von Jacques Audiberti findet man übrigens des öfteren in meinen Filmen; dasselbe Foto taucht, glaube ich, auch in *Le Dernier métro* wieder auf. Denn Sie dürfen nicht vergessen: Diese Bilder werden ja nicht weggeworfen, zum Teil hängen sie in meinem Büro, und wenn wir einen neuen Film drehen, holen wir sie und hängen sie in die Dekoration. Sie tauchen an den verschiedensten Stellen meiner Filme auf, man sollte sich nicht allzuviel dabei denken.

Motive aus Audibertis Romanen finden sich immer wieder in Ihren Filmen ...

Ja, das stimmt, ich habe ihn oft zitiert.

Die Aneinanderreihung der verschiedenen Personen auf den Fotos hätte auch leicht eintönig werden können ...

Das zu vermeiden, war sehr schwierig. Mir war diese Gefahr bewußt, und deshalb habe ich zum Beispiel einen Scherz eingebaut, den Ausspruch der Comtesse de Noailles: „Wenn Gott existierte ..."

Diese Sequenz ist wie eine Lektion in Kino, und ich finde, Sie steht stellvertretend für Ihr Schaffen. Ging es in der Szene mit der Wachsfigur um das mißratene Abbild, so haben wir es hier mit dem Gegenteil zu tun. Trotz der Art dieses Ortes, der ja ein Ort des Todes, eine Art Grabstätte ist, und trotz der Fotografien all dieser Verstorbenen schaffen Sie es, diesen Ort zu beleben: durch das Feuer, durch die Flammen und durch die Geschichten, die hier geboren werden und in alle möglichen Richtungen weisen. So wird aus dieser Kapelle ein schöpferischer Ort, ein Ort der Geburt, eine Art Quelle des Kinos. Das löst eine so starke Empfindung aus, daß man fast sagen könnte, Sie widersprechen Cocteau: Hier wird nicht der Tod bei der Arbeit gefilmt, sondern im Gegenteil, ausgehend vom Tode entsteht hier ein Gefühl des Lebens, ein sehr bewegendes Gefühl. Sie stellen die Situation auf den Kopf und machen aus diesen Fotos, die einfach nur an der Wand hängen, die unbeweglich sind und damit eigentlich das Gegenteil von Kino, sogar noch eine Liebesszene: Die starren Bilder werden durch die Worte, durch die Flammen und durch die Musik allmählich zum Leben erweckt. Hinzu kommt, daß Sie in dieser Szene und überhaupt in La Chambre verte *nie ins Makabre abgleiten, was bei dem Thema ja leicht hätte passieren können.*

Da haben Sie recht, der Film ist eigentlich an keiner Stelle makaber, auch wenn ich mir beim Drehen über diese Gefahr gar keine Gedanken gemacht hatte; ich habe es also nicht einmal speziell vermieden.

14

L'Amour en fuite (Liebe auf der Flucht):
eine Art Experiment – Die Doinel-Reihe:
ein eigenartiges Phänomen –
Ein willkürlicher Optimismus – *Le Dernier métro*
(Die letzte Metro): ein Film übers
Theater und über die Okkupation – Das Theater als
magischer Ort – Der Jagdaufseher ist
keine Hommage – Auf den Erfolg war ich nicht
vorbereitet – Ein grundsätzliches Problem:
der Schluß eines Films – Statt „make believe": der
Zuschauer als Komplize – Der Theatertrick
bei der Szene im Lazarett – Sind Schauspielerinnen
besser im Bett? – Ein Ehefilm aus Zufall –
Mein Onkel, der Widerstandskämpfer – Diese Szene
ist reinster Hitchcock – Noch einmal:
Thema „Publikum" – Meine Theorien zum
Kostümfilm – Schwarzweißfilme sind glaubwürdiger
als Farbfilme –
Der Himmel in *Le Carrosse d'or*

antoine
doinel
les salades
de
l'amour

MADAME CHEVALIER
COUTURIERE
DOCTEUR MAGORI
GYNECOLOGUE
MAITRE BACQUET
NOTAIRE

Im Schlafwagenabteil: Colette (Marie-France Pisier) liest in Antoine Doinels Roman Les Salades de l'amour.

Rückblende (= Baiser volés): *Antoine und Christine auf einer Parkbank.*

Antoines Stimme: Von Anfang an war Christine netter zu mir als ich zu ihr.

Antoine (sucht in seinen Taschen): Verflixt, ich hab kein Taschentuch dabei! Kannst du mir bitte deins leihen?

Christine: Ich hab nur Papiertaschentücher dabei. Willst du eins?

Antoine: Kommt nicht in Frage, die benutze ich grundsätzlich nicht!

Schnitt zurück ins Schlafwagenabteil: Colette muß beim Lesen lachen.

Rückblende (= Szene aus Domicile conjugal): *Antoine und Christine auf der Straße. Christine bleibt vor einem Hauseingang stehen.*

Christine: So, hier trennen sich unsere Wege.

Antoine: Hier? Du hast deine Geige doch gar nicht dabei!

Christine: Ich will ja auch keinen Unterricht geben.

Antoine: Was willst du dann hier?

Christine: Sagst du mir vielleicht immer, was du vorhast? Also, mach's gut, bis heute abend!

Sie verschwindet in dem Gebäude. Antoine betrachtet die drei Tafeln neben dem Eingang: Couturière, Gynäkologe, Notar.

Schnitt: Antoine in einer Metro-Station. Er geht an einem Plakat vorbei, auf dem ein Baby abgebildet ist, und verschwindet aus dem Bild. Er kommt zurückgerannt, betrachtet das Baby und stürzt auf den Ausgang zu.

Schnitt zurück auf die lächelnde Colette im Schlafwagenabteil. Sie blättert die nächsten Seiten durch. Großaufnahme der Seiten, darüber nacheinander in Doppelbelichtung: Antoine hält ein Baby im Arm (aus Domicile conjugal*); Christine, gekleidet und geschminkt wie eine Japanerin (aus* Domicile conjugal*); Antoine läuft im Detektivbüro wild gestikulierend auf und ab (aus* Baisers volés*).*

L'Amour en fuite *ist nicht nur der letzte Teil der Filmreihe um Antoine Doinel, sondern zugleich auch eine Zusammenfassung der vorausgegangenen Teile.*

Richtig, das war eine Art Experiment. Was wir da gerade gesehen haben, hat große Ähnlichkeit mit einem Montagefilm, man spielt mit der Montage.

Der Film folgt ja unmittelbar auf La Chambre verte, *und mir scheint, Sie bleiben beim Thema, denn auch hier geht es darum, tote Dinge wiederzubeleben, ihnen mit den Mitteln des Films zu neuem Leben zu verhelfen: Antoines Roman, in dem gelesen und geblättert wird, bringt die alten Filme wieder auf die Leinwand, und die Figuren von damals beginnen wieder, sich zu bewegen.*

Ich persönlich war mit *La Chambre verte* zufriedener als mit *L'Amour en fuite*. Jeder der beiden Filme war auf seine Art ein Experiment, und keiner von beiden hatte Erfolg. Aber zumindest hatte ich nach *La Chambre verte* nicht das Gefühl wie bei *L'Amour en fuite*, eine Tür hinter mir zugeschlagen zu haben.

Ich betrachte die Doinel-Filmreihe als ein sehr eigenartiges Phänomen. Entstanden ist sie rein zufällig, es war von mir nie geplant, mehrere Filme um die Figur des Antoine Doinel zu drehen. Es gab den ersten, *Les 400 Coups*, und dann, als ich *Jules et Jim* beendet hatte, bekam ich das Angebot, einen Beitrag zu einem Episodenfilm beizusteuern. Ich wußte nicht genau, was ich machen sollte, und dann überlegte ich mir, daß es nicht schwer sein könnte, mit Jean-Pierre etwas zu improvisieren und den Kurzfilm in einer Woche abzudrehen. So kam es also zu der Episode *Antoine et Colette* für den Film *L'Amour à vingt ans*. Und diese Episode kam so gut an, daß wir uns sagten: Wir hätten noch viel mehr Spaß haben können und uns nicht nur eine Woche, sondern einen ganzen Monat lang mit einer richtigen Fortsetzung beschäftigen sollen! Das gab den Anstoß für *Baisers volés*. Der war dann so überaus erfolgreich, daß der nächste Teil, *Domicile conjugal*, nur eine Frage der Zeit war.

Domicile conjugal ist übrigens der einzige von meinen Filmen, der so etwas wie eine Auftragsarbeit darstellt. Denn irgendwann hörte ich von mehreren Seiten gleichzeitig: Wir wollen eine Fortsetzung. Gut, habe ich gesagt, dann laßt sie uns machen. Aber damit war für mich Schluß, ich hätte nicht geglaubt, daß ich mich nach *Domicile conjugal* noch einmal mit Antoine Doinel beschäftigen würde. Nach *La Chambre verte* spielte dann wieder der Zufall eine Rolle. Ich sagte mir: Ich werde es diesmal so machen, daß das neue Kapitel wirklich der Abschluß ist, eine Rekapitulation. So entstand die Idee, einen kürzeren neuen Film von rund fünfzig Minuten zu drehen, dieses Material dann um Erinnerungen zu ergänzen und alles kräftig miteinander zu vermengen. Schließlich hatte ich das für einen Regisseur sehr seltene Glück, über einen Zeitraum von mehreren Jahrzehnten mehrfach mit demselben Schauspieler in derselben Rolle gearbeitet zu haben, und von dieser Chance wollte ich noch einmal profitieren.

Aber mit dem Ergebnis bin ich, wie gesagt, nicht ganz zufrieden. Der Film hätte mehr als nur ein Experiment sein müssen. Ich habe ihn mir nicht noch einmal angesehen und kann deshalb nicht sehr viel dazu sagen, aber mir scheint, er ist wirklich nur ein Experiment. Das ist der Grund, weshalb ich nicht voll hinter ihm stehe oder zumindest nicht ganz glücklich mit ihm bin. Dennoch finde ich die Bearbeitung und Manipulation des Materials in diesem Film sehr interessant, und Martine Barrqué, die Cutterin, hat wirklich Großartiges geleistet. Bei *La Nuit américaine* war sie noch Assistentin, man sieht sie in einer Szene zusammen mit dem damaligen Cutter, Yann Dedet. Mit *L'Homme qui aimait les femmes*, der ebenfalls eine große Herausforderung in bezug auf die Montage darstellte, ist sie dann Chefcutterin geworden. Trotzdem, es fällt mir schwer, *L'Amor en fuite* als eine positive Erfahrung zu betrachten.

Aber glauben Sie nicht, daß der Mißerfolg dieses Films auch etwas mit dem Thema zu tun hat?

Er war eigentlich gar kein Mißerfolg im strengen Sinne, gescheitert ist er hauptsächlich in meinen Augen, denn ich glaube, die Szenen in der Gegenwart, also die, die eigens für diesen Film neu geschrieben und gedreht wurden, haben es nicht geschafft, mehr zu sein als ein bloßer Vorwand.

Es fällt mir sehr leicht, mir Szenen für Doinel auszudenken; wenn ich morgen mittag mit Jean-Pierre Léaud drehen sollte, würde ich mich heute abend hinsetzen und eine Szene schreiben, die vermutlich sehr witzig werden würde, denn schon beim Schreiben muß ich dauernd lachen, weil ich mir vorstelle, wie er sie spielen wird. Ich bräuchte also nur drauflos zu schreiben. Ein mehrteiliger Fernsehfilm von acht Stunden Länge wäre im Nu fertig, wenn ich wüßte, Jean-Pierre spielt die Hauptrolle. Dabei ist es nicht einmal so, daß er im Leben genauso ist wie in den Filmen; es ist die Vorstellung, die ich von der Figur habe, diese Mischung aus Unrast, Unbeholfenheit und Naivität.

Das Thema von L'Amour en fuite *ist ja eigentlich ziemlich deprimierend: Man sieht, wie die Menschen älter werden.*

Ja, kann sein, und vielleicht ist dieser Film ja wirklich etwas makaber! *[lacht]* Es gibt darin einen verzweifelten Optimismus, der eigentlich völlig willkürlich ist. Aber ich wollte es so. Ich weiß nicht, ob es eine gute Idee war, die Sachen so zu verhackstücken.

Es ist aber doch sehr intim, sehr persönlich.

Gerade weil es sehr persönlich war, habe ich die Dinge nicht richtig an mich herangelassen, mich mehr auf die technische Herausforderung konzentriert. Ich finde, es ist ein seltsamer Film, und ich weiß nicht, ob diese Methode wirklich statthaft ist. Ich kann das aber nicht richtig beurteilen, denn ich hatte keine Lust, mir den Film nach dem letzten Tag der Mischung noch einmal anzusehen. Normalerweise sehe ich mir einen neuen Film nach der endgültigen Fertigstellung noch einmal an oder auf dem Filmfestival in New York oder anderswo; hier wußte ich es immer so einzurichten, daß ich regelmäßig erst dann auftauchte, wenn die Vorführung gerade zu Ende war. *[lacht]* Von daher bin ich gar nicht sicher, ob ich den Film eigentlich richtig vor Augen habe.

Glauben Sie, daß eine solche Kontinuität in der Auseinandersetzung mit einer Figur auch das Leben des betreffenden Schauspielers konditionieren kann?

Ja, es müßte ihn eigentlich amüsieren, sich hin und wieder dabei zu ertappen, auch im wirklichen Leben wie Antoine Doinel zu reagieren. Aber das weiß ich nicht, dazu müßte man Jean-Pierre selbst befragen.

Vermutlich reagiert er manchmal ganz unwillkürlich so, aber das muß ihn ja nicht unbedingt amüsieren . . .

Es kann ihm auch unangenehm sein, da haben Sie völlig recht.

In der Beziehung haben Sie eine große Verantwortung.

Natürlich, eine sehr große.

Aber wenn Sie noch einmal mit Léaud zusammenarbeiten, dann in einer anderen Rolle . . .

In einer anderen Rolle als die Antoine Doinels, ganz sicher, es könnte etwas in der Art von *Les Deux Anglaises* oder *La Nuit américaine* werden.

Marion/„Helena“: Jetzt beginne ich zu lieben, Carl. Das tut mir weh. Tut die Liebe denn weh?

Bernard/„Carl“: Ja, Liebe tut weh. Wie die großen Raubvögel zieht sie Kreise über uns. So verharrt sie und bedroht uns. Aber diese Bedrohung kann auch der Beginn neuen Glücks bedeuten. Du bist schön, Helena. Es schmerzt, dich anzusehen, so schön bist du.

Marion/„Helena“: Gestern sagten Sie, es wäre ein Freude.

Bernard/„Carl“: Es ist Freude und Schmerz zugleich.

Der Vorhang wird zugezogen, die Leute beginnen zu klatschen. Der Vorhang öffnet sich sofort wieder, das Saallicht geht an. Marion und Bernard halten sich an der Hand und kommen an die Rampe. Schnitte auf einzelne Zuschauer, die begeistert klatschen. Der Vorhang wird wieder zugezogen. Marion strahlt Bernard an.

Marion: Wir haben sie in der Tasche! *(Sie küßt Bernard innig auf den Mund und winkt die anderen Schauspieler aus den Kulissen heran.)* Kommt her! Kommt!

Bernard ist wie vom Donner gerührt. Der Vorhang öffnet sich wieder, alle verbeugen sich gleichzeitig, treten wieder zurück und machen Platz für den erneut fallenden Vorhang.

Totale: Die gesamte Bühne, frontal. Der Vorhang öffnet sich wieder und gibt die sich an den Händen haltenden Schauspieler frei. Applaus und Bravo-Rufe. Alle treten noch einmal an die Rampe und verbeugen sich.

Haben Sie sich mit dem Entschluß, einen Film über das Theater zu machen, nicht erneut auf eine Wette eingelassen? Natürlich hat auch das wieder etwas Liturgisches, wieder haben wir es mit einer mise en scène innerhalb der mise en scène zu tun.

Ich wußte schon seit langem, daß ich einmal einen Film übers Theater machen würde, und ebenfalls seit langer Zeit wollte ich einen Film über die Okkupation drehen. Irgendwann kam ich auf die Idee, diese beiden Themen miteinander zu verbinden. Schon vor zwanzig Jahren dachte ich an einen Film über die Okkupation, aber mit der Zeit ist dieses Vorhaben immer weiter in den Hintergrund gerückt. Eines Tages mußte ich wieder an *La Peau douce* denken, der keinen großen Erfolg gehabt hatte und bei den Filmfestspielen in Cannes sogar ausgebuht worden war, und ich sagte mir: Ich war ein Idiot, ich hätte die Geschichte von *La Peau douce* während der Okkupation spielen lassen sollen, dann hätte ich zwei Themen sich entwikkeln lassen können statt nur einem, und es hätte der Geschichte von *La Peau douce* nicht im geringsten geschadet, wenn ich sie mit Erinnerungen, Beobachtungen und Anekdoten aus der Besatzungszeit angereichert hätte, die ich liebend gern auf die Leinwand gebracht hätte. Ich kam zu dem Schluß, daß es nicht immer gut ist, sich auf eine einzige Idee für eine Geschichte zu verlassen; manchmal läßt es sich besser arbeiten, wenn man zwei Ideen miteinander verknüpft. Und so habe ich es also bei *Le Dernier métro* gemacht.

Wer Freunde beim Theater hat und schon einmal hinter die Kulissen schauen durfte, weiß, wie faszinierend und aufregend das ist: Solange der Vorhang noch geschlossen ist, kann man sich mit dem Schauspieler noch über private Dinge unterhalten – „Wir treffen uns nach der Vorstellung im Restaurant . . .“, „Warte auf mich am Bühneneingang . . .“ und so weiter –, und im nächsten Moment tritt der Schauspieler oder die Schauspielerin wieder vor das Publikum. Schon in etlichen Filmen konnte man sehen, wie die Kamera seitlich in den Kulissen steht und in einer einzigen Einstellung

Fiktion und Realität nebeneinander zeigt, und egal, ob es ein guter oder schlechter Film ist, diese Aufnahme besitzt immer etwas Magisches. Das Theater als magischer Ort, das ist ein bekanntes Motiv.

Und dazu also noch die Okkupation: Eigentlich war das eine recht naheliegende Entscheidung, denn wie man in den Autobiographien von Schauspielern immer wieder nachlesen kann, war die Zeit der Okkupation für das französische Theater eine besonders fruchtbare Periode, eine wesentlich fruchtbarere jedenfalls als die, die wir im Moment erleben.

Aber bedeutet das nicht, daß man das, was man eigentlich erzählen möchte, immer hinter etwas anderem verbergen muß? Wenn Sie sagen, La Peau douce *hätte während der Besatzungszeit spielen müssen, sagen Sie dann nicht, man hätte das Sujet kaschieren, etwas davorsetzen müssen?*

Oh, nein, es geht nicht ums Kaschieren, sondern um zwei Sujets, die gleichberechtigt nebeneinander stehen. Das eine Thema soll das andere nicht verdecken, sondern es im Gegenteil ergänzen, beide sollen voneinander profitieren.

Trotzdem denke ich, daß Ihre Art des Filmemachens vor allem von der Kunst des Verbergens geprägt ist: Was Ihren Themen so eine Kraft verleiht, ist, daß Sie sie nie direkt angehen, sondern immer indirekt, über Umwege und Andeutungen.

Ja, das stimmt. Bei Diskussionen mit meinen Co-Drehbuchautoren sage ich oft: Nein, nein, das ist zu direkt. Ich spiele lieber mehrfach über die Bande. Das ist eine recht exakte Metapher dafür, wie man sich meiner Ansicht nach einem Sujet nähern sollte.

Sie haben eine kleine Hommage an Renoir, an Buñuel und an Gaston Modot eingebaut . . .

Ach so? Inwiefern?

Ich denke an den Jagdaufseher, der auf der Bühne kurz auftaucht.[1]

Oh, der Jagdaufseher ist da, um anzudeuten, daß das Stück länger ist als das, was man im Film davon zu sehen bekommt.

Und Sie haben dabei nicht an Renoir gedacht?

Nein, das ist keine Hommage. Das Motiv der Notwendigkeit ist immer wichtiger als das der Hommage. Wir brauchten auf der Bühne jemanden mit

1. Gaston Modot spielte in Renoirs *La Règle du jeu (Die Spielregel),* Frankreich 1939, einen Jagdaufseher. In Buñuels *L'Age d'or,* Frankreich 1930, in dem Modot die Hauptrolle spielte, gibt es eine Szene, in der ein Jagdaufseher seinen kleinen Sohn erschießt.

einer Waffe, also mußte es jemand in Uniform sein; da wir uns aber in Kriegszeiten befinden, sollte es keine militärische Uniform sein. Wir sind also nach dem Ausschlußverfahren vorgegangen. Solche Entscheidungen fallen immer ganz logisch.

Sie sprachen ja schon über Ihre Maxime, daß Filme nicht länger als 120 bis 130 Minuten dauern sollten. Kann es sein, daß Sie diesen Film aber doch ganz gern hätten länger dauern lassen mögen?

Nun, ich habe nicht allzuviel weglassen müssen. Aber es stimmt, da es sich um eine Koproduktion mit dem Sender TF1 handelte, habe ich mir überlegt, ob ich ihn für die Fernsehausstrahlung nicht wieder auf seine ursprünglich geplante Länge bringen sollte. Aber es hätte sich allenfalls um eine Viertelstunde zusätzlicher Szenen gehandelt, in denen es um ein paar Nebenfiguren geht. Die ambitionierte junge Schauspielerin zum Beispiel hatte noch ein paar Auftritte und vor allem der Drehbuchautor, den man jetzt nur noch zu Anfang des Films kurz sieht. Seine Rolle ist wirklich fast gänzlich der Schere zum Opfer gefallen, er hatte noch eine große Szene, in der man erfährt, daß er sehr krank ist.[1] Aber ansonsten ist praktisch alles, was gedreht wurde, auch zu sehen.

Auf den enormen Erfolg des Films war ich nicht vorbereitet. Anfangs, wenn es um die Themenwahl geht, bin ich immer sehr zuversichtlich, dann sage ich: Doch, das wird sicher ein Erfolg, das machen wir. Aber nach den Dreharbeiten oder spätestens am Schneidetisch werde ich meistens unruhig, denn dann kommt mir der Film plötzlich sehr eigenartig vor und ganz anders, als ich ihn eigentlich geplant hatte. Diese Angst kann dazu führen, daß ich bei der Montage manchmal zu streng vorgehe und Szenen zu schnell entferne. Hätte ich geahnt, wie erfolgreich *Le Dernier métro* sein würde, hätte ich mich sicher nicht davor gefürchtet, den Film zehn oder fünfzehn Minuten länger dauern zu lassen. Das gleiche gilt für *La Nuit américaine*, aber man ist eben kein Prophet.

Vielleicht wäre die längere Version von Le Dernier métro *ein Mißerfolg geworden . . .*

Oh, nein, bestimmt nicht. Der Erfolg bedeutet ja gerade, daß der Film gut und gerne auch noch fünfzehn bis zwanzig Minuten länger hätte dauern können. Ich hatte die Faszination unterschätzt, die von der Schilderung des Alltags während der Okkupation ausgeht. In anderen Filmen wurde diese Zeit ja immer unter dem Blickwinkel des Außergewöhnlichen und des Heldentums geschildert. Hinzu kam natürlich die Faszination der Theaterszenen, selbst wenn diese in der Handlung gar nicht so viel Platz einnehmen, die Magie des Theaters eben. Auch die Situation des Ehemannes, der

1. Die Szene mit Monsieur Valentin (René Dupré), um die es hier geht, wurde von Truffaut anläßlich der Videoauswertung von *Le Dernier métro* wieder in den Film eingefügt (nur in Frankreich).

sich im Keller versteckt hält, besaß letztlich eine größere dramatische Wirkung, als ich gedacht hatte. Das waren die Elemente, die wir alle vorher unterschätzt hatten und die beim Publikum optimal ankamen.

Ist das Ende von Le Dernier métro *nicht quasi der Beginn eines neuen* Jules et Jim?

Man hat mich schon häufiger darauf angesprochen, aber ich kann das nicht so sehen. An *Jules et Jim* jedenfalls habe ich dabei nicht gedacht. Wissen Sie, das Ende eines Films ist ein grundsätzliches Problem. Im allgemeinen nehme ich erst dann einen Film in Angriff, wenn ich den Schluß gefunden habe. Bei *Le Dernier métro* war das Drehbuch eigentlich schon fertig, aber es fehlte immer noch ein richtiges Ende. Wir befanden uns kurz vor Drehbeginn, und irgendwann habe ich gesagt: Es ist unbedingt nötig, daß wir einen Schluß finden, mit dem wir zufrieden sind. Die erste Drehbuchfassung, die wir im Juli und August 1979 während der Schulferien geschrieben hatten, hörte damit auf, daß der Kommentar sagte: „Das Théâtre Montmartre nahm seinen Betrieb wieder auf", und man sah den Inspizienten, wie er vor dem Gebäude ein Plakat anbrachte. Ich sagte: Damit machen wir es uns zu leicht, das ist keine Lösung, wir müssen etwas Besseres finden.

Und dann habe ich versucht, in eine abstraktere Richtung zu denken. Das Ende eines Films sollte meiner Ansicht nach die Handlung gleichzeitig resümieren und ein Gegengewicht dazu schaffen. Wenn es vorher viele düstere Momente gab, ziehe ich ein heiteres Ende vor; wenn es dagegen vorher viele heitere Momente gab, ist mir ein beunruhigendes Ende lieber. Wie zum Beispiel in *Baisers volés:* In dem Film überwiegen eindeutig die heiteren Momente, und deshalb höre ich dort mit einer Szene auf, die einem sogar ein bißchen Angst einjagt und in der Christine und Antoine von dem fremden Mann angesprochen werden, der Christine schon die ganze Zeit verfolgte.

Bei *Le Dernier métro* wußte ich, daß die dramatischen Momente überwiegen würden und der Schluß deshalb versöhnlich sein sollte. Vorher hatte ich einmal daran gedacht, Gérard Depardieu sterben zu lassen, aber dann sagte ich mir: Nein, das ist ein Widerstandskämpfer der letzten Stunde, der stirbt nicht, von diesem Typ haben viele überlebt. Nicht, daß es sich um Opportunisten gehandelt hätte: Das waren Leute, die erst ein Jahr vor der Befreiung der Résistance beigetreten waren, als das Bedürfnis, sich im Widerstand zu engagieren, endlich groß genug war. Deshalb wäre es nicht ganz fair gewesen, seinen Panzer in die Luft zu sprengen. Ich sagte: Nein, eigentlich darf keiner dieser Leute sterben, dies ist kein Film, in dem man plötzlich stirbt, wenn man die Zeit der Okkupation so lange überlebt hat. Immerhin hat die Mehrheit der Franzosen unter diesen Bedingungen überlebt, und der Film beschreibt ja ein wenig die verschiedenen Verhaltensweisen der Menschen während des Krieges.

Von daher war mir plötzlich klar, daß ich am Ende zeigen wollte, daß alle drei – Marion, Bernard und Lucas Steiner – noch am Leben sind. Und ich wollte nicht, daß man den Eindruck bekam, Marion habe sich für einen der beiden entschieden. Also sagte ich mir: Das ideale Schlußbild wäre, wenn sich alle drei auf der Bühne an den Händen hielten.

Aber was könnte zu diesem Schluß führen, damit dieses Bild dem Publikum nicht zu verharmlosend erscheinen würde? Nun, man muß dem Zuschauer kurz zuvor einen großen Schrecken einjagen, damit er froh ist, diese Szene zu sehen, anstatt sie mir vorzuwerfen. Und einen großen Schrecken könnte man ihm damit einjagen, daß man ihm vormacht, die Hauptfiguren seien tot oder schlimmer als tot; also habe ich dieses zweite Stück erfunden, das man zunächst aber nicht als Inszenierung erkennt: Bernard liegt mit einer Halskrause im Lazarett, und der Dialog macht einen glauben, Lucas Steiner sei tot. Das ist ein Theatertrick, und er hätte in keiner anderen Geschichte funktioniert als in dieser. Damit die Sache auch ihre volle Wirkung erzielt, haben wir dann noch die Kulissen ein wenig manipuliert.

Beim Erzählen einer Geschichte gibt es immer zwei Möglichkeiten: Die eine ist das, was die Amerikaner das „make believe" nennen, das Glaubenmachen, ein schöner Begriff – man macht den Zuschauer glauben, daß das, was er auf der Leinwand sieht, wirklich gerade passiert oder passiert ist. Und die andere Möglichkeit ist, daß man den Betrachter zum Komplizen macht. Ein Beispiel dafür ist die Szene aus *Domicile conjugal,* die wir vorhin als Rückblende in *L'Amour en fuite* gesehen haben: Christine Doinel trennt sich vor einem Haus von Antoine und will ihm nicht sagen, was für einen Termin sie dort hat: „Du sagst mir ja auch nicht immer, was du vorhast." Und die Kamera erfaßt drei Schilder an dem Haus: das eines Rechtsanwalts, das eines Gynäkologen und das einer Couturière. Das ist ein Angebot an den Zuschauer, sich auf das Spiel einzulassen, man macht ihn zum Komplizen, zu einer Art Co-Drehbuchautor. In der folgenden Szene, wenn Antoine vor dem Plakat mit dem Baby hergeht, kann der Betrachter sogar noch eher als Antoine Doinel auf die Lösung des Rätsels kommen.

Wer diese Methode besonders gern anwandte, war Ernst Lubitsch, und das erklärt meine große Bewunderung für diesen Regisseur. Lubitsch arbeitet in seinen Filmen nur wenig mit dem „make believe", er will uns so gut wie nie einreden, daß die Geschichte, die er uns vorführt, sich wirklich so zuträgt oder zugetragen hat; er spielt lieber mit uns, und zwar auf eine sehr ehrliche Weise.

Ich glaube also, daß es beim Erzählen einer Geschichte manchmal darauf ankommt, etwas glaubwürdig und plausibel herüberzubringen und den Zuschauer von einer Sache zu überzeugen, selbst wenn sie eigentlich ein bißchen schwer zu schlucken ist, und daß es andere Momente gibt, wo es darauf ankommt, sich den Zuschauer zum Komplizen zu machen. Die letzte Sequenz von *Le Dernier métro* ist dafür, glaube ich, ein gutes Beispiel: Zu Beginn der Szene, wenn Marion Bernard im Lazarett besucht, sieht man durch das Fenster hinter ihnen weitere Kranke, gespielt von Statisten, die ich extra gebeten habe zu rauchen, damit man im Hintergrund etwas Bewegung wahrnimmt. Aber an einer bestimmten Stelle wird der reale Hintergrund durch einen gemalten ersetzt, und ich denke, daß man sich über den Trick freut: Man merkt, daß man hereingelegt worden ist, aber gleichzeitig ist man froh darüber.

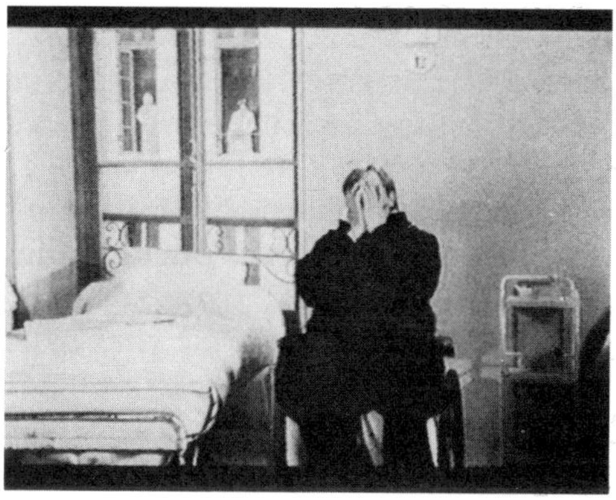

Interessant ist, daß jeder an einer anderen Stelle die Sache durchschaut; es gibt die, die sofort merken, daß irgend etwas nicht stimmt, und bei anderen fällt der Groschen erst, wenn die Kamera zurückfährt oder wenn man plötzlich das Geräusch des fallenden Vorhangs hört. Aus diesem Grunde hatte ich bei der Tonmischung darum gebeten, dieses Geräusch aufzuziehen, noch bevor der Vorhang von der Seite ins Bild kommt. Soviel zum Spiel mit dem Zuschauer.

Jetzt haben Sie über die äußere Handlung der Schlußsequenz gesprochen. Aber ist das, was die letzte Einstellung impliziert, nicht doch etwas problematischer? Diese Frau, Marion Steiner, steht doch offensichtlich vor einer schweren Entscheidung . . .

Aber ganz und gar nicht! Die Frauen in Louis Jouvets Theatertruppe teilten sich ein in die, mit denen er schon einmal ein Verhältnis hatte, und in die, mit denen er noch eines haben würde. Jouvet sagte immer: „Wenn man beim Theater arbeitet, sollte man sich in eine Schauspielerin verlieben."

Aber nicht etwa, weil Schauspielerinnen besser im Bett wären als andere Frauen, sondern einfach, weil es praktischer und weniger zeitraubend ist. Ich könnte mir denken, daß diese Regel auch auf Piloten und Stewardessen, Ärzte und Ärztinnen und viele andere Berufsgruppen zutrifft, in denen es keine festen Bürostunden gibt. Ich glaube nicht, daß es zu Konflikten kommt. Lucas Steiner, Marions Mann, hat großen Respekt vor Bernard als Schauspieler, also wird er weitere Stücke mit ihm inszenieren.

Was man bei einem Film mit sieben, acht Hauptfiguren nicht vorhersehen kann, ist, welche von ihnen am Ende den stärksten Eindruck hinterlassen wird. Deshalb ist für mich die Abnahme eines Films im Kopierwerk auch heute noch die wichtigste Vorführung, denn dann ist der Film fertig geschnitten und gemischt, und man sieht ihn zum ersten Mal an einem Stück. Fast kann ich ihn dann so betrachten, als habe ihn ein anderer gemacht. Als ich aus der Abnahme von *Le Dernier métro* kam, habe ich zu Nestor Almendros gesagt: Im Grunde ist es ein Film über eine Ehe geworden, die Liebesbeziehung zwischen Marion und Bernard ist weniger wichtig als die Beziehung zwischen Marion und ihrem Mann. Ohne mir dessen bewußt zu sein, hatte ich einen Film über ein verheiratetes Paar gemacht! Das lag einmal an Heinz Bennent, der der Rolle des Lucas Steiner eine enorme Kraft verleiht, und dann an den Szenen im Keller, die fast alle aus Sequenzeinstellungen bestanden, während der Rest wegen des Theaterrahmens sehr rasch geschnitten war. Durch die Szenen im Keller kommt der Film in regelmäßigen Abständen etwa zehn Mal zur Ruhe, und so wurden diese Blöcke zum interessantesten Element des ganzen Films.

Die Lehre, die man daraus ziehen kann, ist, daß der Regisseur auf die endgültige Balance eines Films kaum Einfluß hat und diese sehr stark vom Zufall abhängt. Ich denke, der Zufall hat aus *Le Dernier métro* einen Ehefilm gemacht, denn beabsichtigt hatte ich das nicht.

Die Art, wie diese Frau ihre Zuneigung zwei Männern gleichzeitig schenkt, wird von der Gesellschaft aber nicht akzeptiert, und ich glaube, selbst im Theatermilieu oder in den liberalsten Kreisen würde eine derartige Konstellation sehr rasch zum Drama führen . . .

Ich weiß nicht, ich möchte da nicht urteilen. Komplizierte Beziehungen gab es ja auch in *La Nuit américaine*, und ich glaube, das ist auch in der Realität kaum anders. Nein, wirklich, für mich bilden komplizierte Beziehungen die Norm und unproblematische Beziehungen die Ausnahme.

<u>*Szene Seite 207–209*</u>

Diese Szene ist, wie ich meine, ein schönes Beispiel für Suspense in Ihren Filmen und für filmischen Suspense überhaupt: Sie gehen von zwei Handlungen aus, von denen eine – der singende Kinderchor – nur als Vorwand, als Hintergrund dient und die andere, wichtige – Christians Verhaftung –, sich erst nach und nach entfaltet.

In der Kirche (während der gesamten Sequenz singt der Kinderchor das Lied „Pitié mon Dieu"): (1) Bernard (Gérard Depardieu) kommt von links ins Bild und sieht sich um. Er nimmt die Mütze ab, geht nach rechts zu dem Kinderchor, bleibt kurz stehen, geht an dem Chor vorbei und sieht sich weiter suchend um. – (2) Bernard läßt seinen Blick langsam von links nach rechts schweifen. – (3) Aus Bernards Sicht: ein anderer Teil der Kirche. – (4) Bernard blickt nach vorn, fixiert etwas. – (5) Aus seiner Sicht: Eine Frau steckt eine brennende Kerze zu anderen auf einen Altar und geht dann nach links hinter einer Säule her. Ein Mann begegnet ihr. – (6) Bernard blickt immer noch in die gleiche Richtung, fixiert wieder etwas. – (7) Ein Mann in dunklem Mantel erscheint, baut sich neben dem Weihwasserbecken auf und reckt seinen Hals nach links. – (8) Bernard macht ein besorgtes Gesicht und sieht zu Boden. – (9) Der Mann geht entschlossen nach vorn und an der Kamera vorbei. – (10) Bernard wirft einen Blick auf seine Armbanduhr, schaut wieder ins Kirchenschiff und sieht zu Boden. – (11) Christian (Jean-Pierre Klein) erscheint von links, bleibt stehen und blickt in Richtung Kamera. Hinter ihm erscheint ebenfalls von links der Mann im dunklen Mantel, geht rasch hinter ihm durchs Bild, dreht sich nach ihm um und verschwindet rechts. – (12) Bernard, die Augen gesenkt, geht an dem Chor vorbei, hebt den Blick, entdeckt Christian (off) und bleibt stehen. – (13) Christian sieht zu Bernard (off) herüber und kommt auf die Kamera zu; leichte Heranfahrt. Als er auf Halbnah heran ist, macht er, ohne die Hand zu heben, kurz eine warnende Bewegung und geht weiter an der Kamera vorbei. – (14) Gegenschuß: Bernard, vorwärts kommend (leichte Fahrt zurück), sieht Christian an, der ihm soeben begegnet, und verschwindet rechts aus dem Bild. Christian geht an dem Kinderchor vorbei, will nach links, macht kehrt, sieht von rechts einen Mann auf sich zukommen, will zurück nach vorn, doch von dort kommt der Mann im Mantel auf ihn zu. Fahrt vorwärts und Schwenk: (15) Christian geht zwischen den beiden Gestapo-Leuten nach hinten links zum Ausgang, wo der dritte Mann stand und nun vorausgeht. – (16) Bernard blickt den anderen bestürzt nach, wendet sich nach rechts, setzt sich im Gehen die Mütze auf und eilt durch einen anderen Ausgang hinaus.

(Fotos 1–16 auf der folgenden Doppelseite.)

Die Szene basiert auf zwei Erinnerungen, so wie überhaupt der ganze Film entweder auf Erinnerungen beruht oder auf Dingen, die ich gelesen habe. Aber hier, wie gesagt, zwei Erinnerungen: Ich hatte einen Onkel, der Student an der Militärakademie in Saint-Cyr gewesen war. Als diese im Krieg aufgelöst wurde, schloß er sich der Résistance an, und zu seinen Aufgaben gehörte, seine Kameraden am Bahnhof zu empfangen. Dabei wurde er verhaftet; bevor ihn zwei Männer in Zivil in die Mitte nahmen, konnte er dem Kameraden, den er abholen sollte, aber noch ein Zeichen machen, und der andere wurde dank meines Onkels nicht verhaftet. Mein Onkel wurde deportiert, kam aber zum Glück mit heiler Haut davon. In der Familie wurde natürlich sehr oft von dieser Geschichte gesprochen.

Ich selbst ging während dieser Kriegsjahre an das Lycée Rollin, das später nach einem berühmten Widerstandskämpfer in Lycée Decour umbenannt wurde, und dort wurde eines Tages unter für mich sehr merkwürdigen Umständen die Kapelle wiedereingeweiht. Ich bildete mir ein, daß der Kardinal, der die Einweihung vornahm, ein bekannter Kollaborateur war. Während der Feier wurde dieses Lied „Pitié mon Dieu“ gesungen, und ich war mir nicht sicher, ob man es nun als subversives Lied der Résistance auffassen sollte oder im Gegenteil als Lied der Kollaboration – der Text ließ beides zu.

Diese zwei Geschehnisse waren mir also im Gedächtnis geblieben, und es machte mir Spaß, sie miteinander zu verbinden. Bei einer Szene wie dieser hat man es natürlich mit einem privilegierten filmischen Moment zu tun, wobei davon zunächst einmal der Regisseur profitiert, später aber auch der Zuschauer, vorausgesetzt, er steigt in diese Szene ein: Man hat eine durchgehende musikalische Ebene, es gibt eine Menge stumme Aktion, man arbeitet mit den Mitteln des Stummfilms, genießt aber die Vorzüge des Tonfilms. Das macht die Szene, die fast ein bißchen choreographiert wirkt, sehr flüssig, aber auch sehr bedrohlich. Ich glaube, wenn ich diese Sequenz in dem Film eines anderen Regisseurs sähe, würde sie mir sehr gefallen: Sie gehört zu den Dingen, die ich im Kino besonders gerne sehe.

Die Szene ist um so beeindruckender, da Sie damit zwei Probleme auf einmal lösen, denn neben dem Suspense liefern Sie ja auch in einem Minimum an Zeit ein Maximum an Informationen, die für die Geschichte wichtig sind.

Ja, sicher, und dann spielt auch noch die alte Vorstellung eine Rolle, daß man in einer Kirche nicht verhaftet werden kann. Die Realität hat mit solchen Weisheiten natürlich nie etwas zu tun: Man wird eben nicht sofort verhaftet, sondern erst ein bißchen in Richtung Ausgang geschubst . . .

Das stimmt, die Verhaftung als solche sieht man gar nicht.

Man sieht eigentlich überhaupt nichts, aber man weiß trotzdem, was da vorgeht. Mir gefällt das sehr, diese Bewegung im Bild, die Choreographie. Auch da spielte wieder das Glück eine Rolle, denn am Drehort ging alles sehr rasch und reibungslos. Die Tatsache, daß kein Wort gesprochen werden durfte, hat mir bei der Auflösung der Szene sehr geholfen, denn dadurch wurde die Sache zu einer Art Ballett. Hinzu kam, daß ich den Kinderchor unbedingt mit Direktton aufnehmen wollte, und so haben wir den Anfang der Szene, wenn Gérard Depardieu die Kirche betritt, und das Ende, wenn der Kamerad verhaftet wird, an einem Stück aufgenommen, damit wir später keine Probleme mit den Lippenbewegungen der singenden Kinder bekämen, und die anderen Einstellungen später eingefügt.

Wie gesagt, die Szene ist sehr filmisch, und sie zeigt, daß ich meine Lektion gelernt habe, denn all das ist natürlich reinster Hitchcock. In meinen Augen hat es Hitchcock wie kein anderer geschafft, die Mittel des Stummfilms erfolgreich in den Tonfilm herüberzuretten.

Was bedeutet das Publikum für Sie?

Ich betrachte das Publikum als letztes Glied in der Kette. Ohne das Publikum gibt es keinen Film. Ich würde ohne das Publikum keinen Film machen. Es mag Leute geben, die einen Roman schreiben und ihn dann in der hintersten Ecke der Schublade verschimmeln lassen; würde ich einen Roman schreiben, dann von Anfang in dem Bewußtsein, ihn an einen Verlag zu schicken. Aus dem gleichen Grunde würde ich auch keinen Film machen, ohne ans Publikum zu denken; das Publikum gehört dazu. Sogar die Interviews gehören noch zum Prozeß des Filmemachens. Da ich ziemlich instinktiv an meine Arbeit herangehe, bin ich später in den Interviews gezwungen, zu rationalisieren und zu erklären, so daß ein Film erst dann wirklich beendet ist, wenn das letzte Interview gegeben wurde. All das gehört also zum Film dazu, ebenso wie auch die Plakate, mit denen dafür auf der Straße geworben wird. Das Publikum gehört dazu, weil es das Echo, den Resonanzboden bildet.

Der Erfolg von *Le Dernier métro* hat mich deshalb so befriedigt – und das sage ich ohne jede Eitelkeit –, weil er für mich die Bestätigung bestimmter Theorien darstellt. Je länger man als Regisseur arbeitet, desto mehr Theorien legt man sich zurecht. Diese Theorien sind ziemlich gewagt, und sehr oft bekommt man in Form eines Mißerfolges, der wie eine Ohrfeige wirkt, die Quittung dafür geliefert. *L'Histoire d'Adèle H.* beispielsweise ist ein Film, der aufgrund der Theorien, die ich mir zum Thema Kostümfilm zurechtgelegt hatte, entstanden ist: Man darf nie den Himmel zeigen, das meiste muß bei Nacht spielen, überflüssige Figuren sollten gestrichen werden und so weiter. Diese Regeln habe ich konsequent befolgt, aber dennoch hat der Film nur ein sehr begrenztes Publikum gefunden. Und bei *Le Dernier métro* funktionierte die Sache plötzlich!

Bei anderen Filmen, die sich mit der Okkupation beschäftigten, hatte ich nie das Gefühl, wirklich in jene Zeit versetzt zu werden, denn die Atmosphäre – vor allem auch auf der Tonspur – wurde einfach nicht richtig getroffen. Also habe ich mit Chansons von damals, mit Radios, aus denen man authentische Kommentare aus der damaligen Zeit hört, und ähnlichen Dingen gearbeitet, und es funktioniert, der Zuschauer fühlt sich wirklich in die Kriegsjahre versetzt. Bei den anderen Filmen sagte ich mir außerdem immer: Ich kann einfach nicht glauben, daß wir uns zur Zeit der Okkupation befinden sollen, weil man den Himmel und die Sonne sieht. Folglich habe ich das gesamte erste Drittel meines Films bei Nacht spielen lassen, zeige erst ganz am Ende ein bißchen Himmel, und siehe da, auf einmal werden meine Theorien bestätigt. Das gibt mir ein vages Gefühl der Genugtuung, auch wenn ich genau weiß, daß dieselben Theorien in einem späteren Film erneut widerlegt werden können, denn ihre Gültigkeit ist sehr begrenzt. Aber sie helfen einem bei der Arbeit.

Eine Gefahr besteht darin, daß man Regeln dieser Art zuviel Gewicht beimißt und sich von ihnen zu sehr einengen läßt. Denn diese Theorien beinhalten ja auch immer Tabus oder besser gesagt Verbote: Man darf keinesfalls dies machen und niemals jenes zeigen und so weiter. Das kann dazu führen, daß man sich selbst immer weiter das Terrain abgräbt. Aber was diesen Punkt betrifft, bin ich mir gar nicht einmal sicher, denn ich habe den Eindruck, daß die Dinge, die ich zeige, immer gewagter werden. Ich baue heute Dinge in meine Filme ein, die ich zehn Jahre zuvor noch nicht zu zeigen gewagt hätte. Das ist vielleicht der Ausgleich für die Beschränkung, von der ich vorhin sprach. Aber das ist jetzt alles sehr abstrakt, was ich erzähle . . .

Im Zusammenhang mit Le Dernier métro *können wir ja auch konkreter werden: Wir haben noch gar nicht über das Drehen im Studio gesprochen.*

Wir haben *Le Dernier métro* eigentlich gar nicht in einem Studio gedreht, aber es stimmt, der Film macht trotzdem den Eindruck eines Studiofilms. Der Großteil des Films ist in einer ehemaligen Schokoladenfabrik an der Porte Clichy entstanden. Die Bürgersteige sind also in der Tat falsch, und da wir mit Direktton gearbeitet haben, klingen die Schritte jetzt eben nach Studio-Bürgersteigen! *[lacht]* Ein abgeschlossener Set wie dieser war unter anderem deshalb nötig, weil die Handlung eben zu großen Teilen bei Nacht spielte.

Fast noch wichtiger als die Studioatmosphäre war aber die Geschlossenheit der Farbdramaturgie. Seit Einführung des Farbfilms scheint sich niemand richtig gefragt zu haben, was sich durch die Farbe eigentlich verändert. Eines, das sich änderte, war zum Beispiel, daß die Leute weniger an die Geschichte glaubten, und das ist etwas, über das niemand so recht sprechen oder überhaupt erkennen will und über das kaum nachgedacht wird. Den meisten ist gar nicht bewußt, daß die Schwarzweißfilme packender, glaubwürdiger, fesselnder waren, als es die Farbfilme heute sind. Ich habe keine Ahnung, weshalb niemand über dieses Problem reden will, es wurde einfach noch nicht zur Diskussion gestellt. Der Übergang vom Stummfilm zum Tonfilm und die damit verbundenen Veränderungen sind wieder und immer wieder zur Sprache gebracht worden, der Übergang vom Schwarzweiß- zum Farbfilm dagegen überhaupt nicht. Es wurde so getan, als sei nichts geschehen, aber dabei hatte diese Neuerung ganz erhebliche Konsequenzen. Mit einem Mal hat sich das Publikum vom Kino distanziert, obwohl man den Leuten am Fernsehen und anderswo weismachen will, daß ein Film in Farbe per se mehr Gewicht hat als ein Film in Schwarzweiß. Ich dagegen vertrete die Meinung, daß man schon sehr viel Talent mitbringen muß, um die Handicaps eines Farbfilms zu überwinden. Denn obwohl man im allgemeinen so tut, als sei die Farbe das einzig Wahre, ist sie in Wirklichkeit eine Behinderung. Eine richtige Diskussion darüber hat, wie gesagt, niemals stattgefunden, aber ich glaube, daß nur die Regisseure gut damit zurecht kommen, die sich trotzdem über das Problem Gedanken gemacht und sich gesagt haben: Die Farbe ist heute unumgänglich, also müssen wir mit ihr arbeiten, aber anstatt sie von vornherein als Vorteil zu betrachten, werden wir vorsichtig und bewußt mit ihr umgehen.

Wenn ich *Les 400 Coups* in Farbe hätte drehen müssen, wäre ein ganz anderer Film dabei herausgekommen. Will man in einem Farbfilm ein Zimmer zeigen, stellt man fest, daß die eine Wand in einer anderen Farbe gestrichen ist als die andere. Also sagt man sich: Gut, ich werde nur die eine Wand zeigen, sonst wird man wegen der verschiedenen Hintergründe denken, die Szene spiele an zwei verschiedenen Orten. Die Szene würde nicht einheitlich wirken, der Zuschauer wäre verwirrt. Bei einem Farbfilm muß man also höllisch aufpassen, wo man die Kamera hinstellt, denn die Anschlüsse sind wesentlich komplizierter zu bewerkstelligen als bei einem Film in Schwarzweiß. Die Farbe liefert ständig parasitäre Informationen, die man eigentlich gar nicht wollte und mit denen man gar nicht rechnete. Hätten wir dieses Interview in Schwarzweiß gedreht, wäre ich mit irgendeiner Krawatte gekommen, aber da wir in Farbe drehen, habe ich bewußt keine Krawatte mit auffallendem Muster, sondern eine einfarbige gewählt.

Interessant zu beobachten ist, daß Filme mit der Zeit homogener erscheinen. Ich bin zum Beispiel sicher, daß *La Belle et la bête*[1] damals, als er herauskam, nicht so ein schöner Film war wie heute, denn die Ungleichmäßigkeit des Films hat die Leute sicher frappiert. Es muß so gewesen sein, daß einige Szenen, einige Momente funktionierten und andere nicht. Aber im Laufe der Jahre wurde die Sache immer einheitlicher, und heute ist *La Belle et la bête* praktisch von Anfang bis Ende ein wirklich wunderbarer Film. Er ist in Schwarzweiß, in Farbe wäre der Fall sicher anders. Oder auch nicht: Vielleicht homogenisiert die Zeit auch Farbfilme, ich habe mir darüber noch keine Gedanken gemacht. Vielleicht werden uns auch die Farbfilme, die uns durch ihre disparaten Elemente schockiert haben, zwanzig Jahre später plötzlich harmonisch erscheinen.

Dahinter verbirgt sich ein allgemeineres Phänomen: Selbst in einem Film, den man sehr liebt und den man auswendig kennt, wird es immer bestimmte Einstellungen geben, die man ablehnt, das heißt, beim achten Sehen sagt man sich: Ach ja, da ist wieder diese Einstellung, die ich nicht mag, und man verbannt sie augenblicklich aus dem Gedächtnis, wie man es schon die vorhergehenden Male getan hat, einfach weil sie einen stört.

1. *Es war einmal,* Frankreich 1946, Regie: Jean Cocteau.

Sie sprachen einmal in ähnlichem Zusammenhang vom Himmel in Le Carrosse d'or[1]. *Störte Sie der nicht auch?*

Ja, völlig richtig.

Obwohl Sie Le Carrosse d'or *sehr lieben.*

Le Carrosse d'or ist einer der in sich geschlossensten Filme, die es gibt, und in dieser Hinsicht vielleicht nur *Rear Window*[2] vergleichbar, denn es gibt nicht viele wirklich geschlossene Filme. Und trotzdem ging Renoir ein oder zwei Mal in den Hinterhof des Studios, um zu zeigen, wie die Karosse bei ihrer Ankunft den Staub aufwirbelt. Aber dabei wird links und rechts über den Gebäuden ein Stück Himmel sichtbar, und das stört mich natürlich. Doch, wirklich, das stört mich, und ich habe mich diesen Einstellungen lange Zeit einfach verweigert. Ich lehne sie noch heute ab, aber zumindest weiß ich jetzt, daß sie existieren. Früher habe ich den Film fünfzehn Mal hintereinander gesehen und diese Einstellungen jedesmal schlichtweg verdrängt.

Wie oft haben Sie Le Carrosse d'or *insgesamt gesehen?*

Oh, keine Ahnung, vielleicht dreißig, vierzig Mal. Ich kannte ihn auswendig.

1. *Die goldene Karosse,* Frankreich/Italien 1953, Regie: Jean Renoir.
2. *Das Fenster zum Hof,* USA 1954, Regie: Alfred Hitchcock.

15

La Femme d'à côté (Die Frau nebenan):
die Liebesgeschichte als Teil der Vergangenheit – Verbitterung als romantischer Begriff – Warum ich mich nicht als Star fühle – Die Arbeit ist mir lieber als ich selbst – Warum es aus den USA keine guten Liebesfilme gibt – Jeder trägt ein Stück Verrücktheit in sich

In der Tiefgarage des Supermarkts. Bernard (Gérard Depardieu) begleitet Mathilde (Fanny Ardant), die einen Einkaufswagen vor sich herschiebt, zu ihrem Auto.

Mathilde: Du hast einen hübschen kleinen Jungen, Bernard. Er sieht dir ähnlich. Du bist sicher glücklich.

Bernard: Jaja, ich bin glücklich. Das heißt, ich war's. Bis du hier aufgekreuzt bist.

Mathilde bleibt stehen und sieht ihn ernst an.

Mathilde: Wir müssen uns aussprechen, Bernard. Es muß sein. Hör zu: Ich verlange nicht von dir, Schuldgefühle mit dir rumzuschleppen, aber ich . . . ich darf dich daran erinnern, daß du mir ganz schön zugesetzt hast. Du bist gegangen, du kamst zurück, du konntest mich nicht mehr ertragen, acht Tage später konntest du nicht mehr leben ohne mich. Und dann habe ich die Kraft gefunden, dich zu verlassen. Denn sonst wäre ich verrückt geworden. Da wir beide darüber hinweggekommen sind, könnten wir doch Freunde werden, glaubst du nicht?

Bernard: Doch. Ja, du hast recht. Du hast recht. Im Grunde bin ich dir über das, was ich dir angetan habe, genauso böse wie über das, was du mir angetan hast. Jedenfalls bin ich froh. Ich bin froh, daß es dir gut geht.

Sie gehen weiter.

Mathilde: Freut mich zu hören. Nächste Woche werden Philippe und ich dich zum Abendessen einladen. Mit Arlette selbstverständlich. Aber versetzen kommt nicht wieder in Frage, hm? Abgemacht?

Sie sind an dem Auto angekommen. Mathilde öffnet den Kofferraum.

Bernard: Abgemacht. Ich werde dasein. Pünktlich zur Stelle.

Bernard packt Mathildes Sachen in den Kofferraum ihres Autos und reicht ihr ihre Handtasche.

Mathilde: Na, geben wir uns einen Kuß?

Bernard: Ja. *(Er küßt Mathilde flüchtig auf beide Wangen und will gehen.)*

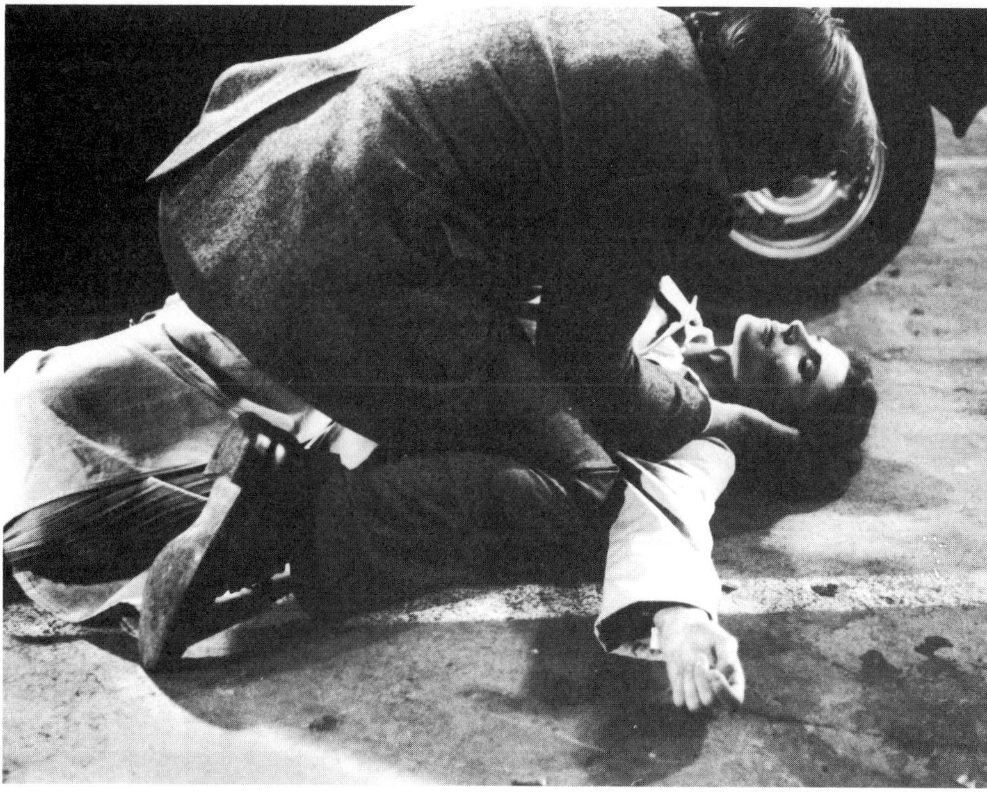

Mathilde: Ich wollte dich noch um etwas bitten. Sprich ab und zu mal meinen Namen aus. Früher konnte ich im voraus sagen, wann du wieder . . . feindselig wurdest, weil du . . . du konntest den ganzen Tag verbringen, ohne mich Mathilde zu nennen. Daran wirst du dich wohl kaum noch erinnern.

Bernard: Mathilde . . .

Bernard legt eine Hand an ihre Wange und zieht sie an sich und küßt sie auf den Mund. Sie erwidert den Kuß. Plötzlich sinkt sie wie durch einen Schwächeanfall zu Boden. (Musikeinsatz.)

Bernard (alarmiert): Mathilde! *(Er beugt sich zu ihr.)* Mathilde! Mathilde!

Sie kommt wieder zu sich, sieht ihn ernst an, steigt ins Auto, zieht die Tür heftig zu und läßt den Motor an.

Bernard: Glaubst du, daß du fahren kannst?

Mathilde sieht ihn nicht an, gibt Gas und fährt mit quietschenden Reifen los. Bernard sieht ihr verwirrt nach.

Die Idee zu meinem jüngsten Film, *La Femme d'à côté,* trug ich schon lange mit mir herum. Ich wußte, daß ich irgendwann einmal einen Film drehen würde, in dem die Liebesgeschichte bereits Teil der Vergangenheit wäre; die beiden Hauptpersonen würden davon sprechen, wie es vor acht Jahren war, als sie noch zusammenlebten, und man würde sehen, wie sie sich verhalten, nachdem sie sich zufällig wiederbegegnet sind. Dieses Sujet ging mir also schon einige Zeit im Kopf herum. Ich war mit Depardieus Arbeit in *Le Dernier métro* sehr zufrieden gewesen; dann fiel mir das interessante Gesicht Fanny Ardants in einem Fernsehfilm von Nina Companeez[1] auf, und plötzlich hatte ich mein Paar.

Alles mußte jetzt sehr schnell gehen, wir haben uns regelrecht kopfüber in die Dreharbeiten gestürzt, denn die beiden Darsteller standen nur im April und Mai 1981 zur Verfügung, danach hatten beide bereits andere Verpflichtungen und wären vor einem oder zwei Jahren nicht mehr frei gewesen. Deshalb blieben Suzanne Schiffman und mir vor dem Drehbeginn in Grenoble für die Skizzierung der Handlung nur wenige Tage, und sämtliche Dialoge entstanden erst vor Ort beim Drehen. Das war die einzige Möglichkeit.

La Femme d'à côté basiert auf einem Konzept, das in dem Wort „Verbitterung" enthalten ist. Der Ausdruck Verbitterung wird sehr negativ verstanden, wenn er sich auf einen sozialen Kontext bezieht, wenn man beispielsweise sagt: „Seit er seinen Arbeitsplatz verloren hat, ist er sehr verbittert." Oder: „Seit er weniger Erfolg hat, ist er sehr verbittert." Das ist eindeutig negativ. In der Liebe dagegen scheint mir Verbitterung eher etwas Schönes, Positives zu sein. Wenn eine Liebesbeziehung in die Brüche gegangen ist und es bleibt Verbitterung zurück, dann ist das ein positives Zeichen, weil es das Gegenteil von Vergessen, Gleichgültigkeit oder einer Normalisierung der Beziehung bedeutet. Verbitterung bekommt in diesem Zusammenhang fast etwas Romantisches. Das ist ein Thema, das auf der Leinwand nur sehr

1. *Les Dames de la côte (Die Damen von der Küste),* Frankreich 1979.

selten behandelt wird, da es nicht leicht filmisch umzusetzen ist: Es verlangt eine große Nuancierung, und das läuft dem gewohnten Rhythmus eines Films vielleicht zuwider.

In der Literatur begegnet man diesem Thema andauernd, in zahllosen Romanen wird dieses Motiv der Verbitterung verwendet, um der Geschichte ein ganz bestimmtes Klima zu verleihen. Nur in sehr wenigen Filmen findet man dazu eine Entsprechung, etwa in *Johnny Guitar*[1], und das ist sicher einer der Gründe, weshalb ich diesen Film so liebe. Einige Schauspieler strahlen diese Verbitterung aus, ich denke vor allem an jemanden wie Robert Ryan, dessen Gesicht sehr bittere Züge hatte, und auch ihn mochte ich sehr gern.

Ich habe *La Femme d'à côté* also auf dieser positiven, weil romantischen Auffassung von Verbitterung aufgebaut, und so wurde es die Geschichte zweier Menschen, die sich einmal liebten. Auf die Gegenwart, die man auf der Leinwand sieht, kommt es deshalb weniger an als auf das, was früher einmal zwischen ihnen war. Das ist in jeder Szene präsent, jede Szene läßt spüren, was vor acht Jahren passierte, und jeder Dialog, jede Handlung ist geprägt von diesem Gefühl der Bitterkeit, mal bei ihm, mal bei ihr. Darauf kommt es an bei dieser Geschichte, die nach außen hin nicht einfacher sein könnte.

Kommen Sie damit zurecht, ein Star zu sein?

Ich finde nicht, daß ich ein Star bin.

Egal, ob Sie das selbst finden oder nicht, entscheidend ist, daß Sie es sind.

Wie macht sich das denn bemerkbar?

Man könnte fragen, wen man wollte. Ist Ihnen das unbequem? Oder ist es eher angenehm?

Was soll ich dazu sagen? Es stört mich jedenfalls nicht besonders. Ich bin in erster Linie ein arbeitender Mensch, und ich führe das Leben eines Bürokraten: Ich gehe jeden Tag ins Büro, es sei denn, es ist gerade ein Drehbuch in Arbeit, dann kommen meine Co-Autoren nämlich zu mir nach Hause. Ansonsten habe ich aber meine feste Arbeitszeit. Deshalb kann ich mich auch nicht als Star fühlen.

Wenn ich unterwegs bin, beispielsweise zu einer Retrospektive, die man mir in Chicago widmet, dann ist das vielleicht etwas anderes, dann werde ich plötzlich gezwungen, mich selbst aus einer gewissen Distanz zu betrachten, und dann sage ich mir: Tatsächlich, es stimmt, ich arbeite seit fünfundzwanzig Jahren, und ich habe zwanzig Filme gemacht! Und dann begreife ich, warum die Leute immer etwas von mir wollen.

Aber mein Alltag in Paris ist ganz der Arbeit gewidmet, einer sehr

1. *Wenn Frauen hassen,* USA 1954, Regie: Nicholas Ray.

regelmäßigen und undankbaren Arbeit, undankbar deshalb, weil ich vertane oder verlorene Zeit hasse und es trotzdem immer wieder dazu kommt, daß ich für das Drehbuch, das ich in sechs Wochen zu beenden hoffte, zwölf Wochen brauche, wodurch alle geplanten Daten wieder über den Haufen geworfen werden müssen, und so hat man immer den Eindruck, in seiner Arbeit behindert zu werden und nicht so viel zu schaffen, wie man eigentlich schaffen möchte.

Ich will mich nicht schlechter machen, als ich bin, aber die Arbeit ist mir wichtiger als ich selbst. Auch wenn ich meinen Filmen in diesem Gespräch sehr kritisch gegenüberstand, ist es mir immer lieber, nach meiner Arbeit beurteilt zu werden als nach meinen Ansichten oder nach dem, was ich bin.

Wenn man mir sagt, da möchte jemand gern mit Ihnen essengehen, antworte ich: Nein, ich gehe nicht essen, ich gehe mit niemandem essen. Bevor es das Fernsehen gab, ging man in Paris sehr oft ins Restaurant, aber das wäre nichts für mich gewesen. Ich bleibe abends lieber zu Hause, ich sehe mir das Fernsehprogramm an oder suche mir einen Videofilm aus. Ich könnte mich, glaube ich, nur als Star fühlen, wenn es die entsprechenden gesellschaftlichen Anlässe gäbe und wenn ich auf Empfänge und Parties gehen würde, aber genau das tue ich eben nicht, außer, wie ich schon sagte, wenn ich ins Ausland fahre, um in irgendeinem Land einen Film vorzustellen. Aber auch das ist im Grunde noch ein Teil meiner Arbeit, denn ich bin nie als Tourist unterwegs.

Was würden Sie jemandem raten, der einen Film machen will?

Das käme vor allem darauf an, in welche Richtung jemand tendiert. Ich interessiere mich eindeutig mehr für die Charaktere als für die Kamera, denn die Arbeit mit der Kamera richtet sich immer nach dem anderen; im Moment des Drehens wird man immer sehen, was die jeweilige Szene an Kamerabewegung und -positionen verlangt, also gilt: Die Charaktere stehen an erster Stelle, nicht etwa die Handlung.

In den USA lautet das Motto: An erster Stelle steht die Action. Dort wird eine Szene herausgeschnitten, wenn sie die Handlung nicht weiterbringt oder keine Action enthält. In Europa geht man nicht so vor. Deshalb können die Amerikaner meiner Meinung nach auch keine guten Liebesfilme drehen. Ihre Spezialität ist die Action. Wir Europäer verstehen uns eher auf Charakterzeichnung, wir scheuen uns ein wenig vor Action um jeden Preis, wodurch in unseren Geschichten oft nicht genug passiert. Aber dafür fällt es uns leichter, dreidimensionale oder einigermaßen lebendige Figuren zu schaffen. Ich glaube, darauf sollte man sich konzentrieren.

Nein, ich wüßte nicht, was ich einem Anfänger sonst sagen sollte. Seit fünfzehn oder zwanzig Jahren hat man die Bedeutung des Drehbuchs unterschätzt, aber das ist heute ein Allgemeinplatz, alle sind sich längst über diesen Punkt einig.

Jeder sollte also sein eigenes Kino, seine eigene Arbeitsmethode entwikkeln . . .

Vieles läuft bewußt ab, etliches aber auch unbewußt. Das Unbewußte ist mit der Verrücktheit verbunden, von der jeder ein Stück in sich trägt. Was mir im Kino am meisten Spaß macht, sind die Szenen, die der Regisseur selbst für völlig normal hält, die aber für alle anderen total verrückt wirken.

FILMOGRAPHIE

UNE VISITE[1]
Ein Besuch
1954

Drehbuch: François Truffaut. *Kamera:* Jacques Rivette. *Schnitt:* Alain Resnais, François Truffaut. *Regieassistenz:* Robert Lachenay. *Herstellungsleitung:* Robert Lachenay. *Drehzeit:* 1954. *Drehort:* Paris (Wohnung von Jacques Doniol-Valcroze). *Format:* 16 mm, Schwarzweiß, stumm. *Länge:* 7 Minuten 40 Sekunden.

Darsteller: Laura Mauri *(die junge Frau),* Jean-José Richer *(der Schwager),* Francis Cognany *(der junge Mann),* Florence Doniol-Valcroze *(das kleine Mädchen).*

Ein junger Mann sucht per Zeitungsannonce ein Zimmer. Er telefoniert, fährt zu einer Wohnung, wo ihm eine junge Frau öffnet, und zieht als Untermieter ein. Die Frau bekommt Besuch von ihrem Schwager; er bringt ihr seine kleine Tochter, auf die sie übers Wochenende aufpassen soll. Der Schwager fängt an zu flirten, aber ohne Erfolg. Auch der neue Untermieter versucht sein Glück, wird aber ebenfalls abgewiesen. Er packt seine Sachen und verläßt mit dem Schwager die Wohnung. Abends bringt die junge Frau ihre Nichte ins Bett und schließt die Vorhänge.

LES MISTONS
Die Unverschämten
1957

Drehbuch: François Truffaut (nach der Novelle von Maurice Pons). *Kamera:* Jean Malige. *Musik:* Maurice Le Roux. *Schnitt:* Cécile Decugis. *Regieassistenz:* Claude de Givray, Alain Jeannel. *Kameraassistenz:* Jean-Louis Malige. *Schnittassistenz:* Michèle de Possel. *Produktionsleitung:* Robert Lachenay. *Produktion:* Les Films du Carrosse. *Drehzeit:* 2. August bis September 1957. *Drehorte:* Nîmes und Umgebung. *Format:* 16 mm, 1:1,33, Schwarzweiß. *Länge:* 23 Minuten. *Uraufführung:* Ende November 1957 (Filmfestival Tours).

Darsteller: Bernadette Lafont *(Bernadette),* Gérard Blain *(Gérard),* Alain Baldy/Robert Bulle/Henri Demaegdt/Dimitri Moretti/Daniel Ricaulx *(die Buben),* Michel François *(Erzählerstimme).*

In Nîmes stellt eine Clique von fünf Schulbuben, alle um die zwölf Jahre, dem Liebespaar Bernadette und Gérard nach. Ob in den Arènes, in den Straßen, auf dem Tennisplatz, im Kino oder auf Radausflügen in die Umgebung – überall werden die beiden jungen Leute vom Spott der neugierigen Kinder verfolgt. Als Gérard verreist ist, schicken die Buben Bernadette eine anzügliche Ansichtskarte. Unvermittelt erfahren sie aus der Zeitung, daß Gérard in den Bergen ums Leben gekommen ist. Bernadette trägt Schwarz.

UNE HISTOIRE D'EAU
Eine Geschichte vom Wasser
1958

Regie und Drehbuch: François Truffaut und Jean-Luc Godard.[2] *Kamera:* Michel Latouche. *Musik:* Archivaufnahmen. *Schnitt:* Jean-Luc Godard. *Ton:* Jacques Maumont. *Produktionsleitung:* Roger Fleytoux. *Produzent:* Pierre Braunberger. *Produktion:* Les Films de la Pléiade. *Drehorte:* Paris und Umgebung. *Drehzeit:* Frühling 1958. *Format:* 16 mm, Schwarzweiß. *Länge:* 22 Minuten. *Kinostart:* 3. März 1961.

„Mack Sennett gewidmet."

Darsteller: Jean-Claude Brialy *(der junge Mann),* Caroline Dim *(die junge Frau),* Jean-Luc Godard *(Erzählerstimme).*

Jeden Morgen fährt sie mit dem Bus nach Paris, aber heute fahren keine öffentlichen Verkehrsmittel: Die ganze Gegend ist überschwemmt. Also versucht sie, per Anhalter weiterzukommen. Ein Typ hält an, läßt sie einsteigen und erklärt ihr die Vorzüge seines Ford. Auf der Flucht vor dem Wasser drehen sie sich im Kreise und befinden sich plötzlich wieder an ihrem Ausgangspunkt. Das Auto bleibt im Schlamm stecken, und sie müssen zu Fuß weiter. Sie schließen einen Pakt: Wenn es ihm gelingt, ihr eine lustige Geschichte zu erzählen, darf er sie küssen. Sie finden ein Boot, kehren zu ihrem Auto zurück, fahren los, und schon bald erspähen sie die Spitze des Eiffelturms. Sie wird vermutlich mit ihm schlafen.

---

1. Dieser Film galt lange Jahre als verschollen; im Frühjahr 1982 wurde von Truffaut eine Kopie wiederentdeckt.
2. Truffaut bat den Produzenten Pierre Braunberger um Filmmaterial, um während einer Überschwemmung in Montereau mit zwei Darstellern etwas zu improvisieren. Nach zwei Tagen merkte er, daß ihm eine Geschichte fehlte, und er gab auf. Godard ließ sich das Rohmaterial zeigen, montierte es, legte einen Kommentar darüber, und 1961 kam der so entstandene Kurzfilm als Vorprogramm von Jacques Demys *Lola* ins Kino. „Er wurde gehörig ausgepfiffen" (Truffaut).

LES 400 COUPS
Sie küßten und sie schlugen ihn
1958/59

Drehbuch: François Truffaut. *Bearbeitung:* Marcel Moussy, François Truffaut. *Dialoge:* Marcel Moussy. *Kamera:* Henri Decaë. *Musik:* Jean Constantin. *Ausstattung:* Bernard Evein. *Schnitt:* Marie-Josèphe Yoyotte. *Ton:* Jean-Claude Marchetti. *Regieassistenz:* Philippe de Broca, Alain Jeannel, Francis Cognany, Robert Bober. *Script:* Jacqueline Parey. *Kameraführung:* Jean Rabier. *Kameraassistenz:* Alain Levent. *Requisite:* Raymond Lemoigne. *Schnittassistenz:* Michèle de Possel, Cécile Decugis. *Tonassistenz:* Jean Labussière. *Standfotos:* André Dino. *Filmgeschäftsführung:* Roland Nonin. *Produktionssekretariat:* Luce Deuss. *Aufnahmeleitung:* Jean Lavie, Robert Lachenay. *Produktionsleitung:* Georges Charlot. *Produktion:* Les Films du Carrosse/SEDIF. *Dank an:* Claude Vermorel, Claire Maffei, Suzanne Lipinska, Alex Joffé, Fernand Deligny, Claude Véga, Jacques Josse, Annette Wademant. *Drehzeit:* 10. November 1958 bis 3. Januar 1959. *Drehorte:* Paris, Euteux, Honfleur. *Format:* 35 mm, Dyaliscope, Schwarzweiß. *Länge:* 93 Minuten (von Truffaut 1967 um 8 Minuten verlängert). *Uraufführung:* 28. April 1959 (Filmfestival Cannes). *Kinostart:* 3. Juni 1959.

„Dieser Film ist dem Gedächtnis André Bazins gewidmet."

Darsteller: Jean-Pierre Léaud *(Antoine Doinel)*, Albert Rémy *(Julien Doinel)*, Claire Maurier *(Gilberte Doinel)*, Patrick Auffay *(René Bigey)*, Georges Flamant *(Monsieur Bigey)*, Yvonne Claudie *(Madame Bigey)*, Guy Decomble *(‚Petite Feuille', Klassenlehrer)*, Robert Beauvais *(Schuldirektor)*, Pierre Repp *(Bécassine, Englischlehrer)*, Luc Andrieux *(Sportlehrer)*, Daniel Couturier *(Mauricet)*, Richard Kanayan *(Abou)*, Christian Brocard *(Mann mit Schreibmaschine)*, Henri Virlojeux *(Nachtwächter)*, Jacques Monod *(Kommissar)*, Marius Laurey *(Vernehmungsbeamter)*, Claude Mansard *(Jugendrichter)*, François Nocher/Renaud Fontanarosa/Michel Girard/Serge Moati/Bernard Abbou/Jean-François Bergouignan/Michel Lesignor *(Kinder)*, Jeanne Moreau *(Frau auf der Straße)*, Jean-Claude Brialy *(Mann auf der Straße)*, Jean Douchet *(Gilbertes Liebhaber)*, Jacques Demy *(Polizist)*, François Truffaut *(Mann im Rotor)*, Bouchon.

Der vierzehnjährige Antoine Doinel lebt mit seinen Eltern in einer engen Wohnung in Paris. Weil er die Wand des Klassenzimmers beschmiert, verpaßt der Lehrer ihm eine Strafarbeit. Zu Hause läßt die Mutter ihn wieder einmal spüren, daß er ihr nur eine Last ist, und der Stiefvater versucht wie immer, die dicke Luft durch seichte Scherze zu vertreiben. Weil er die Strafarbeit vergessen hat, schwänzt Antoine mit seinem Freund René den Unterricht. Auf der Straße überrascht er seine Mutter in den Armen eines fremden Mannes. Als der Lehrer am nächsten Morgen eine Entschuldigung für sein Fehlen verlangt, erklärt Antoine, seine Mutter sei gestorben. Doch die Lüge fliegt schnell auf; Antoine will nicht mehr nach Hause und verbringt die Nacht in einer Druckerei und auf der Straße. Am nächsten Tag holt ihn seine Mutter von der Schule ab, verwöhnt ihn ein bißchen und verspricht ihm für eine gute Aufsatznote eine Belohnung. Antoine, ein großer Verehrer Balzacs, baut aus dem Gedächtnis Balzac-Sätze in seinen Aufsatz ein. Der Lehrer glaubt, er habe abgeschrieben, und wirft ihn hinaus. Bei René findet er Zuflucht. Die beiden versuchen, eine Schreibmaschine zu verkaufen, die Antoine aus dem Büro seines Vaters gestohlen hat. Als ihnen das nicht gelingt, will Antoine sie wieder zurückbringen und wird dabei erwischt. Sein Vater bringt ihn zur Polizei. Der Jugendrichter empfiehlt der Mutter, Antoine in ein Erziehungsheim zu stecken. Nach einiger Zeit gelingt Antoine von dort die Flucht. Er läuft so lange, bis er das Meer erreicht.

TIREZ SUR LE PIANISTE
Schießen Sie auf den Pianisten
1959/60

Drehbuch: François Truffaut, Marcel Moussy (nach dem Roman *Down There* von David Goodis, New York 1956). *Dialoge:* François Truffaut. *Kamera:* Raoul Coutard. *Musik:* Georges Delerue. *Lieder:* „Avanie et Framboise" (Musik/Text: Boby Lapointe, gesungen von Boby Lapointe), „Dialogue d'amoureux" (Musik/Text: Félix Leclerc, gesungen von Félix Leclerc und Lucienne Vernay). *Ausstattung:* Jacques Mély. *Schnitt:* Cécile Decugis, Claudine Bouché. *Ton:* Jacques Gallois. *Maske:* Jacqueline Pipart. *Regieassistenz:* Francis Cognany, Robert Bober, Björn Johansen. *Script:* Suzanne Schiffman. *Kameraführung:* Claude Beausoleil. *Kameraassistenz:* Raymond Cauchetier, Jean-Louis Malige. *Schnittassistenz:* Michèle de Possel. *Tonassistenz:* Jean Philippe. *Standfotos:* Robert Lachenay. *Produktionssekretariat:* Luce Deuss. *Aufnahmeleitung:* Serge Komor. *Produktionsleitung:* Roger Fleytoux. *Produzent:* Pierre Braunberger. *Produktion:* Les Films de la Pléiade. *Drehzeit:* 30. November 1959 bis 22. Januar 1960 (Nachdreh im März 1960). *Drehorte:* Paris, Levallois, Le Sappey bei Grenoble. *Format:* 35 mm, Dyaliscope, Schwarzweiß. *Länge:* 82 Minuten. *Uraufführung:* 21. Oktober 1960 (Filmfestival London). *Kinostart:* 25. November 1960.

Darsteller: Charles Aznavour *(Charlie Kohler alias Edouard Saroyan),* Marie Dubois *(Léna),* Nicole Berger *(Thérésa),* Michèle Mercier *(Clarisse),* Catherine Lutz *(Mammy),* Albert Rémy *(Chico Saroyan),* Claude Mansard *(Momo),* Daniel Boulanger *(Ernest),* Serge Davri *(Plyne),* Richard Kanayan *(Fido Saroyan),* Jean-Jacques Aslanian *(Richard Saroyan),* Claude Heymann *(Lars Schmeel, Impresario),* Alex Joffé *(Passant),* Boby Lapointe *(Sänger),* Alice Sapritch *(Concierge).*

Charlie Kohler, ein verträumter, in sich gekehrter Musiker, arbeitet als Pianist in einer Pariser Vorstadt-Tanzbar. Sie gehört dem früheren Catcher Plyne, der jeder hübschen Frau nachstellt. Eines Abends sucht Charlies Bruder Chico in der Bar Zuflucht. Er und Charlies zweiter Bruder Richard haben mit den Gangstern Ernest und Momo ein Ding gedreht, sind dann aber mit der ganzen Beute abgehauen. Jetzt machen die beiden anderen Ganoven Jagd auf sie. Wider Willen gerät Charlie mit seinem jüngsten Bruder Fido und der Kellnerin Léna in die Auseinandersetzungen der Gangster. Léna hat sich in Charlie verliebt; sie weiß, daß er einst bessere Tage gesehen hat, als er noch der aufstrebende Konzertpianist Edouard Saroyan und mit der jungen Thérésa verheiratet war. Thérésa nahm sich das Leben, nachdem sie ihm gestanden hatte, daß sie für ihn die Geliebte eines einflußreichen Impresarios geworden war. Damals änderte Edouard seinen Namen und begrub seine Träume. Auch die Hoffnung auf ein neues Glück mit Léna zerschlägt sich schnell. Als Plyne allzu zudringlich wird, ersticht Charlie seinen Chef in Notwehr und flieht vor der Polizei mit Léna zu seinen Brüdern aufs Land. Ernest und Momo entführen Fido und fahren ebenfalls zu der verschneiten Hütte. Hier kommt es zu einer Schießerei, bei der Léna getötet wird. Charlie kehrt zurück in die Kneipe und spielt weiter mit unbewegtem Gesicht Klavier.

JULES ET JIM
Jules und Jim
1961/62

Drehbuch: François Truffaut, Jean Gruault (nach dem Roman von Henri-Pierre Roché, Paris 1953). *Kamera:* Raoul Coutard. *Musik:* Georges Delerue. *Lied:* „Le Tourbillon" (Musik/Text: Bassiak [d. i. Serge Rezvani], gesungen von Jeanne Moreau). *Ausstattung und Kostüme:* Fred Capel. *Schnitt:* Claudine Bouché. *Maske und Frisuren:* Simone Knapp. *Licht:* Fernand Coquet. *Bühne:* Bernard Largemains. *Regieassistenz:* Georges Pellegrin, Robert Bober, Florence Malraux. *Script:* Suzanne Schiffman. *Kameraassistenz:* Claude Beausoleil, Jean-Louis Malige. *Requisite:* Raymond Lemoigne. *Standfotos:* Raymond Cauchetier. *Filmgeschäftsführung:* Christian Lentretien. *Produktionssekretariat:* Lucette Deuss. *Aufnahmeleitung:* Maurice Urbain. *Herstellungsleitung:* Marcel Berbert. *Produktion:* Les Films du Carrosse/SEDIF. *Drehzeit:* 10. April bis 28. Juni 1961. *Drehorte:* Paris und Umgebung, Evreux, Elsaß, Saint Paul de Vence. *Format:* 35 mm, Franscope, Schwarzweiß. *Länge:* 107 Minuten. *Uraufführung:* 23. Januar 1962.

Darsteller: Jeanne Moreau *(Catherine)*, Oskar Werner *(Jules)*, Henri Serre *(Jim)*, Marie Dubois *(Thérèse)*, Boris Bassiak [d. i. Serge Rezvani] *(Albert)*, Vanna Urbino *(Gilberte)*, Sabine Haudepin *(Sabine)*, Bernard Largemains *(Merlin)*, Kate Noëlle *(Birgitta)*, Anny Nelsen *(Lucie)*, Christiane Wagner *(Helga)*, Danielle Bassiak [d. i. Danielle Rezvani] *(Alberts Freundin)*, Jean-Louis Richard *(1. Gast im Café)*, Michel Varesano *(2. Gast im Café)*, Pierre Fabre *(Betrunkener im Café)*, Elen Bober *(Mathilde)*, Dominique Lacarrière *(Frau)*, Michel Subor *(Erzählerstimme)*.

Paris zu Beginn des 20. Jahrhunderts. Jules, ein junger Deutscher, und Jim, ein junger Franzose, sind als Freunde unzertrennlich. Auf einem Foto entdecken sie eine Statue, deren Lächeln sie verzaubert. Sie fahren nach Griechenland, um die Statue mit eigenen Augen zu sehen. Zurück in Paris lernen sie Catherine kennen, deren Lächeln sie an das der Statue erinnert. Die drei Freunde gehen ins Theater und fahren ans Meer, bis Jules eines Tages um Catherines Hand anhält. Nachdem sie in einem Café vergeblich auf Jim gewartet hat, erklärt Catherine sich damit einverstanden, Jules in dessen Heimat zu begleiten und ihn zu heiraten. Der Krieg trennt die Freunde, aber sie schreiben sich. Nach Kriegsende wird Jim eingeladen, Catherine und Jules in Deutschland zu besuchen. Sie haben inzwischen eine Tochter, Sabine. Jules ist unglücklich, unterrichtet Jim von Catherines zahlreichen Affären und fordert den Freund auf, seine Frau zu lieben. Zwischen Catherine und Jim entwickelt sich ein stürmisches Verhältnis. Catherine wünscht sich ein Kind von Jim, aber als dieser seine Verbindung zu seiner Freundin Gilberte nicht lösen will, nimmt Catherine ihre Eskapaden wieder auf. Sie schläft mit Albert, einem gemeinsamen Freund von früher, kurvt mit dem Auto auf dem Platz unter Jims Fenster herum und droht damit, ihn zu erschießen. Jim kehrt zu Gilberte zurück. Monate später treffen Jules und Catherine Jim zufällig in einem Kino. Catherine lädt Jim zu einer Spazierfahrt ein und lenkt den Wagen vor Jules' entsetzten Augen in die Seine. Jules begleitet die Asche seiner Frau und seines Freundes zu ihrer letzten Ruhestätte.

ANTOINE ET COLETTE[1]

Antoine und Colette

1961/62

Drehbuch: François Truffaut. *Kamera:* Raoul Coutard. *Musik:* Georges Delerue. *Schnitt:* Claudine Bouché. *Regieassistenz:* Georges Pellegrin. *Script:* Suzanne Schiffman. *Kameraführung/-assistenz:* Claude Beausoleil. *Künstlerische Beratung:* Jean de Baroncelli. *Produktionsleitung:* Philippe Dussart. *Herstellungsleitung:* Pierre Roustang. *Produktion:* Ulysse Production/Unitel/Les Films du Carrosse. *Drehzeit:* November/Dezember 1961. *Drehort:* Paris. *Format:* 35 mm, Cinemascope, Schwarzweiß. *Länge:* 29 Minuten. *Uraufführung:* 22. Juni 1962 (Filmfestspiele Berlin). *Kinostart:* 24. Juni 1962 (Paris).

Darsteller: Jean-Pierre Léaud *(Antoine Doinel)*, Marie-France Pisier *(Colette)*, Patrick Auffay *(René Bigey)*, Rosy Varte *(Colettes Mutter)*, François Darbon *(Colettes Stiefvater)*, Jean-François Adam *(Albert Tazzi)*, Henri Serre *(Erzählerstimme)*.

Antoine Doinel lebt allein und arbeitet in einer Schallplattenfabrik. Seinem Freund René erzählt er von einem Mädchen, in das er sich während eines Konzertes junger Musiker verliebt hat, ohne daß sie es weiß. Er ruft sie an, schreibt ihr Briefe und stellt sich ihren Eltern vor, aber für sie bleibt er nur ein guter Kumpel. Um Colette ständig sehen zu können, zieht er in eine Wohnung, die gegenüber der des jungen Mädchens liegt. Doch je mehr er sich in Colette verliebt, um so weiter entfernt sie sich von ihm. Am Ende sitzt Antoine mit Colettes Eltern vor dem Fernseher, während sie mit ihrem neuen Freund ausgeht.

1. Erste von fünf Episoden des Films *L'Amour a vingt ans* (Liebe mit zwanzig); Regisseure der übrigen Episoden: Renzo Rossellini (Italien), Marcel Ophüls (Bundesrepublik Deutschland), Andrzej Wajda (Polen), Shintaro Ishihara (Japan). *Lied zwischen den Episoden:* Georges Delerue (Musik), Yvonne Samuel (Text), gesungen von Xavier Dapraz. *Fotografische Überleitungen zwischen den Episoden:* Henri Cartier-Bresson, gefilmt von Jean Aurel. *Produktion der übrigen Episoden:* Cinesecolo (Rom), Beta Film (München), Zespol Kamera (Warschau), Toho Film/Yowa (Tokio). *Gesamtlänge:* 120 Minuten.

LA PEAU DOUCE
Die süße Haut
1963/64

Drehbuch: François Truffaut, Jean-Louis Richard. *Dialoge:* François Truffaut. *Kamera:* Raoul Coutard. *Musik:* Georges Delerue. *Schnitt:* Claudine Bouché. *Kostüme:* Renée Rouzot. *Maske:* Nicole Félix. *Licht:* Fernand Coquet. *Bühne:* Bernard Largemains. *Regieassistenz:* Jean-François Adam, Claude Othnin-Girard, Jean-Pierre Léaud. *Script:* Suzanne Schiffman. *Kameraführung:* Claude Beausoleil. *Kameraassistenz:* Georges Liron, Denis Mornet. *Requisite:* Jean-Claude Dolbert. *Schnittassistenz:* Lila Biro. *Standfotos:* Raymond Cauchetier. *Filmgeschäftsführung:* Christian Lentretien. *Produktionssekretariat:* Lucette Desmouceaux, Yvonne Goldstein. *Aufnahmeleitung:* Gérard Poirot. *Produktionsleitung:* Georges Charlot. *Herstellungsleitung:* Marcel Berbert. *Produktion:* Les Films du Carrosse/SEDIF. *Drehzeit:* 21. Oktober bis 30. Dezember 1963. *Drehorte:* Paris, Evreux, Orly, Reims, Lissabon. *Format:* 35 mm, 1:1,66, Schwarzweiß. *Länge:* 116 Minuten. *Uraufführung:* 7. Mai 1964 (Filmfestspiele Cannes). *Kinostart:* 10. Mai 1964.

Darsteller: Françoise Dorléac *(Nicole Chomette)*, Jean Desailly *(Pierre Lachenay)*, Nelly Benedetti *(Franca Lachenay)*, Daniel Ceccaldi *(Clément)*, Jean Lanier *(Michel)*, Paule Emanuèle *(Odile)*, Sabine Haudepin *(Sabine)*, Laurence Badie *(Ingrid)*, Gérard Poirot *(Franck)*, Dominique Lacarrière *(Dominique, Pierres Sekretärin)*, Carnéro *(Organisator in Lissabon)*, Georges de Givray *(Nicoles Vater)*, Charles Lavialle *(Nachtportier im Hotel Michelet)*, Madame Harlaut *(Madame Leloix)*, Olivia Poli *(Madame Bontemps)*, Catherine Duport *(junges Mädchen in Reims)*, Philippe Dumat *(Kinobesitzer in Reims)*, Thérésa Renouard *(Kassiererin)*, Maurice Garrel *(Buchhändler)*, Brigitte Zhendre-Laforest *(Wäschelieferantin)*, Pierre Risch *(Geistlicher)*, Jean-Louis Richard *(Mann auf der Straße)*.

Pierre Lachenay, 43 Jahre alt, von Beruf Literaturhistoriker und Herausgeber einer Literaturzeitschrift, ist seit zehn Jahren glücklich verheiratet und Vater einer Tochter. Auf einer Vortragsreise nach Lissabon lernt er die Stewardeß Nicole Chomette kennen. Das Mädchen gefällt ihm, er verbringt den Abend mit Nicole und verschiebt daraufhin seine Rückreise, um auch die Nacht mit ihr verbringen zu können. In Paris sehen sich die beiden wieder. Lachenay ist fasziniert von der zwanzig Jahre jüngeren Nicole, bemüht sich jedoch, das Verhältnis vor seiner Frau Franca zu verheimlichen. Eine Reise in die Provinz scheint eine willkommene Gelegenheit zu bieten, zwei Tage mit Nicole allein zu sein. Was sich die beiden von der Fahrt nach Reims erhofft haben, erfüllt sich jedoch nicht. Als Pierre nach Paris zurückkommt, ahnt seine Frau, daß er sie betrügt. Franca beschimpft ihren Mann und verlangt die Scheidung, dann wieder scheint sie bemüht, ihn für sich zurückzugewinnen. Pierre denkt jedoch zunächst nicht daran, bei ihr zu bleiben. Er mietet eine Wohnung und beginnt, sie für sich und Nicole einzurichten. Darum ist er wie vor den Kopf geschlagen, als das junge Mädchen ihm sagt, sie wolle ihn nicht heiraten. Enttäuscht versucht Pierre nunmehr, wieder mit seiner Frau Kontakt aufzunehmen. Es ist jedoch zu spät. Innerlich zutiefst getroffen, hat diese sich zu einer Verzweiflungstat entschlossen: In einem Restaurant erschießt sie ihren Mann mit einer Flinte.

FAHRENHEIT 451
Fahrenheit 451
1966

Drehbuch: François Truffaut, Jean-Louis Richard (nach dem Roman von Ray Bradbury, New York 1953). *Zusätzliche Dialoge:*[1] David Rudkin, Helen Scott. *Kamera:* Nicolas Roeg. *Musik:* Bernard Herrmann. *Bauten:* Syd Cain. *Ausstattung und Kostüme:* Tony Walton. *Schnitt:* Thom Noble. *Ton:* Bob McPhee. *Maske:* Basil Newall, Paul Rabieger. *Frisuren:* Joyce James. *Regieassistenz:* Bryan Coates. *Persönliche Assistentin von François Truffaut:* Suzanne Schiffman. *Script:* Kay Manders. *Kameraführung:* Alex Thompson. *Kameraassistenz:* Kevin Kavanagh. *Ausstattungsassistenz:* Yvonne Blake, Ron Benton. *Requisite:* George Ball. *Tonassistenz:* Gordon McCallum. *Tonmischung:* Norman Wanstall. *Spezialeffekte:* Charles Staffel. *Casting:* Miriam Brickman. *Produktionsleitung:* Ian Lewis. *Koproduzenten:* Michael Delamar, Jane C. Nusbaum. *Produzent:* Lewis M. Allen. *Produktion:* Anglo Enterprise (London)/Vineyard Films (London)/Universal International Pictures. *Drehzeit:* 13. Januar bis 28. April 1966. *Drehorte:* Pinewood Studios, London und Umgebung (Roehampton, Black Park), Châteauneuf-sur-Loire. *Format:* 35 mm, 1:1,85, Farbe (Technicolor). *Länge:* 113 Minuten. *Uraufführung:* 6. September 1966 (Filmfestspiele Venedig). *Kinostart:* 16. September 1966 (Paris).

Darsteller: Oskar Werner *(Guy Montag),* Julie Christie *(Linda Montag/Clarisse),* Cyril Cusack *(Feuerwehrhauptmann),* Anton Diffring[2] *(Fabian),* Bee Duffel *(die Bücherfrau),* Jeremy Spencer *(der Mann mit dem Apfel),* Anne Bell *(Doris),* Caroline Hunt *(Helen),* Gillian Lewis *(Ansagerin),* Anna Ralk *(Jackie),* Roma Milne *(Nachbarin),* Arthur Cox/Eric Mason *(Sanitäter),* Noel Davis/Donald Pickering *(Fernsehschauspieler),* Michael Mindell *(Feuerwehrrekrut Stoneman),* Chris William *(Feuerwehrrekrut Black),* Gilliam Adam *(Judo-Lehrerin),* Edward Kaye *(Judo-Lehrer),* Kevin Elder *(1. Junge),* Mark Lester *(2. Junge),* Joan Francis *(Telefonistin),* Tom Watson *(Ausbilder),* Alex Scott *(Stendhals „Das Leben des Henry Brulard“),* Dennis Gilmore *(Bradburys „Die Mars-Chroniken“),* Fred und Frank Cox *(Jane Austens „Stolz und Vorurteil“),* Michael Balfour *(Machiavellis „Der Fürst“),* Judith Drynan *(Platons „Staat“),* David Glover *(Dickens' „Die Pickwicker“),* Yvonne Blake *(Sartres „Die Judenfrage“),* John Rae *(Stevensons „Weir von Hermiston“),* Earl Younger *(Neffe des „Weir von Hermiston“).*

In einem Zukunftsstaat ist das Bücherlesen streng verboten. Wo immer verborgene Bücher gefunden werden, verbrennt die Feuerbrigade sie auf der Stelle mit Flammenwerfern. Der junge Montag ist ein Feuerwehrmann, den sein Chef besonders schätzt. Mögen manche Leute auch noch so raffinierte Verstecke für ihre Bücher wählen, Montag findet sie bestimmt, so daß die Flammenwerfer in Aktion treten können. Daß es einmal eine Zeit gegeben haben soll, in der die Feuerbrigade dazu da war, Feuer zu löschen, hält er für absurd. Jedenfalls äußert er sich so gegenüber der jungen Lehrerin Clarisse, die ihn eines Tages fragt, ob er jemals eines der Bücher gelesen habe, die er tagaus, tagein verbrennt. Immerhin machen ihn Clarisses Äußerungen nachdenklich, zumal die junge Lehrerin ihn stärker interessiert als seine Frau Linda, die den ganzen Tag vor der Fernsehbildwand hockt. Eines Nachts liest Montag heimlich sein erstes Buch, *David Copperfield,* und ist fasziniert von der neuen Welt, die sich ihm dabei auftut. Bei einem seiner Einsätze muß Montag mit ansehen, wie eine alte Frau freiwillig zusammen mit ihren Büchern verbrennt. Dieses traumatische Erlebnis bringt Montag dazu, sich immer mehr und überzeugter dem verbotenen Lesen zu widmen. Schließlich wird er von Linda denunziert: Der nächste Einsatz gilt seinem eigenen Haus. Nachdem er seinen Flammenwerfer zunächst auf die Wohnungseinrichtung und dann auf den Hauptmann der Feuerbrigade gerichtet hat, flüchtet Montag zu Clarisse in die Wälder jenseits des Flusses, wo die „Buchmenschen“ leben.

1. Der Film wurde in englischer Sprache gedreht.
2. In einer kurzen Einstellung des Films ist Anton Diffring – mit Brille und Perücke – auch in der Rolle einer Lehrerin zu sehen.

LA MARIEE ETAIT EN NOIR
Die Braut trug schwarz
1967

Drehbuch: François Truffaut, Jean-Louis Richard (nach dem Roman *The Bride Wore Black* von William Irish, New York 1940). *Kamera:* Raoul Coutard. *Musik:* Bernard Herrmann.[1] *Ausstattung:* Pierre Guffroy. *Schnitt:* Claudine Bouché. *Ton:* René Levert. *Kostüme:* Nanda Bellomi, Anna Pradella. *Maske:* Louise Bonnemaison. *Frisuren:* Simone Knapp. *Licht:* Fernand Coquet. *Bühne:* Louis Balthazard. *Regieassistenz:* Jean Chayrou, Roland Thénot. *Script:* Suzanne Schiffman, Christine Pellé. *Kameraassistenz:* Georges Liron, Jean Garcenot. *Musikalische Leitung:* André Girard. *Requisite:* Jean-Claude Dolbert. *Gemälde:* Charles Matton. *Schnittassistenz:* Yann Dedet. *Tonassistenz:* Robert Cambourakis. *Standfotos:* Marilu Parolini. *Filmgeschäftsführung:* Christian Lentretien. *Produktionssekretariat:* Lucette de Givray. *Aufnahmeleitung:* Pierre Cottance, Yvonne Eblagon, Jean Nocereau. *Produktionsleitung:* Georges Charlot. *Herstellungsleitung:* Marcel Berbert. *Beteiligter Produzent:* Oscar Lewenstein. *Produktion:* Les Films du Carrosse/Les Productions Artistes Associés (Paris)/Dino De Laurentiis Cinematografica (Rom)/ Woodfall Films (London). *Drehzeit:* 16. Mai bis 24. Juli 1967. *Drehorte:* Paris, Versailles, Chevilly-Larne, Senlis, Cannes, Grenoble. *Format:* 35 mm, 1:1,66, Farbe (Eastmancolor). *Länge:* 107 Minuten. *Uraufführung:* 17. April 1968.

Darsteller: Jeanne Moreau *(Julie Kohler)*, Claude Rich *(Bliss)*, Jean-Claude Brialy *(Corey)*, Michel Bouquet *(Robert Coral)*, Michel Lonsdale *(Clément Morane)*, Charles Denner *(Fergus)*, Daniel Boulanger *(Delvaux)*, Luce Fabiole *(Julies Mutter)*, Dominique Robier *(Sabine, Julies Nichte)*, Jacques Robiolles *(Charlie, Hausmeister bei Bliss)*, Frédérique Fontanarosa/Renaud Fontanarosa *(Konzertmusiker)*, Michèle Viborel *(Gilberte, Bliss' Verlobte)*, Jacqueline Rouillard *(Corals Wirtin)*, Sylvine Delannoy *(Madame Morane)*, Christophe Bruno *(Cookie Morane)*, Alexandra Stewart *(Mademoiselle Becker)*, Van Doude *(Inspektor Fabri)*, Marcel Berbert *(Inspektor Cling)*, Paul Pavel *(Mechaniker bei Delvaux)*, Ernest Menzer *(Autokäufer bei Delvaux)*, Michèle Monfort *(Modell bei Fergus)*, Daniel Pommereulle *(Daniel, Freund von Fergus)*, Gilles Quéant *(Untersuchungsrichter)*, Maurice Garrel *(Staatsanwalt)*[2], Serge Rousseau *(David)*, Elisabeth Rey *(Julie als Kind)*, Jean-Pierre Rey *(David als Kind)*.

Nur mit Gewalt kann Julie Kohlers Mutter ihre Tochter davon abhalten, sich aus dem Fenster zu stürzen. Julie packt ihren Koffer; sie hat einen anderen, nicht weniger endgültigen Entschluß gefaßt. An der Côte d'Azur erscheint sie auf der Verlobungsfeier des Frauenhelden Bliss, lockt ihn auf den Balkon, nennt ihm ihren Namen und stößt ihn in die Tiefe. In einem Bergdorf sucht sie die Bekanntschaft des schüchternen Junggesellen Coral und vergiftet ihn. Während er stirbt, klagt sie ihn an, zu den Mördern ihres Mannes zu gehören. Mit dem Zug fährt sie in eine andere Stadt, wo sie sich über den kleinen Cookie Zutritt in das Haus des Lokalpolitikers Morane verschafft. Sie gibt sich als Erzieherin seines Sohnes aus, bringt den Kleinen ins Bett und lockt den Vater in einen Verschlag unter der Treppe, den sie sorgsam abdichtet. Auch Morane zählt zu der Clique von fünf Männern, die sich früher trafen, um über die Jagd und die Frauen zu reden. Bei Zielübungen mit einem geladenen Gewehr passierte es dann: Julies Bräutigam David wurde in dem Moment, als er an ihrer Seite aus der Kirche trat, von einer Kugel tödlich getroffen. Julies Rache ist noch nicht vollendet. Der Schrotthändler Delvaux wird vor ihren Augen verhaftet und entzieht sich somit vorläufig ihrem Zugriff. Bei dem Maler Fergus bewirbt sie sich erfolgreich als Modell. Als Fergus sich ernsthaft in sie verliebt, zögert Julie zum ersten Mal. Aber auch Fergus muß sterben: Julie erschießt ihn mit einem Pfeil aus dem Bogen der Diana. Auf der Beerdigung des Malers wird sie von Corey, einem Freund von Bliss und Fergus, erkannt. Bereitwillig läßt sie sich verhaften und aburteilen. Denn sie weiß, im Gefängnis wartet Delvaux, ihr fünftes und letztes Opfer.

1. Verwendet werden Mendelssohns Hochzeitsmarsch und Antonio Vivaldis Mandolinen-Konzert, das auch in *L'Enfant sauvage* zu hören sein wird.
2. Diese Rolle ist in der Endfassung nicht enthalten.

BAISERS VOLES
Geraubte Küsse
1968

Drehbuch: François Truffaut, Claude de Givray, Bernard Revon. *Kamera:* Denys Clerval. *Musik:* Antoine Duhamel. *Lied:* „Que reste-t-il de nos amours?" (Musik/Text: Charles Trenet, gesungen von Charles Trenet). *Ausstattung:* Claude Pignot. *Schnitt:* Agnès Guillemot. *Ton:* René Levert. *Maske:* Nicole Félix. *Licht:* Claude Rouxel. *Bühne:* Louis Balthazard, Marcel Mercier, Joseph Mériau. *Regieassistenz:* Jean-José Richer, Alain Deschamps. *Script:* Suzanne Schiffman, Christine Pellé. *Kameraführung:* Jean Chiabaut. *Kameraassistenz:* Jacques Assuérus, Jacques Labesse. *Requisite:* Jean-Claude Dolbert. *Schnittassistenz:* Yann Dedet. *Tonassistenz:* Robert Cambourakis. *Standfotos:* Raymond Cauchetier. *Filmgeschäftsführung:* Christian Lentretien. *Aufnahmeleitung:* Roland Thénot, Daniel Messère, Boussaroques. *Produktionsleitung:* Claude Miller. *Herstellungsleitung:* Marcel Berbert. *Produktion:* Les Films du Carrosse/Les Productions Artistes Associés. *Drehzeit:* 5. Februar bis 28. März 1968. *Drehort:* Paris. *Format:* 35 mm, 1:1,66, Farbe (Eastmancolor). *Länge:* 91 Minuten. *Uraufführung:* 14. August 1968 (Filmfestspiele Avignon). *Kinostart:* 6. September 1968.

„Dieser Film ist Henri Langlois und seiner Cinémathèque gewidmet."

Darsteller: Jean-Pierre Léaud *(Antoine Doinel),* Claude Jade *(Christine Darbon),* Daniel Ceccaldi *(Lucien Darbon),* Claire Duhamel *(Madame Darbon); im Schuhgeschäft:* Delphine Seyrig *(Fabienne Tabard),* Michel Lonsdale *(Georges Tabard),* Martine Ferrière *(Chefverkäuferin),* Chantal Banlier/Karine Jeantet *(Verkäuferinnen); in der Detektei:* André Falcon *(Monsieur Blady),* Harry Max *(Monsieur Henri),* Paul Pavel *(Monsieur Julien),* Catherine Lutz *(Madame Catherine),* Christine Pellé *(Mademoiselle Ida),* Léon Elkembaum *(der Zahnarzt von oben),* Simono *(Monsieur Albani); in den Hotels:* Madeleine Parard *(unfreundliche Prostituierte),* France Monteil *(freundliche Prostituierte),* Elizabeth Braconnier *(traurige Prostituierte),* Roger Trapp *(Geschäftsführer),* Jacques Rispal *(Monsieur Colin),* Martine Brochard *(Madame Colin),* Robert Cambourakis *(Madame Colins Liebhaber); auf der Straße:* Marie-France Pisier *(Colette Tazzi),* Jean-François Adam *(Albert Tazzi),* Jacques Robiolles *(arbeitsloser Fernsehautor),* Serge Rousseau *(der Unbekannte),* Pascale Dauman *(Frau),* Carole Noé *(großes Mädchen); die anderen:* François Darbon *(Feldwebel),* Jacques Delord *(Zauberkünstler),* Marcel Mercier/Joseph Mériau *(Automechaniker).*

Antoine Doinel sitzt im Militärgefängnis, doch nicht für lange, denn er wird wegen Unzuverlässigkeit entlassen. So kann er in seine Bude an der Place Clichy zurückkehren, die er einem Freund überlassen hatte. Das erhoffte Wiedersehen mit seiner Freundin Christine verzögert sich allerdings, denn wie er von ihren Eltern erfährt, befindet sie sich zur Zeit im Skiurlaub. Christines Vater verschafft Antoine einen Job als Nachtportier in einem kleinen Hotel am Montmartre. Lange bleibt er dort nicht, denn als er sich ahnungslos in ein handgreifliches Ehedrama verwickeln läßt, fliegt er. Monsieur Henri, ein Privatdetektiv, dem Antoine behilflich war, bringt ihn jedoch bei der Agentur Blady unter. Hier lernt der junge Mann die Tricks und Kniffe des Detektivberufes. Gelegentlich nimmt er auch Christine, inzwischen wieder zu Hause, auf seine Exkursionen mit. Beauftragt, das Personal eines Schuhgeschäfts zu überwachen, verliebt er sich in die aufregende Madame Tabard, die Frau des Inhabers. Leider ist er in ihrer Gegenwart so gehemmt, daß Madame die Dinge selbst in die Hand nehmen muß: Sie erscheint in seiner Wohnung und gewährt ihm eine einzige Nacht. Als Folge dieses Abenteuers verliert Antoine auch diesen Job. Einige Zeit später ist er bei einem Fernsehnotdienst beschäftigt. An einem Wochenende – ihre Eltern sind verreist – sorgt Christine dafür, daß auch ihr Fernsehgerät kaputtgeht. Telefonisch herbeizitiert, steht Antoine bald mit seinem Werkzeugkasten vor der Tür. Die beiden verbringen die Nacht zusammen. Am nächsten Morgen – Antoine und Christine sitzen auf einer Parkbank – nähert sich der Unbekannte, der Christine schon seit langem folgt, erklärt ihr seine Liebe und entfernt sich wieder.

LA SIRENE DU MISSISSIPI
Das Geheimnis der falschen Braut
1968/69

Drehbuch: François Truffaut (nach dem Roman *Waltz Into Darkness* von William Irish, New York 1947). *Kamera:* Denys Clerval. *Musik:* Antoine Duhamel. *Ausstattung:* Claude Pignot. *Schnitt:* Agnès Guillemot. *Ton:* René Levert. *Kostüme für Catherine Deneuve:* Yves Saint Laurent. *Maske:* Michel Deruelle, Jean-Pierre Eychenne. *Frisuren:* Jacqueline Anatole. *Licht:* Claude Rouxel. *Bühne:* Louis Balthazard. *Regieassistenz:* Jean-José Richer, Jean-François Détré, Jean-François Stévenin. *Script:* Suzanne Schiffman. *Kameraführung:* Jean Chiabaut. *Kameraassistenz:* Jacques Assuérus, Jacques Labesse. *Ausstattungsassistenz:* Jean-Pierre Kohut-Svelko. *Requisite:* Jean-Claude Dolbert. *Schnittassistenz:* Yann Dedet. *Tonassistenz:* Robert Cambourakis. *Tonmischung:* Guy Chichignoud. *Garderobe:* Jacqueline Pauvel, Christiane Fageol, Paulette Breil. *Standfotos:* Léonard de Raemy. *Produktionssekretariat:* Christine Pellé. *Filmgeschäftsführung:* Christian Lentretien. *Aufnahmeleitung:* Roland Thénot, François Menny. *Produktionsleitung:* Claude Miller. *Herstellungsleitung:* Marcel Berbert. *Produktion:* Les Films du Carrosse/Les Productions Artistes Associés (Paris)/Produzioni Associate Delphos (Rom). *Drehzeit:* 2. Dezember 1968 bis Ende Februar 1969. *Drehorte:* La Réunion, Nizza, Antibes, Aix-en-Provence, Lyon, Umgebung von Grenoble. *Format:* 35 mm, Dyaliscope, Farbe (Eastmancolor). *Länge:* 124 Minuten. *Uraufführung:* 18. Juni 1969.

„Dieser Film ist Jean Renoir gewidmet."[1]

Darsteller: Jean-Paul Belmondo *(Louis Mahé)*, Catherine Deneuve *(„Julie Roussel"/Marion Bergamo)*, Michel Bouquet *(Comolli, der Detektiv)*, Nelly Borgeaud *(Berthe Roussel, Julies Schwester)*, Marcel Berbert *(Jardine)*, Martine Ferrière *(Madame Travers, Vermieterin)*, Yves Drouet *(Oireau, Bankdirektor)*, Roland Thénot *(Richard)*.

Erwartungsvoll sieht Louis Mahé, Zigarettenfabrikant auf der französischen Insel La Réunion im Indischen Ozean, der Ankunft der „Mississippi" entgegen, mit der seine Braut Julie Roussel eintreffen soll. Julie, mit der Louis bisher nur korrespondiert hat, ist viel hübscher als auf dem Foto, das er von ihr hatte. Die beiden heiraten sofort. Louis erteilt seiner jungen Frau unbedenklich Bankvollmacht, obwohl es in ihrem Verhalten gewisse Dinge gibt, die ihn eigentlich irritieren müßten. Wenig später ist Julie mit dem größten Teil von Louis' Geld von der Insel verschwunden. Durch Julies Schwester, Berthe Roussel, erfährt der geprellte Ehemann, daß die Frau, die er geheiratet hat, gar nicht die echte Julie, sondern eine Schwindlerin war. Louis und Berthe engagieren daraufhin den Privatdetektiv Comolli, der die falsche und die echte Julie auffinden soll. Louis fährt an die Côte d'Azur, wo er seine Frau vermutet. Tatsächlich findet er die Betrügerin in einem Nachtclub. Louis erfährt, daß Julie, die in Wirklichkeit Marion heißt, das Opfer eines Erpressers geworden ist. Dieser Mann, sagt Marion, habe die echte Julie auf der „Mississippi" ermordet, nachdem er von ihren Heiratsplänen erfuhr. Sie selbst sei gezwungen worden, Julies Platz einzunehmen und Louis zu bestehlen. Louis glaubt Marion, die ihm inzwischen ihre Liebe gestand. Die beiden leben für eine kurze Zeit glücklich zusammen. Da begegnet Louis zufällig Comolli; er bittet ihn, alle weiteren Ermittlungen einzustellen. Doch Comolli widersetzt sich diesem Wunsch, da man die Leiche der echten Julie gefunden hat und die Affäre damit zu einem Mordfall wurde. Louis bleibt nichts anderes übrig, als Comolli aus dem Weg zu räumen. Das Paar taucht in Lyon unter. Er fliegt nach Réunion, verkauft seine Fabrik und kehrt mit dem Geld zurück. Um dem Zugriff der Polizei zu entgehen, verstecken sie sich in einer Hütte in den französischen Alpen. Hier wird Louis klar, daß Marion versucht, ihn mit Rattengift umzubringen. Als er es geschehen lassen will, bricht Marion zusammen und verspricht, ihn zu lieben und gesund zu pflegen. Gemeinsam setzen sie ihre Flucht fort.

1. Nach dem Vorspann verwendet Truffaut in einem kurzen historischen Abriß über die Insel La Réunion Aufnahmen aus Jean Renoirs Film *La Marseillaise*.

L'ENFANT SAUVAGE
Der Wolfsjunge
1969/70

Drehbuch: François Truffaut, Jean Gruault (nach *Mémoire et Rapport sur Victor de l'Aveyron* von Jean Itard, 1806). *Kamera:* Nestor Almendros. *Musik:* Antonio Vivaldi. *Ausstattung:* Jean Mandaroux. *Schnitt:* Agnès Guillemot. *Ton:* René Levert. *Kostüme:* Gitt Magrini. *Maske:* Nicole Félix. *Licht:* Jean-Claude Gasché. *Bühne:* Louis Balthazard, Marcel Mercier. *Regieassistenz:* Suzanne Schiffman, Jean-François Stévenin. *Script:* Christine Pellé. *Kameraführung:* Philippe Théaudière. *Kameraassistenz:* Jean-Claude Rivière. *Musikalische Leitung:* Antoine Duhamel. *Flöte:* Michel Sanvoisin. *Mandoline:* André Saint-Clivier. *Ausstattungsassistenz:* Jean-Pierre Kohut-Svelko. *Requisite:* Jean-Claude Dolbert. *Schnittassistenz:* Yann Dedet. *Tonassistenz:* Robert Cambourakis. *Mischung:* Alex Pront. *Standfotos:* Pierre Zucca. *Filmgeschäftsführung:* Christian Lentretien. *Aufnahmeleitung:* Roland Thénot, Armand Barbault. *Produktionsleitung:* Claude Miller. *Herstellungsleitung:* Marcel Berbert. *Produktion:* Les Films du Carrosse/Les Productions Artistes Associés. *Drehzeit:* 7. Juli bis 1. September 1969. *Drehorte:* Aubiat (Auvergne), Paris, Puy de Dôme. *Format:* 35 mm, 1:1,33, Schwarzweiß. *Länge:* 83 Minuten. *Uraufführung:* 26. Februar 1970.

„Für Jean-Pierre Léaud."

Darsteller: Jean-Pierre Cargol *(Victor de l'Aveyron),* François Truffaut *(Dr. Jean Itard),* Françoise Seigner *(Madame Guérin),* Jean Dasté *(Professor Philippe Pinel),* Paul Villé *(der alte Rémy),* Pierre Fabre *(Pfleger im Institut),* Claude Miller *(Monsieur Lémeri),* Annie Miller *(Madame Lémeri),* Nathan Miller *(Baby Lémeri),* Mathieu Schiffman *(Mathieu),* René Levert *(Gendarme),* Jean Mandaroux *(Itards Arzt),* Jean Gruault *(Besucher im Institut),* Robert Cambourakis/Gitt Magrini/Jean-François Stévenin *(Bauern beim Hühnerdiebstahl),* Laura Truffaut/Eva Truffaut/Guillaume Schiffman/Frédérique Dolbert/Eric Dolbert/Tounet Cargol/Dominique Levert/Mademoiselle Théaudière *(Bauernhofkinder).*

Eine französische Bäuerin sieht sich 1798 beim Pilzesammeln im Wald plötzlich einem nackten, langhaarigen Jungen gegenüber, der bei ihrem Anblick entsetzt auf allen vieren flieht. Sie alarmiert die Männer des Dorfes; diese stöbern das verwilderte Kind mit Hunden auf, fangen es und schleppen es trotz seines verzweifelten Widerstands mit sich. Der Junge benimmt sich wie ein Tier, kann nicht sprechen, sondern nur unartikulierte Laute von sich geben, und scheint auch taub zu sein. Als Dr. Jean Itard vom Pariser Taubstummen-Institut in der Zeitung vom „Wolfsjungen" liest, erwacht sofort sein wissenschaftliches Interesse. Er erreicht, daß der Findling nach Paris gebracht wird. Nach Abschluß der umfangreichen Untersuchungen vertritt Itards Kollege Professor Pinel die Meinung, der auf der Entwicklungsstufe eines Einjährigen stehende Junge sei idiotisch und als weiteres Studienobjekt uninteressant. Dr. Itard hingegen glaubt, das Kind mit Fürsorge und Geduld zivilisieren und dabei auch geistig weiterentwickeln zu können. Schließlich gestattet man ihm, den Jungen in sein Haus zu nehmen. Dort bemüht sich Itard mit Hilfe seiner verständnisvollen Haushälterin, Madame Guérin, aus dem wilden Kind allmählich einen kultivierten Menschen zu machen. Er entlockt Victor, wie er seinen Schützling nennt, erste Gefühlsregungen und versucht danach, ihm einzelne Begriffe verständlich zu machen. Als weiterer Schritt erfolgt die Erlernung des Alphabets und der Versuch erster Wortbildungen. Als Victor trotz der fürsorglichen Behandlung eines Tages das Weite sucht, zeigt sich, daß er seine früheren animalischen Instinkte bereits weitgehend verloren hat: Er fürchtet sich, ist witterungsanfällig und vermag sich nicht mehr selber zu ernähren. Victor hat damit aufgehört, ein „Wilder" zu sein, fühlt sich jedoch auch in der menschlichen Umgebung noch nicht richtig heimisch. Als die Polizei den Flüchtling zu Dr. Itard zurückbringt, ist dieser hocherfreut, denn er glaubt jetzt fest, daß sein Schützling eines Tages ein vollwertiger Mensch werden wird.

DOMICILE CONJUGAL
Tisch und Bett
1970

Drehbuch: François Truffaut, Claude de Givray, Bernard Revon. *Kamera:* Nestor Almendros. *Musik:* Antoine Duhamel. *Ausstattung:* Jean Mandaroux. *Schnitt:* Agnès Guillemot. *Ton:* René Levert. *Kostüme:* Françoise Tournafond. *Maske:* Nicole Félix. *Licht:* Jean-Claude Gasché. *Bühne:* Louis Balthazard, Marcel Mercier, Joseph Mériau. *Regieassistenz:* Suzanne Schiffman, Jean-François Stévenin, Jérôme Richard. *Script:* Christine Pellé. *Kameraführung:* Emmanuel Machuel. *Kameraassistenz:* Jean-Claude Rivière. *Ausstattungsassistenz:* Jean-Pierre Kohut-Svelko. *Requisite:* Jean-Claude Dolbert. *Schnittassistenz:* Yann Dedet, Martine Kalfon. *Tonassistenz:* Robert Cambourakis. *Standfotos:* Pierre Zucca. *Pressebetreuung:* Christine Brierre. *Filmgeschäftsführung:* Christian Lentretien. *Produktionssekretariat:* Lucette Desmouceaux. *Aufnahmeleitung:* Roland Thénot, Armand Barbault. *Produktionsleitung:* Claude Miller. *Herstellungsleitung:* Marcel Berbert. *Produktion:* Les Films du Carrosse/Valoria Films (Paris)/Fida Cinematografica (Rom). *Drehzeit:* 21. Januar bis 18. März 1970. *Drehort:* Paris. *Format:* 35 mm, 1:1,66, Farbe (Eastmancolor). *Länge:* 100 Minuten. *Uraufführung:* 9. September 1970.

Darsteller: Jean-Pierre Léaud *(Antoine Doinel),* Claude Jade *(Christine Doinel),* Hiroko Berghauer *(Kyoko Yamata),* Daniel Ceccaldi *(Lucien Darbon),* Claire Duhamel *(Madame Darbon); im Hof:* Daniel Boulanger *(Opernsänger),* Sylvana Blasi *(Sylvana, seine Frau),* Claude Véga *(der Würger),* Yvon Lec *(Hilfspolizist),* Jacques Jouanneau *(Césarin, Bistro-Wirt),* Pierre Maguelon *(Gast im Bistro),* Danièle Girard *(Ginette, Kellnerin),* Marie Irakane *(Madame Martin, Concierge),* Jacques Rispal *(Monsieur Desbois, Rentner),* Ernest Menzer *(kleiner Mann),* Guy Piérauld *(Fernsehmechaniker),* Marianne Piketti *(Marianne),* Annick Asty *(Mariannes Mutter),* Philippe Léotard *(Betrunkener),* Christophe Vesque *(Christophe),* Marcel Mercier/Joseph Mériau *(Leute im Hof); in der Firma:* Bill Kearns *(Mr. Max, Firmenchef),* Barbara Laage *(Monique, seine Sekretärin),* Pierre Fabre *(Witzbold),* Christian de Tilière *(Bewerber mit Empfehlungsschreiben),* Marcel Berbert/Nicole Félix/Jérôme Richard *(Büroangestellte),* Iska Khan *(Kyokos Vater),* Ryu Nakamura *(japanischer Sekretär); die anderen:* Jacques Robiolles *(Schnorrer),* Ada Lonati *(Madame Claude),* Marie Dedieu *(Marie),* Nobuko Maki *(Kyokos Freundin),* Jacques Cottin *(Monsieur Hulot),* Mademoiselle Irakane/Frédérique Dolbert/Mademoiselle Barbault *(Alphonse Doinel),* Helen Scott *(Dame im Selfservice-Restaurant).*

Antoine Doinel und Christine Darbon sind verheiratet. Er färbt unten im Hof des Mietshauses Blumen, während sie oben in der Wohnung Geigenunterricht gibt. Zu ihren Nachbarn gehören ein Opernsänger und seine Frau, ein Rentner, der nie seine Wohnung verläßt, und ein geheimnisvoller Untermieter, den alle nur den Würger nennen und der, wie sich später herausstellt, Damenimitator im Fernsehen ist. Antoine sucht das absolute Rot, findet es aber nicht. Er pumpt bereitwillig einem Bekannten dreimal hintereinander Geld und bleibt jedesmal sprachlos, wenn die Kellnerin vom Bistrot ihm eindeutige Anträge macht. Dank einer Verwechslung erhält Antoine einen Job bei einer amerikanischen Hydraulik-Firma und bewegt fortan ferngesteuert kleine Modellschiffe. Er wird Vater eines Sohnes, den er gegen den Willen seiner Frau Alphonse nennt und den er schon jetzt zum Schriftsteller vom Schlage Victor Hugos ausersehen hat. Er selbst beginnt, einen Roman aus seinem Leben zu schreiben, was den Wirt des Bistros zum Vergleich mit Baudelaire (wegen der Blumen) provoziert. Antoine lernt am Modellhafen Kyoko, eine hübsche junge Japanerin, kennen und beginnt ein Verhältnis mit ihr. Christine kommt dahinter, als sich bei einem Tulpenstrauß, den Kyoko Antoine geschickt hat, die Blüten öffnen und kleine Liebesbotschaften herausfallen. Christine setzt Antoine vor die Tür. Antoine beginnt, sich mit Kyoko zu langweilen. Während eines Essens mit Kyoko steht er dreimal auf, um mit Christine zu telefonieren, was die eheliche Verständigung (vorerst) wieder herbeiführt.

LES DEUX ANGLAISES ET LE CONTINENT
Zwei Mädchen aus Wales und die Liebe zum Kontinent
1971

Drehbuch: François Truffaut, Jean Gruault (nach dem Roman von Henri-Pierre Roché, Paris 1956). *Kamera:* Nestor Almendros. *Musik:* Georges Delerue. *Ausstattung:* Michel de Broin. *Schnitt:* Yann Dedet. *Ton:* René Levert. *Kostüme:* Gitt Magrini. *Maske:* Marie-Louise Gillet. *Frisuren:* Simone Knapp. *Licht:* Jean-Claude Gasché, Georges Boirond, Serge Boirond. *Bühne:* Louis Balthazard, Marcel Mercier, Joseph Mériau. *Regieassistenz:* Suzanne Schiffman, Olivier Mergault. *Script:* Christine Pellé. *Kameraführung:* Jean-Claude Rivière. *Kameraassistenz:* Yves Lafaye. *Ausstattungsassistenz:* Jean-Pierre Kohut-Svelko. *Requisite:* Jean-Claude Dolbert. *Schnittassistenz:* Martine Barraqué. *Tonassistenz:* Robert Cambourakis. *Kostümassistenz:* Pierangelo Cicoletti. *Garderobe:* Paulette Dolbert. *Standfotos:* Pierre Zucca. *Pressebetreuung:* Christine Brierre. *Filmgeschäftsführung:* Christian Lentretien. *Produktionssekretariat:* Dominique Birolini. *Aufnahmeleitung:* Roland Thénot, Philippe Lièvre. *Produktionsleitung:* Claude Miller. *Herstellungsleitung:* Marcel Berbert. *Produktion:* Les Films du Carrosse/Cinétel. *Drehzeit:* 20. April bis 9. Juli 1971. *Drehorte:* Normandie, Umgebung von Paris, Vivarais, Jura. *Format:* 35 mm, 1:1,66, Farbe (Eastmancolor). *Länge:* 132 Minuten.[1] *Uraufführung:* 18. November 1971 (Cinémathèque Française). *Kinostart:* 26. November 1971.

Darsteller: Jean-Pierre Léaud *(Claude Roc),* Kika Markham *(Anne Brown),* Stacey Tendeter *(Muriel Brown),* Sylvia Marriott *(Mrs. Brown),* Marie Mansart *(Claire Roc),* Philippe Léotard *(Diurka),* Irène Tunc *(Ruta),* Mark Peterson [d. i. Oscar Lewenstein] *(Mr. Flint),* Georges Delerue *(Maître Lemonnier),* Marcel Berbert *(Marcel, Kunsthändler),* David Markham *(Handlinienleser),* Jane Lobre *(Madame Jeanne, Concierge),* Marie Irakane *(Claires Dienstmädchen),* Annie Miller *(Monique de Montferrand),* Jean-Claude Dolbert *(englischer Polizist),* Christine Pellé *(Claudes Sekretärin),* Anne Levaslot *(Muriel als Kind),* Sophie Jeanne *(Clarisse),* René Gaillard *(Taxifahrer),* Sophie Baker *(Freundin im Café),* Laura Truffaut/Eva Truffaut/Mathieu Schiffman/Guillaume Schiffman *(Kinder an der Schaukel),* François Truffaut *(Erzählerstimme).*

Paris um die Jahrhundertwende. Die junge Engländerin Anne Brown ist nach Paris gekommen, um Bildhauerei zu studieren. Sie besucht Claire Roc, eine Jugendfreundin ihrer Mutter, und lernt dabei deren Sohn Claude kennen. Claude ist sehr beeindruckt von Anne und läßt sich daher gern für die Sommerferien in ihr Elternhaus an der Küste von Wales einladen. Dort verliebt er sich, wie Anne es erhoffte, in deren jüngere Schwester Muriel. Bald bittet er diese, seine Frau zu werden. Muriel, ganz Puritanerin, antwortet zwar mit einer schriftlichen Absage, gibt ihm jedoch mündlich zu verstehen, daß er sich Hoffnung machen kann. Um ihren Sohn nicht zu verlieren, versucht Claudes Mutter, die jungen Leute auseinanderzubringen. Sie erreicht zunächst einmal, daß sie sich für ein Jahr trennen, um ihre Liebe auf die Probe zu stellen. Von seiner Mutter zu wechselhaften Abenteuern ermuntert, schreibt Claude schließlich Muriel seinerseits eine Absage. Der Brief stürzt Muriel in eine tiefe Depression. Claude macht währenddessen weitere Eroberungen. Als Anne wieder auf den Kontinent kommt, opfert sie während eines Urlaubs in der Schweiz Claude ihre Unschuld. Auch mit ihr geht Claude jedoch keine feste Bindung ein. Nach dem Tode seiner Mutter sieht er schließlich Muriel wieder. Als diese indessen von ihrer Schwester hört, daß Anne Claudes Geliebte war, erleidet sie eine weitere Nervenkrise und reist fluchtartig nach Wales ab. Claude veröffentlicht seinen ersten Roman, *Jérôme et Julien.* Er erfährt, daß Anne an Tuberkulose gestorben ist und daß Muriel auf ihrem Weg zu einem Lehrposten in Brüssel nach Frankreich kommen wird. In einem Hotel in Calais gibt sich Muriel ihm hin, weigert sich jedoch, ihn je wiederzusehen. Fünfzehn Jahre später ist Muriel mit einem englischen Lehrer verheiratet; Claude, allein in Paris, altert rasch.

1. Die Originalfassung wurde drei Wochen nach der Uraufführung von Truffaut auf Drängen der Filmtheaterbesitzer um 14 Minuten gekürzt. 1984, kurz vor seinem Tod, hat er in Zusammenarbeit mit der Cutterin Martine Barraqué die alte Fassung rekonstruiert und eine neue Tonmischung angefertigt. Der Film trägt nun den Titel *Les Deux Anglaises.* Die wiederhergestellte Fassung erlebte Ende 1984 während des New York Film Festival ihre Premiere und kam am 20. Februar 1985 in die Pariser Kinos.

UNE BELLE FILLE COMME MOI
Ein schönes Mädchen wie ich
1972

Drehbuch: François Truffaut, Jean-Loup Dabadie (nach dem Roman *Such a Gorgeous Kid Like Me* von Henry Farrell, New York 1967). *Kamera:* Pierre-William Glenn. *Musik:* Georges Delerue. *Lieder:* „Sam's Song" (Musik: Guy Marchand, Text: Jean-Loup Dabadie, Bearbeitung: France-Marie Watkins, gesungen von Guy Marchand), „Une belle fille comme moi" (Musik: Jacques Datin, Text: Jean-Loup Dabadie, gesungen von Bernadette Lafont), „J'attendrai" (Musik/Text: Dino Olivieri/Nino Rastelli, gesungen von Rina Ketty). *Ausstattung:* Jean-Pierre Kohut-Svelko. *Schnitt:* Yann Dedet. *Ton:* René Levert. *Kostüme:* Monique Dury. *Maske:* Thi Loan N'Guyen. *Licht:* Jean-Claude Gasché. *Bühne:* Louis Balthazard. *Regieassistenz:* Suzanne Schiffman, Bernard Cohn. *Script:* Christine Pellé. *Kameraführung:* Walter Bal. *Kameraassistenz:* Anne Khripounoff. *Ausstattungsassistenz:* Jean-François Stévenin. *Requisite und Spezialeffekte:* Jean-Claude Dolbert. *Schnittassistenz:* Martine Barraqué. *Standfotos:* Pierre Zucca. *Pressebetreuung:* Christine Brierre. *Filmgeschäftsführung:* Christian Lentretien. *Aufnahmeleitung:* Roland Thénot. *Produktionsleitung:* Claude Miller. *Herstellungsleitung:* Marcel Berbert, Claude Ganz. *Produktion:* Les Films du Carrosse/Columbia Film S.A. (Paris). *Drehzeit:* 14. Februar bis 12. April 1972. *Drehorte:* Béziers, Lunel. *Format:* 35 mm, 1:1,66, Farbe (Eastmancolor). *Länge:* 98 Minuten. *Uraufführung:* 13. September 1972.

Darsteller: Bernadette Lafont *(Camille Bliss)*, Claude Brasseur *(Maître Murène)*, Charles Denner *(Arthur)*, Guy Marchand *(Sam Golden)*, André Dussolier *(Stanislas Prévine)*, Anne Kreis *(Hélène)*, Philippe Léotard[1] *(Clovis Bliss)*, Gilberte Géniat *(Isobel Bliss)*, Danièle Girard *(Florence Golden)*, Martine Ferrière *(Gefängnissekretärin)*, Michel Delahaye *(Maître Joseph Marchal)*, Annick Fougerie *(Lehrerin)*, Gaston Ouvrard *(der alte Gefängniswärter)*, Jacob Weizbluth *(Alphonse, der Stumme)*, Jérôme Zucca *(Michou)*, Marcel Berbert *(Buchhandler)*, Jean-François Stévenin *(Zeitungsverkäufer)*, Monique Dury *(Krawattenverkäuferin)*, Thi Loan N'Guyen/Christian Lentretien *(Angestellte in den Fotogeschäften)*.

Stanislas Prévine, ein junger Soziologe, arbeitet an einer Doktorarbeit über kriminelle Frauen und betreibt Feldforschung in einem Gefängnis. Vor allem interessiert ihn Camille Bliss, obwohl dieses Flittchen in den Augen der Gefängnisverwaltung wenig hergibt. Mit seinem Tonband zeichnet Stanislas die Schilderung eines Lebenslaufes auf, der voll ist von dunklen Punkten. Camille nimmt kein Blatt vor den Mund. Auf einem Bauernhof aufgewachsen, landete sie zunächst in einer Besserungsanstalt, nachdem ihr Vater sich mit ihrer Nachhilfe das Genick gebrochen hatte. Nach ihrer Flucht aus dem Erziehungsheim läßt sie sich von dem Taugenichts Clovis Bliss auflesen und schleppt ihn mit einem Trick zum Standesamt. Clovis' Mutter hortet irgendwo im Haus ein Vermögen. Camille ist hinter dem Geld her, erwischt jedoch nur einen Teil des Ersparten und macht sich mit Clovis aus dem Staub. Ihr Einfaltspinsel von Ehemann langweilt sie bald so sehr, daß sie sich von dem drittklassigen Sänger Sam Golden erobern läßt, in dessen Bar sie als Bedienung arbeitet. Als Clovis von der Untreue seiner Frau erfährt und in der Bar Krach schlagen will, kommt er unter ein Auto und findet sich bald darauf im Krankenhaus wieder. Camille findet Zuflucht bei dem katholischen Kammerjäger Arthur, den sie mühelos um den Finger wickelt. Sie trifft einen Rechtsanwalt, Maître Murène, der vorgibt, ihr zu helfen, sie aber ein Ehebruchsgeständnis unterschreiben läßt, dessen sich Sam Goldens Frau Florence bedienen wird. Camille versucht, sich Clovis und Maître Murène vom Hals zu schaffen, doch Arthur rettet die beiden. Um sich und Camille zu bestrafen, will Arthur, daß sie sich mit ihm zusammen vom Glockenturm der Kathedrale stürzt. Er springt allein. Camille wird des Mordes an Arthur angeklagt und fristet seitdem ihr Dasein im Gefängnis. Stanislas Prévine ist dem rauhen Charme seines Studienobjekts längst erlegen. Mit Hilfe seiner Sekretärin Hélène spürt er einen Amateurfilm auf, der Arthurs Selbstmord beweist. Camille kommt frei und macht Karriere als Sängerin. Sie schießt Clovis im Streit nieder und schiebt die Sache dem jungen Soziologen in die Schuhe, der nun seinerseits hinter Gittern landet.

1. Philippe Léotard ist zu Anfang auch noch in der Rolle von Camilles Vater zu sehen, durch Schnauzbart und Bierbauch fast unkenntlich gemacht.

LA NUIT AMERICAINE
Die amerikanische Nacht
1972/73

Drehbuch: François Truffaut, Jean-Louis Richard, Suzanne Schiffman. *Kamera:* Pierre-William Glenn. *Musik:* Georges Delerue. *Ausstattung:* Damien Lanfranchi. *Schnitt:* Yann Dedet. *Ton:* René Levert. *Kostüme:* Monique Dury. *Maske:* Fernande Hugi, Thi Loan N'Guyen. *Frisuren:* Malou Rossignol. *Licht:* Jean-Claude Gasché. *Regieassistenz:* Suzanne Schiffman, Jean-François Stévenin. *Script:* Christine Pellé. *Kameraführung:* Walter Bal. *Kameraassistenz:* Dominique Chapuis, Jean-Francis Gondre. *Schnittassistenz:* Martine Barraqué. *Tonassistenz:* Harrik Maury. *Mischung:* Antoine Bonfanti. *Standfotos:* Pierre Zucca. *Pressebetreuung:* Christine Brierre. *Filmgeschäftsführung:* Christian Lentretien. *Aufnahmeleitung:* Roland Thénot, Alex Maineri. *Produktionsleitung:* Claude Miller. *Herstellungsleitung:* Marcel Berbert. *Produktion:* Les Films du Carrosse/PECF (Paris)/PIC (Rom). *Drehzeit:* 25. September bis 15. November 1972. *Drehorte:* Studios de la Victorine, Nizza. *Format:* 35 mm, 1:1,66, Farbe (Eastmancolor). *Länge:* 115 Minuten. *Uraufführung:* 14. Mai 1973 (Filmfestival Cannes). *Kinostart:* 24. Mai 1973.

„Dieser Film ist Dorothy und Lillian Gish gewidmet."

Darsteller: Jacqueline Bisset *(Julie Baker/„Paméla")*, Jean-Pierre Aumont *(Alexandre)*, Valentina Cortese *(Séverine)*, Jean-Pierre Léaud *(Alphonse)*, Alexandra Stewart *(Stacey); das Filmteam:* François Truffaut *(Ferrand, Regisseur)*, Jean Champion *(Bertrand, Produzent)*, Nathalie Baye *(Joëlle, Scriptgirl)*, Dani *(Liliane, Script-Volontärin)*, Jean-François Stévenin *(Jean-François, Regieassistent)*, Bernard Menez *(Bernard, Requisiteur)*, Nike Arrighi *(Odile, Maskenbildnerin)*, Gaston Joly *(Gaston Lajoie, Aufnahmeleiter)*, Jean Panisse *(Arthur, Beleuchter)*, Walter Bal *(Walter, Kameramann)*, Pierre Zucca *(Pierre, Standfotograf)*, Yann Dedet *(Yann, Cutter)*, Martine Barraqué *(Martine, Schnittassistentin)*, Damien Lanfranchi *(Damien, Ausstatter)*, Marc Boyle *(Marc, der Stuntman)*, Georges Delerue *(Stimme des Komponisten); die anderen:* David Markham *(Dr. Michael Nelson, Julies Mann)*, Maurice Séveno *(Fernsehreporter)*, Zénaïde Rossi *(Madame Lajoie)*, Xavier Saint-Macary *(Christian, Alexandres Adoptivsohn)*, Christophe Vesque *(Junge im Traum)*, Henry Graham [d. i. Graham Greene]/Marcel Berbert *(Versicherungsvertreter)*, Ernest Menzer *(kleiner Mann)*.

Der Regisseur Ferrand dreht in den Studios von Nizza den Film *Je vous présente Paméla.* Es ist die Geschichte des jungen Alphonse, der seiner Mutter Séverine und seinem Vater Alexandre seine junge Ehefrau Paméla vorstellt; Vater und Schwiegertochter verlieben sich ineinander und brennen durch. Technische Schwierigkeiten und menschliche Probleme behindern die Dreharbeiten. Séverine putscht sich mit allzuviel Champagner auf, weil sie Angst vor dem Alter hat und sich durch die Rolle überfordert fühlt. Gleich zu Anfang gibt es unliebsame Verzögerungen, weil sie eine einfache Einstellung wieder und wieder verpatzt. Alphonse hat sich in Liliane, die Assistentin des Scriptgirls, verliebt. Zwar gewährt auch sie ihm ihre Gunst, aber sie ist großherzig genug, sich gleichzeitig auch mit dem Standfotografen und einem Stuntman einzulassen. Als sie mit letzterem schließlich durchbrennt, will Alphonse aus lauter Liebeskummer nicht mehr weiterspielen. Mehr aus Mitleid denn aus Liebe tröstet ihn eines Nachts seine Partnerin, der Hollywood-Star Julie Baker. Alphonse ist wie neugeboren und ruft kurzerhand Julies Mann an, um ihm mitzuteilen, daß er nun seine Frau liebe. Julie erleidet einen Nervenzusammenbruch, und erneut ist der Film gefährdet. Schließlich verunglückt Alexandre tödlich. Das scheint das Ende für den Film zu bedeuten. Aber Ferrand hat eine Idee, und der Produzent läßt sich überzeugen. Mit einigen Drehbuchänderungen und einem Double gelingt es, den Film fertigzustellen.

L'HISTOIRE D'ADELE H.
Die Geschichte der Adele H.
1975

Drehbuch: François Truffaut, Jean Gruault, Suzanne Schiffman, unter Mitarbeit von Frances Vernor Guille, Herausgeberin des Buches *Le Journal d'Adèle Hugo,* und Carol McDaid Seib; englische Dialoge[1]: Jan Dawson. *Kamera:* Nestor Almendros. *Musik:* Maurice Jaubert[2]. *Ausstattung:* Jean-Pierre Kohut-Svelko. *Schnitt:* Yann Dedet. *Ton:* Jean-Pierre Ruh. *Kostüme:* Jacqueline Guyot. *Maske:* Thi Loan N'Guyen. *Frisuren:* Chantal Durpoix. *Licht:* Jean-Claude Gasché. *Bühne:* Charles Frees. *Regieassistenz:* Suzanne Schiffman, Carl Hathwell. *Script:* Christine Pellé. *Kameraführung:* Jean-Claude Rivière. *Kameraassistenz:* Dominique Le Rigoleur, Florent Bazin. *Musikalische Leitung:* Patrice Mestral. *Musikberater:* François Porcile. *Saxophon-Solist:* Jacques Noureddine. *Ausstattungsassistenz:* Pierre Gompertz, Geoffrey Larcher. *Requisite:* Daniel Braunschweig. *Schnittassistenz:* Martine Barraqué, Jean Gargonne, Michèle Nény, Muriel Zélény. *Tonassistenz:* Michel Laurent. *Mischung:* Jacques Maumont. *Garderobe:* Clémence Lapouyade. *Standfotos:* Bernard Prim. *Pressebetreuung:* Christine Brierre. *Filmgeschäftsführung:* Christian Lentretien. *Aufnahmeleitung:* Patrick Millet, Roland Thénot. *Produktionsleitung:* Claude Miller. *Herstellungsleitung:* Marcel Berbert. *Produktion:* Les Films du Carrosse/Les Productions Artistes Associés. *Drehzeit:* 8. Januar bis 21. März 1975. *Drehorte:* Insel Guernsey, Insel Gorée (Senegal). *Format:* 35 mm, 1:1,66, Farbe (Eastmancolor). *Länge:* 96 Minuten. *Uraufführung:* 8. Oktober 1975.

Darsteller: Isabelle Adjani *(Adèle Hugo/„Miss Lewly“),* Bruce Robinson *(Lieutenant Albert Pinson),* Sylvia Marriott *(Mrs. Saunders, Pensionswirtin),* Reubin Dorey *(Mr. Saunders),* Joseph Blatchley *(Mr. Whistler, Buchhändler),* M. White *(Colonel),* Carl Hathwell *(Lieutenant Hathwell, Pinsons Ordonnanz),* Ivry Gitlis *(Hypnotiseur),* Sir Cecil de Sausmarez *(Maître Lenoir, Notar),* Sir Raymond Falla *(Richter Johnstone),* Roger Martin *(Dr. Murdock),* Madame Louise *(Madame Baa),* Jean-Pierre Leursse *(schwarzer Schreiber),* Louise Bourdet *(Victor Hugos Dienerin),* Clive Gillingham *(Keaton, Bankangestellter),* Ralph Williams *(Kanadier),* Thi Loan N'Guyen *(Chinesin),* Edward J. Jackson *(O'Brien),* Aurelia Mansion *(Witwe mit Hunden),* David Foote *(David, der kleine Junge),* Jacques Fréjabue *(Kunsttischler)*[3], Chantal Durpoix *(junge Prostituierte),* Geoffrey Crook *(George, Kammerdiener bei Johnstone),* François Truffaut *(Offizier).*

Im Jahre 1863 kommt eine junge Frau mit der Great Eastern nach Halifax in Kanada. Sie nennt sich Miss Lewly; in Wirklichkeit ist sie Adèle Hugo, die jüngste Tochter des großen französischen Schriftstellers. Ohne Wissen ihres Vaters ist sie dem Mann, den sie liebt, nachgereist: Lieutenant Pinson, Offizier eines britischen Husarenregiments. Sie hatte ihn auf der Kanalinsel Guernsey kennengelernt, wo sie mit ihren Eltern im Exil lebte. Adèle mietet sich bei Mrs. Saunders ein und schreibt an Pinson, daß sie in Halifax sei und ihn sehnsüchtig erwarte. Der Lieutenant sucht sie jedoch nur auf, um ihr zu verstehen zu geben, daß sie ihm nichts mehr bedeutet. Damit beginnen für Adèle Wochen zunehmender Demütigungen, in denen sie vergeblich versucht, Pinson doch zu einer Heirat zu bewegen. Ihr Stolz und ihre Gesundheit schwinden in gleichem Maße. Pinson heiratet schließlich eine andere Frau. Adèle folgt ihm dennoch bei einer erneuten Versetzung auf die Antilleninsel Barbados, wo sich ihr Geist mehr und mehr verwirrt. Als Pinson ihr auf der Straße begegnet, erkennt sie ihn nicht mehr. Nach Frankreich zurückgebracht, lebt sie noch dreiundvierzig Jahre in einer Heilanstalt.

1. *L'Histoire d'Adèle H.* wurde in einer französischen und in einer englischen Fassung gedreht.
2. Maurice Jaubert (1900–1940) schrieb für Jean Vigo die Filmmusik zu *Zéro de conduite* und *L'Atalante.* Truffaut wird auch bei seinen nächsten drei Filmen auf Musik dieses Komponisten zurückgreifen.
3. Diese Rolle ist im fertigen Film nicht mehr enthalten.

L'ARGENT DE POCHE
Taschengeld
1975/76

Drehbuch: François Truffaut, Suzanne Schiffman. *Kamera:* Pierre-William Glenn. *Musik:* Maurice Jaubert. *Lied:* „Les enfants s'ennuient le dimanche" (Musik/Text: Charles Trenet, gesungen von Charles Trenet). *Ausstattung:* Jean-Pierre Kohut-Svelko. *Schnitt:* Yann Dedet. *Ton:* Michel Laurent. *Kostüme:* Monique Dury. *Maske:* Thi Loan N'Guyen. *Regieassistenz:* Suzanne Schiffman, Alain Maline. *Script:* Christine Pellé, Laura Truffaut. *Kameraführung:* Jean-Francis Gondre. *Kameraassistenz:* Jean-Claude Vicquery, Florent Bazin. *Musikalische Leitung:* Patrice Mestral. *Musikberater:* François Porcile. *Ausstattungsassistenz:* Pierre Gompertz. *Requisite:* Michel Grimaud. *Schnittassistenz:* Martine Barraqué, Jean Gargonne, Stéphanie Granel, Muriel Zélény. *Tonassistenz:* Michel Brethez. *Mischung:* Jacques Maumont. *Standfotos:* Hélène Jeanbrau. *Pressebetreuung:* Christine Brierre. *Titel:* Jean-Noël Delamare. *Filmgeschäftsführung:* Christian Lentretien. *Aufnahmeleitung:* Daniel Messère. *Produktionsleitung:* Roland Thénot. *Herstellungsleitung:* Marcel Berbert. *Produktion:* Les Films du Carrosse/Les Productions Artistes Associés. *Drehzeit:* 17. Juli bis 9. September 1975. *Drehorte:* Thiers und Umgebung, Clermont-Ferrand, Vichy. *Format:* 35 mm, 1:1,66, Farbe (Eastmancolor). *Länge:* 104 Minuten. *Uraufführung:* 17. März 1976.

Arbeitstitel: „Abel et Câlins".

Darsteller: Geory Desmouceaux *(Patrick Desmouceaux)*, Philippe Goldmann *(Julien Leclou)*, Claudio und Franck Deluca *(Mathieu und Franck Deluca)*, Richard Golfier *(Richard Golfier)*, Laurent Devlaeminck *(Laurent Riffle)*, Bruno Staab *(Bruno Rouillard)*, Sébastien Marc *(Oscar)*, Sylvie Grézel *(Sylvie)*, Pascale Bruchon *(Martine)*, Corinne Broucart *(Corinne)*, Eva Truffaut *(Patricia)* und der kleine Grégory; *die Eltern:* Virginie Thévenet *(Lydie Richet, Mutter von Thomas)*, Nicole Félix *(Grégorys Mutter)*, Tania Torrens *(Nadine Riffle, die Friseuse)*, Francis Devlaeminck *(Monsieur Riffle)*, Jean-Marie Carayon *(Sylvies Vater, der Kommissar)*, Kathy Carayon *(Sylvies Mutter)*, Christian Lentretien *(Monsieur Golfier)*, Christine Pellé *(Madame Leclou)*, Jane Lobre *(Juliens Großmutter)*, René Barnérias *(Monsieur Desmouceaux)*, Paul Heyraud *(Monsieur Deluca)*, Michèle Heyraud *(Madame Deluca)*, Laura Truffaut *(Madeleine Doinel, Oscars Mutter)*, Jean-Francis Gondre *(Oscars Vater)*, François Truffaut *(Martines Vater)*; *in der Schule:* Jean-François Stévenin *(Jean-François Richet, der Lehrer)*, Chantal Mercier *(Chantal Petit, die Lehrerin)*, Marcel Berbert *(Rektor)*, Vincent Touly *(Hausmeister)*, Hélène Jeanbrau *(Ärztin)*, Annie Chevaldonné *(Krankenschwester)*; *die anderen:* Roland Thénot *(Buchhändler)*, Thi Loan N'Guyen *(seine Frau)*, Monique Dury *(Blumenhändlerin)*, Yvon Boutina *(Oscar als Erwachsener)*, Michel Dissart *(Monsieur Lomay, Gendarm)*.

Thiers, eine kleine Stadt im Süden Frankreichs. In der Schule sind es nur noch wenige Tage bis zu den Sommerferien. Kleine und große Ereignisse wechseln sich ab: Bruno weigert sich, Molières *Geizigen* mit Betonung aufzusagen; Richard läßt sich von zwei Freunden die Haare schneiden und kauft für das gesparte Geld Spielzeugpistolen für die ganze Klasse; der kleine Grégory stürzt aus dem Fenster, ohne sich zu verletzen; Sylvie, von ihren Eltern zur Strafe allein zu Hause gelassen, stellt sich ans Fenster und ruft durch das Megaphon ihres Vaters, sie habe Hunger; Patrick, dessen Vater im Rollstuhl sitzt, verliebt sich in die Mutter eines Schulkameraden; im Kino gibt es in der Wochenschau einen Bericht über den Varieté-Star Oscar, der sich schon als Baby nur durch Pfeifen verständigte; die Schulärztin entdeckt, daß Julien, der neu in der Klasse ist, zu Hause mißhandelt wird; Monsieur Richet, der Lehrer, wird Vater eines kleinen Jungen und ist zu aufgeregt, um ein Foto zu machen. Im Ferienlager kommt es zwischen Patrick und Martine zum ersten Kuß.

L'HOMME QUI AIMAIT LES FEMMES
Der Mann, der die Frauen liebte
1976/77

Drehbuch: François Truffaut, Michel Fermaud, Suzanne Schiffman. *Kamera:* Nestor Almendros. *Musik:* Maurice Jaubert. *Ausstattung:* Jean-Pierre Kohut-Svelko. *Schnitt:* Martine Barraqué. *Ton:* Michel Laurent. *Kostüme:* Monique Dury. *Leslie Carons Kleid:* Christian Dior. *Brigitte Fosseys Kleider:* Ted Lapidus. *Maske:* Thi Loan N'Guyen. *Licht:* Jean-Claude Gasché, Serge Valézy, Jean Lopez, Michel Leclercq. *Bühne:* Charles Freess, Jacques Fréjabue, Gérard Bougeant. *Regieassistenz:* Suzanne Schiffman, Alain Maline. *Script:* Christine Pellé. *Kameraführung:* Anne Trigaux. *Kameraassistenz:* Florent Bazin. *Musikalische Leitung:* Patrice Mestral. *Musikberater:* François Porcile. *Ausstattungsassistenz:* Pierre Gompertz, Jean-Louis Povéda. *Requisite:* Michel Grimaud. *Schnittassistenz:* Michèle Nény, Marie-Aimée Debril, Michel Klochendler. *Tonassistenz:* Jean Fontaine. *Mischung:* Jacques Maumont. *Garderobe:* Nicole Bancel. *Standfotos:* Dominique Le Rigoleur. *Produktionssekretariat:* Josiane Couëdel. *Filmgeschäftsführung:* Christian Lentretien. *Aufnahmeleitung:* Philippe Lièvre, Lydie Mahias. *Produktionsleitung:* Roland Thénot. *Herstellungsleitung:* Marcel Berbert. *Produktion:* Les Films du Carrosse/Les Productions Artistes Associés. *Drehzeit:* 18. Oktober 1976 bis 12. Januar 1977. *Drehorte:* Montpellier und Umgebung, Lille, Paris. *Format:* 35 mm, 1:1,66, Farbe (Eastmancolor). *Länge:* 118 Minuten. *Uraufführung:* 27. April 1977.

Arbeitstitel: „Le Cavaleur".

Darsteller: Charles Denner *(Bertrand Morane)*, Brigitte Fossey *(Geneviève Bigey, Lektorin)*, Nelly Borgeaud *(Delphine Grézel)*, Geneviève Fontanel *(Hélène)*, Leslie Caron *(Véra)*, Nathalie Baye *(Martine Desdoits, die Frau aus Béziers/Aurores Stimme)*, Sabine Glaser *(Bernadette, Autoverleih-Angestellte)*, Valérie Bonnier *(Fabienne, die Frau auf der Schwelle)*, Jean Dasté *(Dr. Bicard, Urologe)*, Martine Chassaing *(Denise, Bertrands Arbeitskollegin)*, Roselyne Puyo *(Nicole, die taubstumme Platzanweiserin)*, Anna Perrier *(Uta, Babysitter)*, Monique Dury *(Madame Duteil, Schreibkraft)*, Nella Barbier *(Liliane, die Karate-Kellnerin)*, Frédérique Jamet *(Juliette)*, Marie-Jeanne Montfajon *(Christine Morane, Bertrands Mutter)*, Roger Leenhardt *(Monsieur Bétany, Verleger)*, Henri Agel/Henry-Jean Servat *(Lektoren)*, Michel Marti *(der junge Bertrand)*, Christian Lentretien *(Polizeiinspektor)*, Rico Lopez *(Witzbold im Restaurant)*, Carmen Sardà-Canovas *(Madame Carmen, Angestellte in der Reinigung)*, Philippe Lièvre *(Bertrands Arbeitskollege)*, Marcel Berbert *(Dr. Grézel)*, Marianne Maurin *(Aurore)*, Nadine Roche *(Marianne, Martines Cousine)*, Marion Delbez *(Ginette, Freundin des jungen Bertrand)*, Marie-Cécile Truc *(Sekretärin von gegenüber)*, Chantal Balussou *(Krankenschwester)*, Michel Laurent/Pierre Gompertz/Roland Thénot *(Flugkapitäne)*, Josiane Couëdel *(Telefonistin in der Firma)*, Valérie Pêcheur *(Frau im Tennisdreß)*, Anne Bataille *(Frau im Fransenrock)*, Ghylaine Dumas *(Bernadettes Kollegin)*, Jean-Louis Povéda *(Drucker)*, Thi Loan N'Guyen *(Alphonsine, Vietnamesin)*, Suzanne Schiffman *(Frau mit Baby)*, François Truffaut *(Mann beim Begräbnis)*, Michèle Gonsalvez, Sabine Guilleminot, Beatrice Meyer, Maurice Pêcheur, Michèle Planques, Michel Ricordy, Isabelle Roumieu, Maïté Simard, Luce Stébenne, Isabelle Temple.

Montpellier, Weihnachten 1976. Zu Bertrand Moranes Begräbnis erscheinen nur Trauernde weiblichen Geschlechts. Bertrand war Ingenieur am Institut für Strömungstechnik. Nach sechs Uhr abends gab es für ihn nur noch eins: Frauen. Vor allem ihre Beine faszinierten ihn unwiderstehlich. Er verstand es meisterhaft, Frauen zu erobern. Er wußte ihre jeweiligen Eigenschaften zu schätzen, allerdings immer nur vorübergehend. Auf Dauer zu fesseln vermochte ihn keine; seine Neugier und Erwartung wurden immer wieder von einer Neuen entzündet. Dabei war Bertrand weder ein simpler Schürzenjäger noch der gängige Playboy-Typ. Er wurde getrieben von einer einsamen, verbissenen Jagd nach dem Traumbild der Frau, das er in jeder von ihnen ahnt. Nach seiner ersten Abfuhr seit langer Zeit – Hélène, Inhaberin eines Geschäftes für Damenunterwäsche, erklärte ihm freundlich, sie bevorzuge nur ganz junge Männer – beschloß er, ein Buch zu schreiben. Natürlich handelt es von den vielen Frauen in seinem Leben, von Fabienne, von der exzentrischen Arztfrau Delphine, von Nicole, Uta und wie sie sonst noch alle heißen. Allerdings erinnerte sich Bertrand beim Schreiben auch an seine glücklose Kindheit. Vielleicht jagte er später so besessen der Liebe nach, weil seine Mutter sie ihm damals nicht gab. Der Grund dafür könnte aber auch Véra sein, die seine große unglückliche Liebe gewesen zu sein scheint. Beim Überqueren einer Straße – ihm war auf dem Gehsteig gegenüber eine Frau aufgefallen – wurde Bertrand von einem Auto erfaßt. Nach seinem Tod sorgt die Verlagslektorin Geneviève dafür, daß sein Buch erscheint.

LA CHAMBRE VERTE
Das grüne Zimmer
1977/78

Drehbuch: François Truffaut, Jean Gruault (nach Motiven aus den Kurzgeschichten „The Altar of the Dead", „The Friends of Friends" und „The Beast in the Jungle" von Henry James). *Kamera:* Nestor Almendros. *Musik:* Maurice Jaubert. *Ausstattung:* Jean-Pierre Kohut-Svelko. *Schnitt:* Martine Barraqué. *Ton:* Michel Laurent. *Kostüme:* Monique Dury, Christian Gasc. *Maske:* Thi Loan N'Guyen. *Licht:* Jean-Claude Gasché, Serge Valézy, Michel Leclercq. *Bühne:* Charles Freess, Jacques Fréjabue, Gérard Bougeant. *Regieassistenz:* Suzanne Schiffman, Emmanuel Clot. *Script:* Christine Pellé. *Kameraführung:* Anne Trigaux. *Kameraassistenz:* Florent Bazin. *Musikalische Leitung:* Patrice Mestral. *Musikberater:* François Porcile. *Ausstattungsassistenz:* Pierre Gompertz, Jean-Louis Povéda. *Requisite:* Daniel Braunschweig. *Schnittassistenz:* Jean Gargonne, Michèle Nény, Michel Klochendler. *Tonassistenz:* Jean-Louis Ughetto. *Mischung:* Jacques Maumont. *Standfotos:* Dominique Le Rigoleur. *Fotos im Film:* Guy Gallice. *Pressebetreuung:* Simon Mizrahi, Martine Marignac. *Produktionssekretariat:* Josiane Couëdel. *Filmgeschäftsführung:* Christian Lentretien. *Aufnahmeleitung:* Geneviève Lefebvre. *Produktionsleitung:* Roland Thénot. *Herstellungsleitung:* Marcel Berbert. *Produktion:* Les Films du Carrosse/Les Productions Artistes Associés. *Drehzeit:* 11. Oktober bis 25. November 1977. *Drehorte:* Honfleur, Caen (großer Friedhof), Fiquefleur-Equainville (Kapelle von Carbec). *Format:* 35 mm, 1:1,66, Farbe (Eastmancolor). *Länge:* 94 Minuten. *Uraufführung:* 5. April 1978.

Arbeitstitel: „La Disparue".

Darsteller: François Truffaut *(Julien Davenne)*, Nathalie Baye *(Cécilia Mandel)*, Jean Dasté *(Bernard Humbert, Chefredakteur des „Globe")*, Jean-Pierre Moulin *(Gérard Mazet)*, Antoine Vitez *(Sekretär des Bischofs)*, Jane Lobre *(Madame Rambaud, Haushälterin)*, Patrick Maléon *(Georges, der taubstumme Junge)*, Jean-Pierre Ducos *(Pfarrer im Sterbezimmer)*, Annie Miller *(Geneviève Mazet)*, Nathan Miller *(ihr Sohn)*, Marie Jaoul *(Yvonne Mazet)*, Monique Dury *(Monique, Sekretärin im „Globe")*, Laurence Ragon *(Julie Davenne auf den Fotos/als Puppe)*, Marcel Berbert *(Dr. Jardine)*, Guy d'Ablon *(Kunsthandwerker)*, Thi Loan N'Guyen *(Lehrling)*, Christian Lentretien *(Redner auf dem Friedhof)*, Henri Bienvenu *(Gustave, Amtsdiener in der Auktionshalle)*, Alphonse Simon *(einbeiniger Mitarbeiter im „Globe")*, Anna Paniez *(Anna, Klavierschülerin)*, Serge Rousseau *(Paul Massigny auf dem Foto)*, Carmen Sardà-Canovas *(Dame mit Rosenkranz)*, Jean-Claude Gasché *(Gendarm)*, Martine Barraqué *(Krankenschwester in der Auktionshalle)*, Jean-Pierre Kohut-Svelko *(Invalide in der Auktionshalle)*, Josiane Couëdel *(Krankenschwester auf dem Friedhof)*, Roland Thénot *(Invalide auf dem Friedhof)*, Gérard Bougeant *(Friedhofswächter)*, Oscar Lewenstein *(Simon Jardine auf dem Foto)*[1].

Zehn Jahre nach dem Ersten Weltkrieg lebt Julien Davenne zurückgezogen als Mitarbeiter einer dahinsiechenden Zeitung in einer französischen Provinzstadt. Im Krieg hat er die meisten seiner Freunde verloren und kurz darauf, nur ein paar Monate nach ihrer Hochzeit, auch seine über alles geliebte Frau Julie Davenne-Vallance. Doch diesem entscheidenden größten Verlust verweigert Davenne die Anerkennung. Im Obergeschoß des Hauses, das er zusammen mit seiner Haushälterin und dem taubstummen kleinen Georges bewohnt, hat er einen Gedenkraum voller Bilder und Gegenstände aus dem Besitz der Toten eingerichtet. Niemand außer ihm darf das „grüne Zimmer" betreten. Hier lebt Julie für Julien weiter, bestreitet er mit seiner Weigerung, zu vergessen und damit erst wirklich zu töten, dem Tod seine Macht. Auf der Suche nach Erinnerungsstücken, die mit Julie verbunden sind, kommt Julien in einen Auktionssaal, wo Möbel und andere Gegenstände aus dem Besitz der Familie Vallance versteigert werden sollen. Cécilia Mandel, eine junge Frau, die dem Auktionator assistiert, hilft ihm, einen Ring von Julie wiederzufinden. Als sie sich das zweite Mal treffen, teilt Cécilia Julien mit, daß sie sich vor fünfzehn Jahren schon einmal begegnet sind. Cécilia war damals noch ein Kind, und deshalb hat Julien sie nicht wiedererkannt. Die junge Frau dagegen hat ihn nie vergessen, denn etwas Außergewöhnliches ist in ihrer beider Leben passiert, das sie einander näherbringt: Beiden ist ein geliebter Mensch genau in dem Moment erschienen, in dem er Tausende von Kilometern entfernt starb. Durch dieses seltene Phänomen verbunden, lernen Julien und Cécilia, sich gegenseitig zu verstehen und sich füreinander zu interessieren. Als das grüne Zimmer durch ein Feuer zerstört wird, beschließt Julien, eine Kapelle zu errichten, in der jeder seiner geliebten Toten durch eine brennende Kerze vertreten sein wird. Er bittet Cécilia, Hüter seiner neuen Kapelle zu werden. Doch es stellt sich heraus, daß Julien alle Toten liebt *außer einem:* Paul Massigny, der ihm vor Jahren bitter und unverzeihlich unrecht tat. Cécilia Mandel ihrerseits liebt ebenfalls die Toten, aber *vor allem einen:* Paul Massigny, der auch ihr Leid zufügte, den sie aber dennoch leidenschaftlich geliebt hat. Julien verweigert Paul Massigny eine Kerze in seiner Kapelle und bricht die Verbindung zu Cécilia ab. Er wird krank, weigert sich aber, einen Arzt kommen zu lassen. Cécilia schreibt ihm und gesteht ihm ihre Liebe. Sie treffen sich in der Kapelle. Julien, der Massigny endlich verziehen hat, bricht völlig geschwächt zusammen und stirbt. Cécilia wird das Gedächtnis seiner Toten bewahren und zündet auch für ihn eine Kerze an.

1. Auf den Fotos in Julien Davennes Kapelle erkennt man außerdem: Marcel Proust, Oscar Wilde, Jean Cocteau, Jacques Audiberti, Guillaume Apollinaire, Claude Anet, Henri-Pierre Roché, Raymond Queneau, Henry James, Sergej Prokofiev, Maurice Jaubert und Oskar Werner, der als einziger der Genannten 1978 noch lebte und am 23. Oktober 1984 starb – zwei Tage nach Truffaut.

L'AMOUR EN FUITE
Liebe auf der Flucht
1978/79

Drehbuch: François Truffaut, Marie-France Pisier, Jean Aurel, Suzanne Schiffman. *Kamera:* Nestor Almendros. *Musik:* Georges Delerue. *Lied:* „L'Amour en fuite" (Musik: Laurent Voulzy, Text: Alain Souchon, gesungen von Alain Souchon). *Ausstattung:* Jean-Pierre Kohut-Svelko. *Schnitt:* Martine Barraqué. *Ton:* Michel Laurent. *Kostüme:* Monique Dury. *Maske:* Thi Loan N'Guyen. *Licht:* Jean-Claude Gasché, Serge Valézy, Michel Leclercq. *Bühne:* Charles Freess, Jacques Fréjabue, Gérard Bougeant. *Regieassistenz:* Suzanne Schiffman, Emmanuel Clot, Nathalie Seaver. *Script:* Christine Pellé. *Kameraführung:* Florent Bazin. *Kameraassistenz:* Emilio Pacull-Latorre. *Ausstattungsassistenz:* Pierre Gompertz, Jean-Louis Povéda. *Requisite:* Michel Grimaud. *Schnittassistenz:* Jean Gargonne, Corinne Lapassade. *Tonassistenz:* Michel Mellier. *Mischung:* Jacques Maumont. *Standfotos:* Dominique Le Rigoleur. *Pressebetreuung:* Simon Mizrahi, Martine Marignac. *Produktionssekretariat:* Josiane Couëdel. *Filmgeschäftsführung:* Christian Lentretien. *Aufnahmeleitung:* Geneviève Lefebvre. *Produktionsleitung:* Roland Thénot. *Herstellungsleitung:* Marcel Berbert. *Produktion:* Les Films du Carrosse. *Drehzeit:* 29. Mai bis 5. Juli 1978. *Drehort:* Paris. *Format:* 35 mm, 1:1,66, Farbe (Eastmancolor, Pyral) und Schwarzweiß. *Länge:* 94 Minuten. *Uraufführung:* 24. Januar 1979.

Darsteller: Jean-Pierre Léaud *(Antoine Doinel)*, Marie-France Pisier *(Colette)*, Claude Jade *(Christine)*, Dani *(Liliane)*, Dorothée *(Sabine Barnerias)*, Rosy Varte *(Colettes Mutter)*, Marie Henriau *(Scheidungsrichterin)*, Daniel Mesguich *(Xavier Barnerias)*, Julien Bertheau *(Monsieur Lucien)*, Jean-Pierre Ducos *(Christines Anwalt)*, Pierre Dios *(Maître Renard)*, Alain Ollivier *(Richter in Aix)*, Monique Dury *(Madame Ida)*, Emmanuel Clot *(Emmanuel, Arbeitskollege in der Druckerei)*, Christian Lentretien *(Schürzenjäger im Zug)*, Roland Thénot *(wütender Mann in der Telefonzelle)*, Julien Dubois *(Alphonse Doinel)*, Alexandre Janssen *(Kind im Speisewagen)*, Chantal Zaug *(Kind)*.

Antoine Doinel hat die Dreißig überschritten und arbeitet als Korrektor in einer Druckerei. Nach fünf Jahren Ehe lassen er und Christine sich in gegenseitigem Einvernehmen scheiden. Antoine hat sich in Sabine verliebt, die als Verkäuferin in einem Schallplattengeschäft arbeitet. Er begegnet Colette, die inzwischen Rechtsanwältin geworden ist. Im Buchladen ihres Freundes Xavier besorgt sich Colette Antoines autobiographischen Roman *Les Salades de l'amour*. Erinnerungen steigen in ihr auf. Als Antoine seinen Sohn Alphonse zum Bahnhof bringen will, sieht er Colette in einem Abteil sitzen und steigt zu ihr in den Zug. Er wagt einen Annäherungsversuch, wird aber brüsk abgewiesen. Er zieht die Notbremse und rennt davon. Colette hebt ein Foto von Sabine auf, das Antoine verloren hat, und glaubt zunächst, Sabine, in Wirklichkeit Xaviers Schwester, sei dessen Frau. Sabine ist wütend über Antoines Eskapaden. Gemeinsam mit dem Liebhaber seiner Mutter besucht Antoine deren Grab. Colette trifft sich mit Christine und Liliane, und gemeinsam tauschen Antoine Doinels Verflossene ihre Erfahrungen aus. Um sich mit Sabine zu versöhnen, erzählt er ihr, wie er sich in sie verliebt hat: Vor einer Telefonzelle wurde er Zeuge, wie ein wütender Typ – Sabines früherer Freund – ihr Foto zerriß; er setzte die Teile zusammen und gab nicht eher auf, als bis er sie gefunden hatte. Zum Beweis zeigt er Sabine das Foto, das Colette ihm inzwischen zurückgab. Sabine ist von dieser Geschichte gerührt und verzeiht ihm.

LE DERNIER METRO
Die letzte Metro
1980

Drehbuch: François Truffaut, Suzanne Schiffman. *Dialog-Mitarbeit:* Jean-Claude Grumberg. *Kamera:* Nestor Almendros. *Musik:* Georges Delerue. *Lieder:* „Bei mir bist du schön" (Musik: Sholom Secunda, Text: Cahn-Chaplin/Jacob Jacobs/Jacques Larue, gesungen von Lucienne Delyle), „Prière à Zumba" (Musik/Text: A. Lara, Jacques Larue, gesungen von Lucienne Delyle), „Mon Amant de Saint-Jean" (Musik/Text: Emile Carrara/Léon Agel, gesungen von Lucienne Delyle), „Sombreros et Mantilles" (Musik/Text: J. Vaissade-Chanty, gesungen von Rina Ketty), „Pitié mon Dieu" (Kantate von A. Kunc, gesungen von Les Petits Chanteurs de l'Abbaye). *Ausstattung:* Jean-Pierre Kohut-Svelko. *Schnitt:* Martine Barraqué. *Ton:* Michel Laurent. *Kostüme:* Lisèle Roos. *Maske:* Didier Lavergne, Thi Loan N'Guyen, Françoise Ben Soussan. *Frisuren:* Jean-Pierre Berroyer, Nadine Leroy. *Licht:* Jean-Claude Gasché, André Seybald, Serge Valézy. *Bühne:* Charles Freess, Jacques Fréjabue, Gérard Bougeant. *Regieassistenz:* Suzanne Schiffman, Emmanuel Clot, Alain Tasma. *Script:* Christine Pellé. *Kameraführung:* Florent Bazin. *Kameraassistenz:* Emilio Pacull-Latorre, Tessa Racine. *Ausstattungsassistenz:* Pierre Gompertz, Jacques Léguillon, Roland Jacob. *Requisite:* Jacques Preisach. *Schnittassistenz:* Marie-Aimée Debril, Jean-François Giré. *Tonassistenz:* Michel Mellier. *Geräusche:* Daniel Couteau. *Mischung:* Jacques Maumont. *Garderobe:* Christiane Aumard-Fageol, Edwige Chérel, Françoise Poillot. *Standfotos:* Jean-Pierre Fizet. *Pressebetreuung:* Simon Mizrahi, Martine Marignac. *Produktionssekretariat:* Gervaise Blattmann. *Filmgeschäftsführung:* Henry Dutrannoy. *Aufnahmeleitung:* Jean-Louis Godfroy. *Produktionsleitung:* Jean-José Richer, Roland Thénot. *Produktion:* Les Films du Carrosse/SEDIF/TF1/ Société Française de Production (Paris)/Maran-Film (München). *Drehzeit:* 28. Januar bis 16. April 1980. *Drehort:* Paris und Umgebung. *Format:* 35 mm, 1:1,66, Farbe (Fujicolor, Pyral). *Länge:* 128 Minuten[1]. *Uraufführung:* 16. September 1980.

Darsteller: Catherine Deneuve *(Marion Steiner)*, Gérard Depardieu *(Bernard Granger)*, Jean Poiret *(Jean-Loup Cottins)*, Heinz Bennent *(Lucas Steiner)*, Andréa Ferréol *(Arlette Guillaume)*, Paulette Dubost *(Germaine Fabre)*, Sabine Haudepin *(Nadine Marsac)*, Jean-Louis Richard *(Daxiat)*, Maurice Risch *(Raymond Boursier, Inspizient)*, Marcel Berbert *(Monsieur Merlin)*, Richard Bohringer *(Gestapo-Mann)*, Jean-Pierre Klein *(Christian Léglise)*, Martine Simonet *(Martine Fénéchal, die Diebin)*, Franck Pasquier *(Jacquot)*, Rénata *(Greta Borg, Sängerin)*, Jean-José Richer *(René Bernardini)*, Laszlo Szabo *(Leutnant Bergen)*, Hénia Ziv *(Yvonne, Zimmermädchen)*, Jessica Zucman *(Rosette Goldstern)*, Alain Tasma *(Marc)*, René Dupré *(Monsieur Valentin, Drehbuchautor)*, Pierre Belot *(Hotelportier)*, Christian Baltauss *(Lucien Ballard, Ersatzschauspieler für Bernard)*, Alexandra Aumond/Marie-Dominique Henry *(Truppenbetreuerinnen)*, Jacob Weizbluth *(Rosen)*, Rose Thierry *(Jacquots Mutter)*, Catherine Frot *(Simone)*, Eva Truffaut *(Sekretärin bei Daxiat)*, Aude Loring *(Dame)*, Les Petits Chanteurs de l'Abbaye *(Kinderchor)*, Serge Rousseau *(Erzählerstimme)*, Philippe Vesque.

Paris, September 1942. Im Théâtre Montmartre laufen die Proben zu einem neuen Stück. Lucas Steiner, der Direktor des Theaters, mußte als Jude das Land verlassen. Die Verantwortung liegt nun in den Händen seiner Frau Marion. Sie engagiert für die männliche Hauptrolle Bernard Granger, der sich von der Ausstatterin Arlette eine Abfuhr holt. Denn Arlette hat ihrerseits ein Auge auf die junge Schauspielerin Nadine geworfen. Jean-Loup Cottins, der Regisseur des Stücks, muß sich mit Daxiat, einem einflußreichen, antisemitischen Kritiker, gutstellen. Nur Marion weiß, daß Lucas Steiner sich in Wirklichkeit im Keller des Theaters versteckt hält. Durch ein Loch im Heizungsrohr kann er die Proben verfolgen, und Marion leitet seine Anweisungen an Jean-Loup weiter, ohne daß dieser sich dessen bewußt wäre. Die Uraufführung des Stückes *La Disparue* wird ein großer Erfolg. Nur Daxiat verreißt das „jüdische Spektakel" in seinem Blatt. Bernard verprügelt ihn dafür in aller Öffentlichkeit. Marion hat für diesen Ausbruch, der das Theater in Gefahr bringt, kein Verständnis und spricht nur noch auf der Bühne mit Bernard. Daxiat droht Marion, ihr die Leitung des Theaters aus der Hand zu nehmen. Bernard beschließt, sich der Résistance anzuschließen, und will das Theater verlassen. Doch zuvor hilft er Marion, Lucas vor dem Zugriff der Gestapo zu bewahren, als diese eines Abends das Theater durchsucht. Marion und Bernard gestehen sich ihre Liebe. Nach der Befreiung kann Lucas endlich sein Versteck verlassen. Sein neues Stück – mit Marion und Bernard in den Hauptrollen – wird vom Publikum stürmisch gefeiert.

1. Für die 1982 in Frankreich erschienene Videofassung fügte François Truffaut zwei Szenen von insgesamt sechs Minuten Dauer, die beim Schnitt der Kinofassung herausgelassen worden waren, wieder in den Film ein.

LA FEMME D'A COTE
Die Frau nebenan
1981

Drehbuch: François Truffaut, Suzanne Schiffman, Jean Aurel. *Kamera:* William Lubtchansky. *Musik:* Georges Delerue. *Ausstattung:* Jean-Pierre Kohut-Svelko. *Schnitt:* Martine Barraqué. *Ton:* Michel Laurent. *Kostüme:* Michèle Cerf. *Maske:* Thi Loan N'Guyen. *Frisuren:* Catherine Crassac. *Licht:* Robert Beulens, Emmanuel Demmorgon, Patrick Lemaire. *Bühne:* André Atellian, Michel Gentils. *Regieassistenz:* Suzanne Schiffman, Alain Tasma, Gilles Loutfi. *Script:* Christine Pellé. *Kameraführung:* Caroline Champetier. *Kameraassistenz:* Barcha Bauer. *Ausstattungsassistenz:* Pierre Gompertz. *Requisite:* Jacques Preisach. *Schnittassistenz:* Marie-Aimée Debril, Catherine Drzymalkowski. *Tonassistenz:* Michel Mellier. *Mischung:* Jacques Maumont. *Geräusche:* Daniel Couteau. *Garderobe:* Malika Brahim. *Standfotos:* Alain Venisse. *Pressebetreuung:* Simon Mizrahi, Martine Marignac. *Produktionssekretariat:* Josiane Couëdel, Anny Bartanowski. *Filmgeschäftsführung:* Jean-François Lentretien. *Aufnahmeleitung:* Roland Thénot, Jacques Vidal, Françoise Héberlé. *Produktionsleitung:* Armand Barbault. *Produktion:* Les Films du Carrosse/TF1. *Drehzeit:* 1. April bis 15. Mai 1981. *Drehorte:* Grenoble und Umgebung. *Format:* 35 mm, 1:1,66, Farbe (Fujicolor, Pyral). *Länge:* 106 Minuten. *Uraufführung:* 30. September 1981.

Darsteller: Gérard Depardieu *(Bernard Coudray)*, Fanny Ardant *(Mathilde Bauchard)*, Henri Garcin *(Philippe Bauchard)*, Michèle Baumgartner *(Arlette Coudray)*, Véronique Silver *(Madame Jouve)*, Roger Van Hool *(Roland Duguet)*, Philippe Morier-Genoud *(Psychiater)*, Olivier Becquaert *(Thomas)*, Nicole Vautier *(Nicole)*, Murielle Combe *(Krankenschwester)*, Jean-Luc Godefrein *(Rolands Freund)*, Madame Lucazeau *(Hotelinhaberin)*, Jacques Castaldo *(Barkeeper)*, Roland Thénot *(Immobilienmakler)*, Jacques Preisach/Catherine Crassac *(Paar im Hotel)*.

Der Ingenieur Bernard Coudray lebt mit seiner Frau Arlette und seinem Sohn Thomas in einem Dorf in der Nähe von Grenoble. Eines Tages zieht im Nachbarhaus der Fluglotse Philippe Bauchard mit seiner Frau Mathilde ein. Als Bernard und Mathilde sich sehen, können sie nur mühsam ihre Überraschung und Bestürzung vor den anderen verbergen: Vor acht Jahren haben sich Mathilde und Bernard stürmisch geliebt. Nach einer Zeit absoluter gegenseitiger Hingabe folgten Enttäuschungen, Verletzungen und Quälereien. Am Ende ihrer gemeinsamen Zeit stand eine Trennung, von der beide sich wünschten, sie möge endgültig sein. Nun hat der Zufall sie zu Nachbarn gemacht. Die alte Leidenschaft entflammt von neuem; Bernard und Mathilde beginnen, sich in einem Hotel in der Stadt zu treffen. In Madame Jouve, der Leiterin des Tennisclubs, finden die beiden Liebenden eine verständnisvolle Freundin und verschwiegene Vertraute. Auf einer Gartenparty verkündet Philippe, er und Mathilde würden demnächst ihre versäumten Flitterwochen nachholen. Bernard stellt Mathilde zur Rede, schreit sie an und schlägt vor den Augen der Gäste auf sie ein. Ihr Verhältnis ist nun öffentlich, aber Philippe und Arlette zeigen Verständnis. Für kurze Zeit herrscht trügerische Harmonie. Völlig unvermittelt bricht Mathilde zusammen. Im Krankenhaus werden ihre Depressionen und Selbstvorwürfe so schlimm, daß Philippe Bernard bittet, Mathilde zu besuchen. Sie kann ihn beruhigen und erklärt, sie werde das Krankenhaus bald verlassen. Philippe hat inzwischen beschlossen, mit Mathilde aus dem Dorf wegzuziehen. Eines Nachts hört Bernard Geräusche in dem leeren Nachbarhaus und findet Mathilde, die dort auf ihn wartet. Als sie sich auf dem Fußboden lieben, zieht sie einen Revolver aus der Tasche und erschießt erst ihn und dann sich selbst.

VIVEMENT DIMANCHE!

Auf Liebe und Tod
1982/83

Drehbuch: François Truffaut, Suzanne Schiffman, Jean Aurel (nach dem Roman *The Long Saturday Night* von Charles Williams, New York 1962). *Kamera:* Nestor Almendros. *Musik:* Georges Delerue. *Ausstattung:* Hilton McConnico. *Schnitt:* Martine Barraqué. *Ton:* Pierre Gamet. *Kostüme:* Michèle Cerf. *Maske:* Thi Loan N'Guyen. *Frisuren:* Chantal Durpoix. *Licht:* Jean-Claude Gasché, Patrick Gasché, Philippe Darmon, Patrick Lemaire. *Bühne:* Charles Freess, Gérard Bougeant, Jean-Yves Freess. *Regieassistenz:* Suzanne Schiffman, Rosine Robiolle, Pascal Deux. *Script:* Christine Pellé. *Kameraführung:* Florent Bazin. *Kameraassistenz:* Tessa Racine. *Ausstattungsassistenz:* Jean-Michel Hugon, Franckie Diago, Alain Gambin, Jacques Gaillard. *Requisite:* Jacques Preisach. *Schnittassistenz:* Marie-Aimée Debril, Colette Achouche. *Tonassistenz:* Bernard Chaumeil. *Mischung:* Jacques Maumont. *Geräusche:* Daniel Couteau. *Garderobe:* Christiane Marmande. *Standfotos:* Alain Venisse. *Pressebetreuung:* Marie-Christine Malbert. *Produktionssekretariat:* Josiane Couëdel, Donatienne Desmarestz. *Filmgeschäftsführung:* Jean-François Lentretien, Jacqueline Oblin. *Aufnahmeleitung:* Roland Thénot, Jacques Vidal. *Produktionsleitung:* Armand Barbault. *Produktion:* Les Films du Carrosse/Films A2/Soprofilms. *Drehzeit:* 4. November bis 21. Dezember 1982. *Drehorte:* Hyères und Umgebung. *Format:* 35 mm, 1:1,66, Schwarzweiß. *Länge:* 111 Minuten. *Uraufführung:* 5. August 1983 (Filmfestival Locarno). *Kinostart:* 10. August 1983.

Darsteller: Fanny Ardant *(Barbara Becker)*, Jean-Louis Trintignant *(Julien Vercel)*, Philippe Laudenbach *(Maître Clément)*, Caroline Sihol *(Marie-Christine Vercel alias Josiane Kerbel)*, Philippe Morier-Genoud *(Kommissar Santelli)*, Xavier Saint-Macary *(Bertrand Fabre, Fotograf)*, Jean-Pierre Kalfon *(Claude Massoulier)*, Anik Belaubre *(Paula Delbèque, Kassiererin im „Eden"-Kino)*, Jean-Louis Richard *(Louison)*, Yann Dedet *(„Engelsgesicht", Louisons Bruder)*, Nicole Félix *(Prostituierte mit der Narbe)*, Georges Koulouris *(Detektiv Lablache)*, Roland Thénot *(Inspektor Jambrau)*, Pierre Gare *(Detektiv Poivert)*, Jean-Pierre Kohut-Svelko *(Lebemann im Lift)*, Pascale Pellegrin *(Stellenbewerberin)*, Jacques Vidal *(der König)*, Alain Gambin *(Regisseur)*, Castel Casti *(Taxifahrer in Nizza)*, Paul Steiger *(Empfangschef)*, Dany Castaing *(Germaine, Zimmermädchen)*, Gérard Baboulin *(Filmvorführer)*, Isa Rambaud *(Putzfrau)*, Pascal Deux *(Kriminalassistent)*, Franckie Diago *(Angestellte in der Detektei)*, Isabelle Binet/Josiane Couëdel *(Sekretärinnen in der Anwaltskanzlei)*, Hilton McConnico/Armand Barbault *(Freier)*, Marie-Aimée Debril/Christiane Marmande *(Damen in der Hundeboutique)*, Thi Loan N'Guyen *(Chinesin im Kommissariat)*, Jacques Gaillard *(Mann mit Fahrrad)*, Martine Barraqué *(Passantin mit Zeitung)*, Rosine Robiolle *(Sekretärin im Kommissariat)*, Michel Aubossu, Paulina Aubret, Michel Grisoni, Pierrette Monticelli, Marie-Noëlle Guilliot, Adrien Silvio, Christine Verbèke.

Ein Provinzstädtchen im Süden Frankreichs. Wo der Immobilienmakler Julien Vercel am Morgen auf Entenjagd war, wird wenig später der Kinobesitzer Jacques Massoulier erschossen aufgefunden. Am Abend findet Vercel seine Frau Marie-Christine mit eingeschlagenem Schädel in seiner Wohnung – sie war Massouliers Geliebte. Julien muß untertauchen; nicht einmal Maître Clément, sein Freund und Anwalt, würde ihm jetzt noch seine Unschuld glauben. Nur Barbara Becker, Juliens Sekretärin, hält zu ihrem Chef, versteckt ihn im Hinterzimmer des Maklerbüros und stellt Nachforschungen über Marie-Christines Vorleben an. Während Julien in seinem Hinterzimmer immer unruhiger wird, gefällt sich Barbara mehr und mehr in ihrer Rolle als Amateurdetektivin. So verkleidet sie sich als Straßenmädchen, um sich auf diese Weise Zutritt in den Nachtclub *L'Ange rouge* zu verschaffen, wo mehrere Fäden zusammenzulaufen scheinen. Vom Toilettenfenster muß sie mitansehen, wie der Geschäftsführer Louison umgebracht wird, ohne daß sie das Gesicht des Mörders erkennen könnte. Auch die Kinokassiererin Paula Delbèque, die früher selbst einmal die Geliebte des windigen Massoulier gewesen war, fällt noch dem Unbekannten zum Opfer: Sie wird während einer Vorführung im dunklen Kinosaal hinterrücks erstochen. Und schließlich liefert Barbara ihren Chef der Polizei ans Messer. Erst auf dem Revier durchschaut Julien, daß Barbara dies nur getan hat, um gemeinsam mit Kommissar Santelli dem wahren Täter, Maître Clément, eine raffinierte Falle zu stellen. Als dieser erkennt, daß sein Spiel verloren ist, erschießt er sich in einer Telefonzelle. Ein paar Monate später treten Julien und Barbara vor den Traualtar.

BIBLIOGRAPHIE[1]

Nestor Almendros u. a.: *Le Roman de François Truffaut*. Paris: Editions de l'Etoile 1985.
Dominique Auzel: *François Truffaut – Les mille et une nuits américaines*. Paris: Henri Veyrier 1990.
Bernhard Bastide (textes et documents réunis par): *François Truffaut – Les Mistons*. Nîmes: Ciné Sud 1987.
Jean Collet: *Le Cinéma de François Truffaut*. Paris: Lherminier 1977.
Jean Collet: *François Truffaut*. Paris: Lherminier 1985.
Serge Daney u. a.: *François Truffaut*. München: Carl Hanser 1985. Reihe Film 1. (5. Auflage)
Dorle Fischer und Rudolf Thome: *Schießen Sie auf den Pianisten. Filmprotokoll.* Frankfurt/Main: Verlag Filmkritik 1968. Cinemathek Bd. 22.
Robert Fischer (Hg.): *Jules und Jim. Filmprotokoll.* München: Filmland Presse 1981. Schriftenreihe Truffaut Bd. 1.
Robert Fischer (Hg.): *Fahrenheit 451. Filmtext und Drehtagebuch.* München: Filmland Presse 1982. Schriftenreihe Truffaut Bd. 2.
Robert Fischer (Hg.): *Die letzte Metro.* Filmtext. München: Filmland Presse 1982. Schriftenreihe Truffaut Bd. 3.
Anne Gillain (textes réunis par): *Le cinéma selon François Truffaut.* Paris: Flammarion 1988.
Angel A. Pérez Gómez u. a.: *François Truffaut, cineasta.* Bilbao: Mensajero 1984. Colección Cinereseña.
Dominique Rabourdin (textes et documents réunis par): *Truffaut par Truffaut.* Paris: Chêne 1985.
François Truffaut: *Les aventures d'Antoine Doinel.* Paris: Mercure de France 1970.
François Truffaut: *La Nuit américaine, scénario du film, suivi de Journal de tournage de Fahrenheit 451.* Paris: Seghers 1974.
François Truffaut: *L'Argent de poche. Cinéroman.* Paris: Flammarion 1976.
François Truffaut: *L'Homme qui aimat les femmes, Cinéroman.* Paris: Flammarion 1977.
François Truffaut: *Hitchcock/Truffaut. Edition définitive.* Paris: Ramsay 1983.
Eugene P. Walz: *François Truffaut. A Guide to References and Resources.* Boston: G. K. Hall & Co. 1982.

Die Zeitschrift *L'Avant-Scène Cinéma*, Paris, veröffentlichte die Texte zu folgenden Truffaut-Filmen:
Une Visite: Nr. 303–304 (1983)
Une Histoire d'eau: Nr. 7 (1961)
Tirez sur le pianiste: Nr. 362–363 (1987)

1. Aufgeführt werden nur jene Veröffentlichungen, die bei der Arbeit an diesem Buch hilfreich waren. Die ausführlichsten Bibliographien zum Werke François Truffauts finden sich in Serge Daney u. a.: *François Truffaut* (Reihe Film 1) und in dem Buch von Eugene P. Walz.

Jules et Jim: Nr. 16 (1962)
La Peau douce: Nr. 48 (1965)
L'Enfant sauvage: Nr. 107 (1970)
Les Deux Anglaises et le Continent: Nr. 121 (1972)
L'Histoire d'Adèle H.: Nr. 165 (1976)
La Chambre verte: Nr. 215 (1978)
L'Amour en fuite: Nr. 254 (1980)
Le Dernier métro: Nr. 303–304 (1983)
La Femme d'à côté: Nr. 389 (1990)
Vivement dimanche!: Nr. 362–363 (1987)

ABBILDUNGSNACHWEIS

Archiv Robert Fischer: 27 (oben), 61, 63 (oben und unten), 75 (oben und unten), 83 (oben), 94, 95, 98 (6), 112, 119 (1), 125, 129 (oben und unten), 132, 133, 136, 137, 151 (oben und unten), 170, 174, 175, 184, 192 (oben), 196 (oben und unten), 198, 207, 216, 217

Les Films du Carrosse: 27 (unten), 113, 126, 147 (oben und unten), 172, 183, 192 (unten)

epd Film: 83 (unten links und unten rechts), 98 (2), 108, 123

Archiv Manfred Thurow: 32, 44, 46 (oben und unten), 142

Archiv Manfred Heine: 154, 157 (4)

Alle anderen 222 Abbildungen wurden mit Hilfe eines Videoprinters direkt den jeweiligen Filmen entnommen (Dank an Fritz Göttler, Gerhard Ullmann und Klaus Volkmer vom Münchner Filmmuseum).

PERSONEN- UND FILMTITELREGISTER